行为金融学
讲义及案例分析

饶兰兰　编著

WUHAN UNIVERSITY PRESS
武汉大学出版社

图书在版编目(CIP)数据

行为金融学讲义及案例分析/饶兰兰编著.—武汉：武汉大学出版社,2023.12
ISBN 978-7-307-24170-1

Ⅰ.行…　Ⅱ.饶…　Ⅲ.金融行为—研究　Ⅳ.F830.2

中国国家版本馆 CIP 数据核字(2023)第 229050 号

责任编辑:沈继侠　　责任校对:汪欣怡　　版式设计:马　佳

出版发行：**武汉大学出版社**　(430072　武昌　珞珈山)
(电子邮箱：cbs22@ whu.edu.cn　网址：www.wdp. com.cn)
印刷:湖北恒泰印务有限公司
开本:720×1000　1/16　印张:13　字数:211 千字　插页:1
版次:2023 年 12 月第 1 版　2023 年 12 月第 1 次印刷
ISBN 978-7-307-24170-1　定价:49.00 元

序　言

我认为，所有好的金融学都是行为金融学。

——2013年诺贝尔经济学奖获得者 Robert J. Shiller

金融市场是当今世界上最具活力的市场之一，但这个市场并不完美，很多投资者和分析师发现市场上存在各种金融异象。长期以来，传统的金融理论认为人类是理性的，能够作出最优的决策。但是传统的理性经济人假设未能完全解释市场中的价格波动和投资者行为，市场参与者的决策往往会受到情感、认知偏差和群体行为等因素的影响。随着行为经济学的兴起，人们开始质疑这种理性的假设，并提出了一种新的理论——行为金融学。

行为金融学是一门研究人类行为在金融决策中的作用的学科。其理论基础主要包括有限理性假说、有限套利和前景理论。有限理性假说指出人们在金融决策中是有限理性的，其决策取决于满意程度而不是绝对效用；而有限套利认为真实市场中存在套利的成本、风险和收益限制，无法完全消除价格偏差；前景理论强调人们对于预期与设想之间的差距有不同的态度，偏好确定性的小收益和寄希望于好运气来避免损失。这些理论揭示了人们在投资决策中的非理性行为和认知偏差，提供了对市场异常性和价格波动的更全面理解和更贴近金融市场实际情况的解释和预测。

行为金融学对金融学领域的贡献是多方面的，它为我们对市场行为和价格形成提供了更全面的理解。通过研究投资者的非理性行为和认知偏差，行为金融学提供了更全面的市场解释，帮助我们更好地理解市场中的价格形成和投资者行为。同时，行为金融学研究了投资者在决策过程中的认知偏差和行为模式，通过识别和理解这些偏差，如过度自信、损失厌恶、心理账户等，行为金融学帮助人们认识到自己的决策漏洞，并提供了改善决策的指导和方法。此外，行为金融学强调实证研究和数据驱动的方法，通过大规模的市场数据和实验研究，对投资者行为进行系统性分析。这种基于数据的研究方法有助于提供客观的证据，支持对投资决策和市场行为的分析和评估。最后，行为金融学为金融教育和投资者保护提供了重要的支持。通过揭示投资者的非理性行为和决策偏差，行为金融学有助于教育投资者关于风险管理、长期投资和避免常见错误的重要概念。行为金融学的研究成果也对监管机构和金融业务的设计有指导作用，有助于保护投资者免受潜在的欺诈和不当行为的影响。总之，行为金融学为我们提供了更全面、深入的视角，帮助我们理解和解释金融市场中的非理性行为和异常现象。它为投资者和决策者提供了更好的决策依据，促进了金融市场的效率和稳定性。

饶兰兰老师是广东外语外贸大学金融学院的优秀教师，长期奋战在行为金融学的教学一线，具有丰富的教学经验。《行为金融学讲义及案例分析》则是饶兰兰老师在总结多年教学经验的基础上所形成的优秀著作。《行为金融学讲义及案例分析》是一本深入浅出、生动易懂的书，通过对一系列行为金融学案例的分析，帮助读者理解行为金融学的基本理论和其在金融市场中的应用。该书系统地阐述了行为金融学的理论基础和实际应用，旨在帮助读者更好地理解金融市场中存在的种种异象和行为偏差，并提供相应的解决方案。该书涵盖了行为金融学心理学基础、个人投资者行为偏差、股票收益率异象和行为公司金融等方面，并通过分析各种真实案例，展示了行为金融学的研究成果和应用。书中的每个案例都涉及人类行为中的某些关键问题，例如决策的局限性、情感影响、社会影响和认知偏差等。通过这些案例，读者可以更加深入地理解行为金融学的理论和实践。

《行为金融学讲义及案例分析》的编写旨在帮助读者更好地理解金融市场中的行为规律，以及如何利用这些规律作出更明智的投资决策。它不仅适用于金融行业的从业人员，也适用于普通投资者和学术研究人员；不但可以作为行为金融学的入门教材，还是一本实践应用型的案例分析指南。希望读者在阅读本书的过程中，能够从案例中汲取经验教训，掌握行为金融学的理论和实践，以及学会如何在实际投资中应用这些知识。我相信，通过阅读本书，读者将更深入地了解行为金融学的理论框架和实际应用方向，更好地应对金融市场中存在的各种挑战。

张　浩

2023年10月

前　言

行为金融学是以心理学为基础，吸收了社会学、行为经济学、金融学的研究成果，以投资者的"有限理性"为研究假设，探讨了投资者在金融市场中的行为偏差，解释了金融市场的异象及规律的一门学科。由于它的趣味性、实用性和多学科交叉的延展性，越来越多的学者参与行为金融学的研究，行为金融学也因此逐渐成为一门有自己独立框架、完善的基础理论和丰富的实践相结合的金融学科。

随着我国改革开放政策的实施，我国的金融市场也逐步地放开并扩大，1990年随着上交所和深交所的先后成立，我国金融市场的资产种类也逐渐丰富起来。但是总体来说，我国的金融市场还是一个新兴的、年轻的市场，相比于西方一些国家的成熟市场，我国的市场有着自己的特点。行为金融学的研究起源于西方市场，但国内外两个市场在市场制度、投资者的结构等多方面存在着诸多不同，对国外市场的研究是否适合于我们中国的金融市场呢？

为了更好地展示行为金融学理论在中国市场的实践性，本书在阐述了行为金融学的理论及西方市场的实证证据外，将更多的侧重点放在了中国金融市场中行为金融学理论的实践上，包括中国金融市场中的投资者行为偏差、金融市场的异象、行为投资策略等。在阐述理论的基础上，本书还收集了大量的中国金融市场的案例，并用行为金融学的理论作了分析和探讨，希望让读者在了解行为金融学理论的同时，更深刻地理解行为金融学理论在实践中的应用。

本书由五章构成：第一章是概论，介绍了行为金融学的产生和发展，以及它的理论对于传统金融学的挑战和中国证券市场的基本介绍；第二章从心理学的角度，系统地探讨了人们在不确定性的环境下作决策时表现出来的心理偏差和偏好；第三章阐述了个人投资者在金融市场中进行投资交易时常常出现的行为偏差，并在这里列举了三个我国金融市场中个人投资者的行为偏差案例；第四章探讨了金融市场中的众多异象及利用异象构建起来的行为投资策略，这章列举了大量的中国金融市场中的案例，涵括中国的春节效应、购物狂欢季“双十一”、元宇宙、中国金融市场的熔断、2007 年的股灾、疯狂的鞋子、仙草“冬虫夏草”、世界金融市场的早期泡沫到近期的泡沫等 23 个案例；第五章对行为公司金融的理论作了简要的阐述，并从公司管理层的非理性决策的角度列举了巴林银行倒闭案、中航油事件和中行原油宝事件。

本书最大的特色在于两点：一是理论和案例分析的实践相结合，让读者能在了解到行为金融学理论知识的基础上，更好地理解行为金融学在金融市场中的应用；二是本书的案例分析 90%来源于中国市场，这让读者能更好地从行为金融学的角度了解中国金融市场的规律，能够为他们提供更接近于实际市场的投资建议。

本书可以作为高校财经类专业的行为金融学教材，以学期总教学时长 32 学时为例给予教学课时分布建议：第一章概论安排 2 学时；第二章行为金融学的心理学基础中理论要点安排 2 学时，案例分析安排 2 学时；第三章行为金融学与个人投资者行为偏差中理论要点安排 2 学时，案例分析安排 2 学时；第四章行为金融学与股票收益率异象理论要点安排 6 学时，案例分析安排 14 学时；第五章行为公司金融安排 2 学时。如果总时长安排超过 32 学时，比如 48 学时或者 64 学时，教师则可根据学校的专业定位、课时要求及学生情况调整教学进度。

在本书的编写中，感谢我们的三位研究生潘迪卉、唐雪、杨嘉琦同学，她们在本书的编写在对文献查阅、资料整理等环节付出了大量的劳动。

在本书的编写中，我们参考了国内外许多优秀的行为金融学的教材和专著，学习并借鉴了他们不少好的经验。在此，我们对这些教材和专著的编著者表示最衷心的感谢。

在本书的编写中，我们参阅了大量在网络、报纸、报告、知网等不同媒介上公开发表的相关资料，在此向这些资料的作者表示感谢。

在本书出版的过程中，武汉大学出版社的编校人员给予了很多帮助和支持，在这里一并表示感谢。

由于编者水平有限，本书肯定存在疏漏和不当之处，恳请同行和读者批评指正。

编　者

2023年10月

目　录

第一章　概　　论

行为金融学是什么？它是如何产生的？它与传统金融学的理论有什么联系和区别？如果用它来探讨金融市场的规律，那你了解我国的金融市场吗？接下来，我们将一一为你揭晓。

第一节　行为金融学的产生

传统金融学兴起于20世纪50年代，以投资者理性经济人及市场充分竞争为假设基础，产生了马科维兹（Harry Markowitz）均值方差模型（MPT）、莫迪利亚尼与米勒的MM理论、夏普与林特钠的资本资产定价模型（CAPM）、罗斯等人提出的套利定价理论模型（APT）、布莱克、斯科尔斯与默顿的期权定价模型（OPT）、法玛等人提出的有效市场假说（EMH）。这些理论构建起了传统金融学理论的宏伟大厦，主要研究的对象是投资组合、资产定价及有效市场假说理论。

然而从20世纪80年代以来，越来越多的学者发现投资者在市场中决策和博弈时，并不像传统金融学理论中所假设的具备完美理性，他们会受到认知、心理、社会及个体情感等因素，产生系统性的偏离。而在金融市场中也涌现出越来越多的金融异象，比如股权溢价之谜、封闭式基金折价之谜、日历效应、公司规模效应、动量与反转效应等，这些金融异象不能用传统的金融理论解释，于是基于投资者理性假设和有效市场假说理论的传统金融学理论开始受到人们的质疑，金融经济学家们尝试从投资者的心理及实际行为角度来探究市场资产真实价格变化的深层次的原因，行为金融学便应运而生。

行为金融学以心理学为基础，吸收了社会学、行为经济学、金融学的研究成果，以投资者的“有限理性”和市场的“有限套利”为基石，研究了投资者行为偏差及背后的心理原因，解释了市场中的金融异象，构建了基于投资者行为的投资组合及资产定价模型，并提出了指导投资者投资的行为投资策略。

第二节　行为金融学的发展历史

行为金融学中对投资者心理因素的关注最早要追溯到 1936 年凯恩斯的“空中楼阁理论”，他从投资者的心理因素角度出发，强调心理预期在人们投资决策中的重要性。1955 年西蒙（Simon）的“有限理性”假设，成为行为金融诞生的重要理论基础。到了 20 世纪七八十年代，斯坦福大学的特沃斯基（Tversky）和普林斯顿大学的卡尼曼（Kahneman）创建了前景理论，他们认为人们在面对不确定的环境时受到参考点依赖、损失厌恶等心理特征的影响，判断和决策并不符合传统金融学的期望效用理论的决策标准。在此阶段，由于有效市场假说理论得到了大量的实质证据的支持，传统金融学的理论受到了普遍的认同，行为金融学的发展进入了低迷区。1985 年 DeBondt 与 Thaler 发表了《股票市场过度反应了吗》一文，引发了行为金融学的复兴，行为金融学的理论也开始蓬勃发展。1987 年 Thaler 研究股票回报率的时间序列，投资者的心理账户、行为生命周期假设、禀赋效应、跨期选择、股票市场的非有效理性。1989 年席勒（Shiller）研究证券市场的波动性、羊群效应、投机价值、流行心态等揭示了投资者非理性的特征。20 世纪 90 年代后期行为金融学理论出现了突破性进展，1998 年 Odean 的处置效应，1999 年 Kim 与 Ritter IPO 定价的异象，1994 年 Shefrin 与 Statman 行为资产定价（BCAPM），2000 年 Shefrin 与 Statman 行为组合理论（BPT），2000 年 Shiller 的著作《非理性繁荣》预见了美国网络泡沫的破灭，2005 年再版预见了美国房地产泡沫的破灭。这些建立在心理学视角上的研究投资者的非理性投资行为、市场的异象、行为投资组合理论、行为资产定价模型以及由此建立的行为投资策略，构建起了行为金融学的理论体系。经济学家卡尼曼、席勒和泰勒也由于他们在行为金融学理论中的杰出贡献分别于 2002 年、2013 年及 2017 年获得了诺贝尔经济奖。

第三节　行为金融学对于传统金融学的挑战

理性经济人作为传统金融学的基础假设，支撑起了全部理论架构的逻辑，这个假设主张人的完全自利性和人的完全理性。人是利己的，人在从事经济活动时，能根据市场的信息作出理性决策，追求个人利益的最大化，实现效用最大化。然而，大量的社会实践活动显示人们不总是完全利己的，社会道德及价值的约束导致人们的利他主义，为社会公正和社会的进步而做的志愿服务、无私奉献，人文关怀等广泛存在。另外人们也不总是完全理性的，大量的心理实验和实践活动发现人们在作决策时受到认知、社会、情感等多方面因素的影响，受制于心理规律，导致非理性的行为。为此，行为金融学以心理学为基础，放宽传统金融学的理性经济人的假设，假设人们是有限理性的，以社会人的视角来探究人们在不确定环境下作判断和决策时的行为规律。

行为金融学对传统金融学的第二个方面的挑战是有效市场假说理论。1970年法玛（Fama）在他的一篇著名的综述《有效资本市场——对理论和实践工作的评价》中仔细深刻地分析了“有效市场假说”理论。这个理论可以从投资者行为层面和信息层面来简单描述。从投资者行为层面来看，总体有4个假设：第一，投资者都是理性的，他们可以对证券进行理性评估，他们的理性预期和理性决策保证了资本市场的有效性。第二，如果市场中存在着非理性的投资者，他们非理性的交易策略是随机不相关的，可以相互抵消，对价格不产生影响，因此市场还是有效的。第三，如果市场中的非理性的投资者在作交易决策时相关不能相互抵消，市场中的理性投资者扮演者理性套利者的角色，他们也会通过理性套利消除价格对价值的偏离，同样保证了市场的有效性。第四，从长期来看，如果理性套利者不能快速消除价格对价值的偏离，非理性的投资者由于他的非理性交易导致他的财富逐渐受损，最终被市场淘汰，最后市场仍然有效。从信息层面看，有效市场假说理论又将市场分为三种不同的形式：第一，弱势有效的市场。如果市场中资产的价格能充分及时地对所有过去的信息作出反应，比如和资产价格变化相关的过去的价格水平、波动信息、交易量等，这时市场弱势有效。在弱势有效的市场中，投资者无论使用何种分析工具都不能根据资产的过去信息赚取超额收益。第二，半强势有效的市场。如果市场中资产的价格能对所有的公开信息作出充分及时的反应，比如除了过去的信息，还有当前的信息，如公司发表的财务报告，宏观经济状况通告等，此时市场半强势有效。如果市场是半强势有效的，那么投资者根据公司基本面的信息分析没有办法获得超额收益。第三，强势有效市场。如果市场中资产的价格能对所有的信息作出充分及时的反应，比如除了公开的信息，还包括内部消息，甚至未来信息，此时市场强势有效。强势有效市场是最高级别的市场，也是最难成立的市场。

对有效市场假说理论的质疑首先来自理性经济人的假设不成立，认为人们在不确定环境下作决策时是有限理性的，这就导致市场中的非理性投资者受制于心理规律导致偏离不是互不相关抵消不了，而是系统性的偏离。卡尼曼（Kahneman）和特沃斯基（Tversky）（1979）的前景理论研究发现人们在作决策时受到参考点依赖、损失厌恶及反射效应的影响，并不总是符合传统的金融学中的期望效用理论，常常系统性地偏离贝叶斯规则。其次，市场中的理性投资者由于受到市场中的套利成本和套利风险的约束导致套利有限。比如市场中存在着履约和信息成本；基本面的风险，投资者在对冲风险时，找不到替代的组合，卖空一只股价被高估的股票，并不一定立即买到被低估的股票；在市场中如果只是根据私人信息交易的噪声交易者的力量太大，也可能影响理性交易者的理性套利。在市场的表现中，大量的实证证据都证实资产的价格总是长期偏离它的基础价值，资产的价格也经常对于与基本面无关的信息做出反应，市场中也存在着大量可以预测股票收益的投资策略。综合上述的理论及实证的证据，不管从投资者的行为层面还是信息层面，都有力地撼动了有效市场假说理论，因此，以投资者的有限理性与有限套利两个假设作为两大基石，支撑起了行为金融学系统的研究方法和理论。

第四节 行为金融学的理论总结

行为金融学理论在讲一个故事，基于心理学的视角，讲述现实的金融市场投资者的心理特征以及这些特征如何影响他们的投资行为，讲述金融市场的异象和运行的规律，讲述金融市场的泡沫，讲述投资者如何根据异象因子构建行为投资策略来获取超额收益，讲述公司的投融资决策等。

中国的金融市场是一个起步较晚的新兴市场，存在着制度不够完善，中小投资者居多，非理性的成分居高，套利受到约束，宏观政策环境不确定性大等诸多特点，所以以投资者有限理性和有限套利为基础的行为金融学的理论在中国的市场中具有更强的适应的土壤。通过对本书的学习，你可以系统地掌握到人们在决策过程中出现的心理偏差和偏好，你也可以学习到金融市场的运行规律，书中提供的行为投资策略也可以成为你投资路上的实践方法和参考，书中的案例分析给你提供了大量的实践范例，让你更好地理解了从理论到实践的通道，希望此书能给读者提供从理论到实践的学习资料。

第五节　中国证券市场三十年概览

第一阶段：1990 年 12 月至 1999 年上交所（沪市）与深交所（深市）先后成立，我国资本市场从无到有，从初步发展步入快速发展阶段。其间证券中介机构、证券协会、期货交易、基金、B 股相继开始成立和试点，到 1999 年《证券法》公布，金融市场形成了股票、权证、企业债、可转债、封闭式基金多种金融产品的资本市场，上市公司数量、总市值、流通市值、发行筹资额、开户数、交易量都大幅上升。

第二阶段：2001—2009 年是依法治市和市场结构改革的阶段。2001—2005 年是资本市场发展中的问题显现、弱势调整、全体行业总体亏损阶段。总体根源在于中国资本市场是向市场经济过程中试点逐步发展来的新兴市场，早期制度设计受限，改革措施不配套，早期不突出问题逐步演化成进一步发展的障碍。比如股权分置问题；上市公司制度改革不彻底，治理结构不完善，证券公司内控缺失，运作不规范；机构投资者规模小、类型少；市场产品结构不合理，缺乏适合大型资金的优质蓝筹股、固定收益类产品的金融衍生产品；交易制度单一，缺乏适合于机构投资者避险的交易制度，等等。2002 年党的十六大提出，“推进资本市场改革开放和稳定发展”，推出一系列改革措施：推进股权分置改革、提高上市公司质量、证券公司综合治理、大力发展机构投资者、改革新股发行制度、推进市场化并购重组、大力推进债券市场建设、加强新闻宣传和投资者教育。这一系列措施产生了较好的效果：长期困扰市场发展的深层次矛盾、制度障碍逐步清除；市场化运行机制逐步强化；投资者信心得到恢复；资本市场出现转折性变化。资本市场也出现了更多新品种：可转换公司转债、银行信贷资产证券化产品、住房抵押贷款证券化产品、企业资产证券化产品、银行不良资产证券化产品、企业或证券公司发行的集合收益计划产品、权证，以适应投资者的不同需求，产品丰富了资本市场的交易品种。股票市场从2006年开始，沪深股市有了较为明显的回升速度，2007年沪市股指创造了历史之最，达到6124点，而受到2008年全球金融危机的影响股指一度下跌到1664点，证监会也开展了为期三年的“上市公司治理专项活动”。

第三阶段：2009年至今，为多层次资本市场的建立和完善发展阶段。2009年10月，创业板市场开通；2010年4月，股指期货正式推出；2014年11月，沪港通推出；2015年，上交所、德意志交易所和中金所联合成立“中欧国际级交易所”；2016年12月，深港通正式开通；2018年11月，注册制试点实施；2019年6月科创板开板；2019年6月沪伦通在英国伦敦证券交易所正式启动，加快了资本市场的对外开放；2020年10月，注册制全面实施，建立常态化退市机制。2021年4月，深交所主板和中小板合并正式实施。2021年9月，背景证券交易所注册成立，同时试点注册制。

第二章　行为金融学的心理学基础

第一节　理 论 要 点

行为金融学以心理学为基础，研究了投资者行为偏差及背后的心理原因，那么投资者在不确定性条件下决策会表现出哪些心理偏差呢？接下来我们将从前景理论、认知偏差、心理偏差与偏好这几个方面为大家展示人们决策时的心理特征。

一、前景理论

传统金融学认为投资者在不确定性条件下进行决策时符合“经济人”的假设，即具有理性预期、风险回避和效用最大化的理性行为特征。20 世纪 50 年代，冯·诺伊曼和摩根斯坦在严格的公理化假设的基础上，建立起了期望效用理论，旨在分析人们在不确定性条件下进行判断和决策的理性行为，且遵循一系列公理。假设决策者以 p_i 的概率得到财富 x_i，总期望效应函数为 $U(x_1, p_1; x_2, p_2; \cdots; x_n, p_n) = p_1u(x_1) + \cdots + p_nu(x_n)$，且理性的决策者表达偏好时满足优势性、恒定性、传递性的三大公理化的衡量标准。

然而大量的实验经济学家和心理学家在研究投资者关于风险决策和个体偏好时的实验中发现对期望效用理论的违背。比如：法国经济学家阿莱在 1953 年的实验中就发现人们在作决策时并不是完全按照客观概率性收益的效用进行加权，而是赋予确定性的收益更高的权重，这种现象叫“确定性效应”，也是著名的

“阿莱悖论”。1979 年卡尼曼和特沃斯基针对投资者的收益性预期与损失性预期两个不同场景而概率一致的情况下作决策时，发现投资者表现出来的是非对称性的选择。如在收益性预期备选组 1：$A(4000, 0.80)$；$B(3000)$ 中决策者大概率选了 B（确定性效应），而在损失性收益备选组 2：$A(-4000, 0.80)$；$B(-3000)$ 中决策者大概率选择 A，并没有作对称性的概率收益选择，呈现出反射效应。这两位学者对此进行分析，并为投资者在决策过程中倾向于在确定性收益中给予了更高的决策权重，在损失性收益中却表现为风险寻求，给予风险的损失更高的权重。

经过大量的实验，人们发现投资者在进行决策时并不一定总按照期望效用理论进行决策，且多次违背三大公理化的假设，于是有很多经济学家对此理论进行了个体决策与偏好公理化的假设上的放松，对此理论进行修正，而其中卡尼曼和特沃斯基的前景理论则给予了较好的修正。

前景理论认为，期望效用理论定义理性人的决策行为，而前景理论描述了决策者的真实行为。他们认为人们在不确定性的条件下进行判断和决策时是对于决策事件价值上的考量 v_i，而不是期望的效用 u_i，所以在对财富 x_i 的考量上是以参考点的财富作为标准，参考点是一种主观评价标准，而不是期望效用函数中的绝对财富；其次在财富的概率 p_i 选择上，决策者会按照个体对于相对财富的考量进行重新加工，建立起自己的决策权重概率 $\pi(p_i)$。因此前景理论中的期望的总价值由“价值函数”和“决策权重”共同决定：

$$V(x_1, \pi(p_1); x_2, \pi(p_2); \cdots; x_n, \pi(p_n)) = \pi(p_1)v(x_1) + \cdots + \pi(p_n)v(x_n)。$$

在前景理论中价值函数是定义在对参考点考量的相对财富的价值衡量，在整体相对财富区间呈现出单调递增性。在收益区间函数呈现出凹性，在损失区间呈现出凸性，即当 $x > 0$，有 $v''(x) < 0$，体现为风险厌恶的特点；当 $x < 0$，有 $v''(x) > 0$，体现为风险寻求的特点。价值函数在损失区间比在收益区间更加陡峭，即决策者对边际损失比边际收益更加敏感，一定量的损失给决策者带来的痛苦比同等量的收益给决策者带来的快乐要大得多。而对于决策权重函数的设计过程，也提出了三个方面的特征，即人们在对客观概率进行主观加工时，对于极低的概率赋予 0 的权重，而对于极高的概率赋予 1 的权重；对于低概率事件倾向于高估，而低估中高概率事件，在中间阶段人们对概率的变化相对不敏感。这些特征的设计，说明人们对极端事件的理解和评估能力是有限的，所以在极低和极高的两端点处人们出现了误判。而对小概率事件高估这种心理特征导致人们对小概率大损失事件的厌恶，所以人们在未必有损失的情况下选择风险规避，人们买保险就是这种心理。

前景理论在期望效应理论的基础上，考虑了决策者在不确定性条件下作判断和决策时表现出来的确定性效应、对于参考点的依赖、损失厌恶的心理及面对收益和损失表现出来的反射效应，充分结合了决策者的心理决策特征，较好地描述了人们在作决策时的真实行为，在金融市场中研究投资者的决策行为中得到了广泛的应用。

二、认知偏差

现代认知心理学的相关研究结论表明，人们在认知过程中会尽量寻找捷径，并通过“认知捷径”来完成对不确定性事物的判断与决策。认知心理学家爱泼斯坦（Epstein）在1994年就提出了个体在信息加工的过程中存在经验系统和理性系统的双加工系统，前者主要依赖于直觉，不需要或者需要占用较少的心理资源，加工速度快；而后者更多地依赖于理性思维，需要占用较多的心理资源，加工速度较慢。2002年诺贝尔经济学奖得主卡尼曼在其著作《思考：快与慢》中，进一步将这两类系统用“快”与“慢”进行描述与辨识，当人们在作决策启动“快系统”时，人们将主要依靠情感、直觉和经验对问题作出迅速的判断。而“慢系统”决策时，人们往往需要依赖一套完整的“算法”或者规则来获得问题的解，从而进行判断和决策，也因此“快系统”被称为“直觉系统”，而“慢系统”被称为“理性系统”。如果人们经常使用“快系统”进行决策，则会导致代表性偏差、易得性偏差、锚定与调整偏差与框架偏差。

1. 代表性偏差

人们在不确定条件下，常常关注于一个事物与另一个事物的相似性，以推断两个事物的类似之处；或者倾向于根据样本是否代表总体来判断其出现的概率，由这种推断方式导致的决策偏差被称为代表性偏差。当人们利用代表性认知来判断事件的概率时，会过分强调事物之间的相似特征，把他们归为统一范畴，而忽略其他潜在的可能性的特征，不利用概率统计等数理工具进行理性客观的分析和判断。经济学家 De Bondt 和 Thaler（1989）认为，代表性偏差导致投资对过去业绩不要的股票过于悲观，而对过去业绩好的股票过于乐观，投资者根据事物的相似性进行判断和决策，最后导致输者组合的股票被投资者低估，而赢者组合的股票被高估，从而导致价格偏离其基本价值，股票市场出现动量效应与反转效应。而代表性偏差决策者的另一种决策偏差即是通过样本来推断总体的决策偏差，一个典型的例子就是“小数定律”：人们对样本规模不敏感，认为小样本和大样本具有相同的概率分布，小样本可以充分地概括整体。在金融市场中，投资者在评价分析师的表现时，通常只根据分析师个别几次的投资建议来推断其整体能力。

2. 易得性偏差

人们在不确定的条件下，常常根据一个客体或者事件在知觉或记忆中可获得信息的容易程度（熟悉程度），来判断事件发生的概率。人们在利用这种方式进行判断和决策时，根据事件的显著性搜集在脑海中和记忆中的熟悉程度来进行概率的判断，而忽视对事件进行客观和全面的分析。在金融市场中，投资者在投资时往往根据他们所能获得的信息进行投资，这些信息主要来自他们容易获得的途径，比如所关注的分析师的建议、朋友的建议、报纸、广告、互联网等，而不是根据对于市场客观全面的分析。在投资者中新股民由于金融知识和投资经验的欠缺与不足，易得性偏差在新股民中更容易出现。

3. 锚定与调整偏差

人们在对未知的某个事件进行估计时，会将最初获得的信息作为起始值，而该起始值会像锚一样制约着估测值，且根据最初的信息进行调整，而不是根据新信息进行分析和调整，这种调整通常是不充分的，由于这种锚定与调整不充分导致的决策偏差被称为锚定与调整偏差。在电子商务领域，消费者对于购买的商品进行投票评价时，投票或评价会受到前一个或者前面部分投票或评价的影响，研究发现高分对象后面的打分普遍偏高，而在低分对象后面的评价也普遍偏低，即高分和低分出现了明显的记忆性，这个研究结论表明消费者在作判断与决策过程中存在着锚定与调整偏差。在股票市场中，投资者对未来股票价格的预测往往会受到过去股票价格的影响，对市场的预期往往也与当前水平相当接近。

4. 框架偏差

人们在不确定性条件下作判断和决策时常常受到事件呈现或描述方式的影响，即呈现出“框架依赖”，由这种方式导致的决策偏差被称为框架偏差。根据事件的表达方式，框定依赖偏差可分为正框架偏差和副框架偏差，在一个实验的两种方案中，甲方案是损失 100 元和 25%的概率损失 400 元及 75%的概率没有损失，实验者选择了后者；而在乙方案中，换一种表述方式，即付出 100 元就可避免 25%的可能性损失 400 元，实验者是选择接受还是拒绝？结果是其中大多选择了接受。以上甲乙两种方案的本质是一样的，当同样一笔钱（100 元）从“不可避免的损失”框架转换为“为避免更多损失而付出的代价”框定时，便出现了不同的选择，决策者在面对甲方案的负框架时，常表现为风险偏好，而在面对乙方案的正框架时表现为风险回避。

三、心理偏差

1. 过度自信

心理学家发现，人们往往过高地估计自己的直觉和逻辑推理能力、判断能力，高估自己控制形势的能力，把成功归功于自己的能力，而低估运气、机遇和外部能力在其中的作用，这种心理特征被称为过度自信。过度自信通常表现在两个方面：第一，认为肯定会发生的事真正正确发生的概率只有 70%~80%，即对于大概率会发生的事情认为是确定发生的事情；第二，对数量估计的自信区间过于窄小。在金融市场中，投资者过度自信的表现为高估自己评估股票的能力，一旦投资者购买了某种股票，他就坚持认为是正确的选择，常常忽视这只股票遭到损失的负面信息。过度自信的投资者还会倾向于过度频繁的交易，投资者在买卖股票时常常相信自己掌握了全部正确的信息支持他进行股票的交易，市场数据研究表明这些信息不能支持他进行任何交易。而投资者的过度交易中，除去交易佣金，反而比被继续持有的股票的未来报酬低，从而遭受投资损失。

2. 从众行为

人们在不确定条件下进行判断和决策时，常常改变自己的观念或行为，使之与群体相一致的心理倾向，这种决策方式被称为从众行为。从众行为表现为人们在心理上依赖于大多数人一样的思维活动和行为。在金融市场中，从众行为可能会导致投资者的羊群效应，即投资者在信息不对称不完全或缺乏投资知识经验的情况下，模仿他人的投资决策，听从他人的投资建议，如果决策失误，决策者也能从心理上把责任推卸给他人而减轻自己的内疚感。在金融市场中，除了个人投资者，机构投资的基金经理也会经常出现从众行为，即模仿其他大多数基金经理人的决策，这样可以尽量避免自己的声誉遭到破坏，以推卸自己承担决策错误的责任。

3. 证实偏差

人们在对未知的事件进行判断和决策时，会搜寻各种信息来帮助自己进行决策，可是人们往往倾向于寻找支持某个特定观点或信念的证据，这种证实而不是证伪的倾向被称为证实偏差。证实偏差在生活中普遍存在，对人的行为决策有着重要影响，一旦人们在主观上形成某个观点，他们往往倾向于接受那些支持他们原来信念的信息，而对于其他的信息则倾向于视而不见。在金融市场中，当市场处于上升时期，投资者会倾向于收集市场的正面信息，而忽略负面信息，人们会乐观地不断推动市场，以至市场价格不断偏离其基础价值，导致市场泡沫的产生；而当市场处于低迷时期，投资者又会倾向于收集市场的负面信息，以至股票价格被严重低估，导致市场更加低迷。

4. 保守性偏差

人们在不确定性条件下作判断和决策时，一旦形成某种观点或预测，就会一直坚持下去，不轻易改变，也不轻易接受新信息。在金融市场中，保守性偏差导致投资者对新信息反应不足，当公司公布利好消息时，信息并不能立刻反应，而表现出逐步上涨的趋势，反之当公布利空消息后，股价表现出逐渐走低的趋势，常常导致市场出现动量效应，即表现好的股票在短期内表现较好，而表现差的股票在短期内也表现较差。保守性偏差与人们处在不对称或者不全信息的情况下，对新信息处理时遇到的困难有关，投资者在面对大量的数据和信息时，不能及时地作出快速精确的调整，转而坚持自己的既有观点。

5. 心理账户

人们对资金根据其来源、用途等因素进行归类，在对不同类别中的同等量的资金估值，支付意愿也不同，这种现象被称为心理账户。在不同的心理账户中的资金，人们倾向于更轻率地使用被低估的资产，比如从赌场赢得的资金、买彩票获得的奖金、意想不到的遗产、所得税的返还等。比如在年终收到的 2000 元的年终奖励和 2000 元的工资从数额上相等的，但是大多数人对于其支付的意愿是不一样的，年终奖的奖励作为一笔工资外的额外收入，大多数的获得者都会认为这是一种鼓励与运气，把它用来宴请朋友分享喜悦或者购买礼物犒劳自己，而同是 2000 元的工资则被认为是劳动者通过辛苦的劳动获得，会更珍惜这笔收入的来源，在使用时也会更谨慎。在中国民间有句古谚语叫“破财消灾”，即当人们意外失去一笔财产时，人们会认为失去的这笔财产为自己挡住了可能会遇到的未知灾难，当人们把这笔财产放在这个“挡灾”的心理账户时，那人们就比较容易接受这笔丢失的意外财产了。

心理账户是个人或家庭金融活动中普遍存在的认知特点。在金融市场中，个人投资者会对投资组合产品中的不同风险的资产归入不同的心理账户，对收益的预期与风险能力的承受也不一样。比如投资者在投资股票和投资债券时，对于同等量的资金，对于风险和收益的预期就不一样，当市场处于快速下行时，投资者可能一天的亏损为总资产的 10%，但是他未必会紧张后悔，但是如果投资的风险为 *R*1 或者 *R*2 的低风险债券或理财产品，亏损达到总投资的 10%，那投资者会非常紧张和懊恼，原因在于投资者在投资股票时，对此心理账户的资金的收益和风险的容忍度比较高，而债券等风险低的资金账户，投资者会求低收益但是低风险。2022 年中国金融市场大量的低风险级别的投资理财产品出现了负收益，挫伤了很多投资者对于此类金融产品的信心，大量投资者转而接受活期存款，宁愿接受更低的收益也不愿接受相对应的“高风险”。政府也经常利用公共的心理账户来推行消费储蓄等公共政策。如疫情期间，政府为了促进经济恢复，通过发消费券（而不是援助金）来刺激消费；对于储蓄不足的地区，可以在发工资时划分不同基金条目，如“应急基金”“买房基金”、给有孩子的家庭设立的“教育基金”等，来进行补助。

6. 禀赋效应

人们一旦拥有某件物品，那么他对该物品价值的评价要比未拥有之前大大提高，这种现象被称为禀赋效应。禀赋效应是与损失厌恶相关的现象。该理论认为一定量的损失带来的痛苦比同等量的收益带来的快乐要大很多，人们放弃所拥有的物品而感受到的痛苦大于其得到物品所带来的喜悦。因此在定价上，同一种物品的卖价高于买价，即同样一件物品，如果我们本来就拥有，那么我们的心理卖价就会更高，而如果我们本来就没有，那我们愿意支付的价钱就会相对更低一些。在金融市场中，禀赋效应在保守型的投资者上表现明显，他们往往表现为放弃一笔资产的痛苦比得到一笔资产的喜悦大很多，从而选择不投资。而积极型的投资者愿意接受新的资产的意愿大，禀赋效应不明显。

四、心理偏好

1. 损失厌恶

人们在面对收益和损失的决策时表现出不对称性，人们对于损失更为敏感，一定量的损失带来的痛苦比同等量的收益带来的快乐要大很多，这种现象被称为损失厌恶。心理学家和经济学家发现，人们并非总是厌恶风险，但却总是厌恶损失。面对确定的收益时表现出风险厌恶，而面对确定的损失时表现出风险寻求，且损失带来的痛苦是同等量带来快乐的 2.5~3 倍。在金融市场中，当投资者在遭受损失时不愿意卖出股票，如果卖出就是确定的损失，他们希望等到有机会能将损失扳平，表现为风险寻求。所以投资者因常常长期持有亏损的股票而遭受了更大的损失。

2. 后悔厌恶

人们作出错误决策时，会对自己的行为感到痛苦，这种现象被称为后悔厌恶。后悔比损失更让人感到痛苦，因为后悔是决策者为自己的损失承担责任，所以后悔厌恶的程度和所要承担的责任密切相关。人们在被胁迫情况下作的错误决策比非胁迫情况下引起的后悔要轻微，在没有采取行动所引起的后悔比作了错误的决策所引起的后悔要轻微，因为这两种情况前者都比后者要承担的责任更轻微。在金融市场中，后悔厌恶的投资者倾向于墨守成规，过去遭受过损失的投资者，不敢大胆去尝试新的投资；后悔厌恶的投资者也会导致投资时的羊群行为，为了降低在未知的投资中可能遭受的损失带来的痛苦感，他们会选择与其他投资者相同的决策，此时投资者对错误决策的责任感会相对减轻。

3. 模糊厌恶

人们在不确定性的条件下选择时，倾向于选择熟悉的确定的类型，而回避不确定或者不熟悉的类型。关于模糊厌恶的经典实验由埃尔斯伯格在 1961 年提出：AB 两个盒子里都装有 100 个球，A 盒子中 50 个红球 50 个黑球，而 B 盒子中也由红球和黑球组成，但是比例未知，当分别从中捞出一个球时，在回答捞出红球的概率更大的是哪个盒子时，大多数的实验参与者选择了 A 盒子，而同样的实验，从中捞出一个球，回答捞出黑球的概率更大的是哪个盒子时，大多数参与者选择了 A 盒子，说明人们厌恶主观甚至客观的不确定性。在金融市场中，模糊厌恶表现在投资者常常投资于自己临近或者熟悉的市场，比如自己所在的国家、地区、熟悉的公司和行业等，而忽视其他更好的投资机会。

第二节 案例分析

一、泡泡玛特——盲盒经济中消费者的心理账户、从众心理与损失厌恶

盲盒起源于 20 世纪初的日本。明治年间，每逢店铺开张吉日或日本新年，百货公司用纸盒或彩布将商品包裹，以高于原价的价格售出。此类商品也被称作“福袋”，这种方式逐渐成为日本商户常规的促销手段。日本 ACG 文化（即 Animation、Comics、Games）逐步发展，到 20 世纪 70 年代，扭蛋作为福袋的衍

生品从福袋里脱颖而出独立发展，手办被放入扭蛋“蛋壳”中，被相关运营商投放至街边、饭店里的扭蛋机，消费者以投币的方式购买扭蛋机会，抽取自己心仪的款式，收集自己喜爱的模型，甚至“蛋壳”自身也成了扭蛋的卖点，激起大批消费者的“收集欲”。①

我国盲盒经济的发展主要起源于20世纪90年代，起初的形式为“集卡”，小当家、小浣熊干脆面品牌推出的水浒英雄卡系列，孩子们为了集齐所有的卡片，将部分的零花钱花在购买干脆面上。同样的消费套路，在几十年后的今天依旧好用。玩具被赋予潮流和收集的意义，放进盲盒里中出售，受到市场热捧。

在2010年，盲盒领头企业泡泡玛特创建成立，主要营销各类潮流玩具、电子产品及文具，同时代售Sonny Angel。同时，由日本Medicom出品的Bear brick小熊以盲盒的销售方式被中国消费者快速熟知，“IP+盲盒”的形式逐渐火爆起来。自2015年以来，泡泡玛特发展转向IP打造和盲盒生产，和一些著名的IP设计师合作，推出Molly、Pucky、潘神洛丽等盲盒系列，得到了很多消费者的喜爱，盲盒行业在我国正式进入快速发展阶段。之后，又有很多的潮玩品牌进入盲盒市场，使得盲盒形式逐渐进入大众的视野中。② 2020年年底，泡泡玛特成功上市，成为盲盒行业的第一股。业绩火速蹿升，根据官方财报显示，仅2021年上半年，泡泡玛特的营收规模便超过了2019年全年营收，高达17.73亿，其中毛利润为11.17亿元，经营利润为4.87亿元。

然而盲盒产业的迅猛发展少不了层出不穷的问题。泡泡玛特文化创意有限公司于2021年12月8日，由于违反《不正当竞争法》，被北京市朝阳区市场监管局罚款20万元。2022年3月11日，多位消费者由于“SKULLPANDA夜之城系列”隐藏款盲盒“夜之守护”具有瑕疵申请退换，被泡泡玛特客服以“与正品不符”为由拒绝，遭到消费者投诉。即使如此，泡泡玛特于2021全年实现营收44.9亿元人民币，同比增长63.2%。归母净利润为8.54亿元，同比增长63.2%。

---

① 张雯婕．行为经济学视角下“盲盒热潮”的分析及路径优化［J］．产业创新研究，2023（05）：88-90.

② 周业程．从行为经济学视角看盲盒经济之谜［J］．国际商务财会，2021（16）：88-89.

盲盒的定价在一般玩具中并不算便宜，而且根据盲盒的销售模式是消费者在购买了商品后拆开才知道内容，消费者得到所想要的隐藏款的概率只有1/144。① 且在出现质量与价格不符受到消费者投诉的情况下，盲盒的产品还是受到大众的追捧，盲盒产品的魅力到底何在？消费者在购买盲盒的过程中到底是一种什么样的心理呢？

二、分析

消费者对盲盒的消费，可以看成消费者对盲盒的一种投资，为什么对很多消费者来说，盲盒属于物不廉价不美的产品，为什么还是受到了大众的追捧呢，接下来我们将从行为金融学的投资者的心理偏差理论对盲盒消费者的行为进行分析。

首先，市场中消费者的心理账户使得盲盒脱离了其本身的物质属性，赋予了投资者拥有它之后的精神追求和收藏属性，在这种独属于盲盒消费的心理账户中，投资者对于购买盲盒的资金的支出意愿相比于普通的日常消费更强烈，且高估由于得到它所带来的快乐，低估资金支出后带来的风险。泡泡玛特的产品经常和一些著名的IP设计师合作，而这些设计师的产品已经在市场中受到了很多消费者的喜爱和热捧，特别是年轻人的倾爱。盲盒中内容的隐藏性进一步增加了消费者的猎奇心理，消费者除了追求对自己心爱IP产品的获得性，还加上了对自己好运气的博彩心理，此时消费者已经将对购买盲盒的资金归入了一个特别的心理账户，不再用普通的收益与风险的要求来进行消费，而是赋予了它对自己精神享受和博取好运的新意义，即使一个盲盒中小小的公仔价格在大部分的消费者看来性价比很低的情况下，还是有很多年轻人甚至未成年人争相购买。

其次，泡泡玛特的营销模式也使得盲盒的概念与产品被大众所熟知，也勾起了消费者的从众心理。泡泡玛特经常选择与具有高流量的网红进行合作，利用开箱视频等自媒体平台进行推广。除了线上的宣传，泡泡玛特的实体售卖店及自主售卖机在大型的购物商城及实体经济区域都有大规模的铺设。这一系列的营销活动极大限度地增加了盲盒的曝光率，勾起了消费者的消费热情和争相购买的从众

① 韩欣悦．从行为经济学视角看盲盒经济之谜［J］．商讯，2019（27）：117.

心理，为年轻消费者的利用潮玩的社交提供了最佳的载体。

最后，盲盒的特殊属性附加上投资者损失厌恶的心理，增加了投资者对于投资产品的“恶性增资”。消费者购买盲盒的行为可以看成投资者对盲盒的投资，期望的收益是对于得到盲盒后给予自己的精神享受和博取好运气的回报。由于盲盒商品的特殊性，消费者购买后才知道是否为自己的心爱目标之物，在概率极低的情况下，目标一般不能在一次购买中实现，但是投资者与生俱来的损失厌恶的心理，在为了得到收益的过程中已经有了一次效用不大甚至是无效的消费，如果他停止购买，那么他的第一次购买行为就是一次直接的损失。为了达到他的最终目标，他会选择风险寻求，在明知得到目标之物的概率很小的情况下，进行第二次、第三次的购买，这就是行为金融学理论中对失败项目的“恶性增资”。当然这种连锁性的购买也就造成了泡泡玛特盲盒产品的热卖。

第三章　行为金融学与个人投资者行为偏差

第一节　理 论 要 点

通过第一章和第二章的学习，你了解到自己或者别人作为普通大众中的一员，在不确定性的条件下作判断和决策时的心理偏差与偏好了吗？根据卡尼曼和特沃斯基的前景理论，我们了解到人们在决策时具有参考点的依赖特征，比如市场中的追涨杀跌，投资者喜欢往回看，用自己建仓的价格作为参考点来制约着后面的买卖行为；投资者并不总是表现出风险厌恶，在面对收益时表现出风险厌恶，而在面对损失时则表现出风险寻求，两种不同表现出反射效应，且一定量的损失带来的痛苦比同等量的收益带来的快乐要大很多。从认知心理学的理论中我们知道人类在思考时存在双加工系统，即快系统和慢系统，如果用快系统认知决策，容易产生代表性偏差、易得性偏差、锚定与调整偏差和框架偏差。人们在决策时还存在从众行为、过度自信、证实偏差、禀赋效应、心理账户、损失厌恶、后悔厌恶与模糊厌恶等心理偏差与偏好。

在我们了解了这么多的心理特征后，也就了解了行为金融学的基础，从这章开始进入行为金融学的应用，行为金融学和传统金融学研究的领域几乎一样，但是在投资者行为这一部分开始不同，传统金融学假定人是理性的，理性人不会犯错，没有必要专门研究理性人的投资行为，只需要假定一个代表性的投资者，其他的投资者都跟他相同即可，而行为金融学恰恰相反，认为投资者会犯错，并认为这是投资者失败的重要原因，因此研究投资者典型的错误行为很有必要，如果你是个人投资者，可以避免错误交易，减少损失，提高投资收益；如果你是机构投资者，可以利用别人的错误制定交易策略，从而获得超额收益。

一、个人投资者的投资表现

理论中的投资者行为的表现定义：①投资者不需要具备选股能力，只需要持有风险资产就足够了。因为传统金融学认为，投资者的预期回报，分散风险。他想获得更高的回报，就应该承担更多的风险。②投资者不需要选择市场时机与其所承担的风险对等，所以散户根据风险厌恶程度，按照一定的比例在无风险与风险资产配置买入或者卖出股票。因为既然市场是有效的，那么在他采取交易之前新信息就已经体现在股价之中了，他没必要根据新的信息来调整其资产组合，或者选择时机买入或者卖出股票。总之，对个人投资者而言既不需要选股，也不需要择时，只需要根据自己的风险偏好，按照一定的比例买入并持有市场组合和无风险资产就可以足以补偿其所承担风险的必要投资回报。

然而真实世界中个人投资者的表现：①个人投资者并未能获得与其所承担的风险相对等的回报。大量的市场数据实证证明，基金管理者具有相对卓越的选股能力，投资绩效优于市场，间接地反映了个人投资者的投资表现不佳。②个人投资者存在非理性交易。由于缺乏专业金融知识和投资技能，容易受到个人心理偏差与情绪的影响，根据噪声而不是信息进行交易，剔除交易成本，无法打败市场。

二、个人投资者交易行为偏差

投资者为何表现不佳？研究证据表明：过高的交易成本，个人投资者处于信息劣势以及投资者容易受到心理偏差与偏好的影响，仅根据噪声而非真实信息进行交易。

下面将介绍投资者在金融市场中交易容易产生的非理性的交易行为。

1. 过度交易

过度交易是指投资者在金融市场中交易频率较高。投资者的投资行为如果是理性的，那他会怎么做呢？投资者会按照基本价值投资，基本价值变化很小，因此投资者的交易应该不会很频繁，如果大家都是理性的，那么即使有人愿意卖，其他人也应该不会愿意买。当投资者不是出于调整资产组合或实现收益需要而进行交易时，可以认为该投资处于“过度交易”。

或者股票资产并未出现长期价值的上升（或下降）趋势，但股票成交量却发生异常时，也可认为存在“过度交易”，考虑交易成本之后，频繁交易的账户平均收益将会远低于市场的平均收益，即来回倒腾不如不动。在金融市场中，通常以换手率来衡量某一股票的交易频率，即某股票的日成交量与其流通股本之比。2007 年至 2017 年，国内股票市场换手率居高不下，A 股和 B 股市场年均换手率高达 251%。① 经济学家 Barber 和 Odean 教授（2000）考察了 1991—1997 年美国国家贴现公司中大部分账户的交易行为，将这些数据按照月均换手率从低到高分成 5 组，研究发现这 5 组的平均年收益率反而呈现从高到低的趋势，最低换手率的组别的收益率达到 18.5%，而最高换手率组别的收益率只有 11.4%，这种收益差很大程度上来自于交易成本，过度交易将带来投资者收益的损失。李心丹（2002）利用证券市场上大量投资者的交易数据对投资者是否存在过度交易，并由此是否导致个人投资者财富缩水等问题进行了实证研究，实证结果表明确实存在上述情况，这与 Odean 等人的结论保持了一致性。蒋绵绵（2004）通过对世界主要证券市场的投资者是否存在过度交易的行为进行研究，发现金融市场过度交易的现象普遍存在，而且投资者会由于过度交易导致收益下降。

投资者的过度交易可以用过度自信来解释。投资者对自己处理信息的能力、决策能力及控制形势的能力过度自信，他们高估自己所获得的信息，认为此时可以进行交易，尽管事实上这些信息可能是薄弱无效的信息，不足以进行交易。过度自信的投资者交易会更频繁，更容易冲动地买进或者卖出，而交易成本的存在使得他们的收益更低。在经济学家 Barber 和 Odean 教授（2000）的研究中，还发现男性比女性更调皮、好动、更容易过度自信，因此他们的交易频率更高。在选择业绩基本相同的股票的投资下，男性投资者的换手率比女性投资者高出 45%，而收益反而男性比女性投资者却低了 1.4%。单身男性投资者换手率比女性投资者高出 67%，这一差别更加明显，但平均收益却少了

① 数据来源：RESSET 数据库。

2.3%。另一方面，由于互联网与移动互联网的兴起，投资者获得信息的难度大幅度降低，使得投资者产生了控制力幻觉，大量烦冗的信息使得投资者误认为掌握了正确而有效的信息及可以对股票交易的环境产生控制感，从而导致更为频繁的过度交易。

2. 卖出偏差——处置效应

处置效应是指投资者倾向于较早地卖出盈利的股票，而长期持有亏损的股票。处置效应是现实市场中比较常见的现象，较早与较晚卖出是相对于最佳卖出时间而言的。那处置效应错了吗？售赢持亏的做法难道不对吗？来看证据：武佳薇（2020）等学者考察了我国2007—2009年近177万个人投资者股票账户的交易行为，发现个人投资者展现出显著的处置效应，投资者卖出盈利股票的比例较卖出亏损股票的比例平均高出20%。在对芬兰投资者行为的全面研究中，Grinblatt和Keloharju（2000）指出五种投资者类型存在处置效应：非金融公司、金融和保险机构、政府组织、非营利机构以及家庭Leal（2006）等研究了葡萄牙个人投资者1496笔交易记录，基于交易频率、交易量和组合价值区分了投资者的成熟程度，他们也认为处置效应明显地存在于所有的交易主体当中。Locke和Mann（2005）使用高频数据，研究了芝加哥商品交易所大约300个专业期货交易者的交易行为。他们发现样本中全职交易者持有损失股票的时间比持有收益的股票长。当投资者存在处置效应时，长期持有业绩差的股票于投资组合中，而长期收益的股票却被过早卖掉，就会导致投资者次优收益。

对投资者的处置效应的一种解释为前景理论。卡尼曼和特沃斯基的前景理论用价值函数来衡量人们在不确定性条件下作判断和决策时的真实表现。他们认为价值函数在收益区间和损失区间呈现不同的凹凸性，在收益区间为凹性特征，即单位收益所获得边际价值在不断地减小，也即股票的价格在原基础上每上涨一个单位，投资者由于边际收益所带来的价值感即满足感在逐渐减少，表现了投资者有落袋为安的思想，表现为风险回避；而价值函数在损失区间凸性特征，即投资者在投资的过程中对于损失的单位收益所获得的价值在不断增大，这里由损失所获得的价值为负向的痛苦感，也即股票的价格在原基础上每下跌一个单位，投资者获得的边际痛苦感越来越强烈，投资者不愿承担现实的损失带来的痛苦，所以选择继续持有等待股票回弹的机会，表现为风险寻求。由此理论解释了投资者为什么总是售赢持亏。

投资者的处置效应也可以用心理账户来解释。当投资者购买股票后，他就会为此股票建立一个新的心理账户，参考点是初始购买价格，投资者会不自觉地忽略股票的价值而通过相对于参考点的收益或损失来衡量。当股票盈利时，投资者参照初始值卖出股票获得收益，而当股票下跌时，一般投资者很难关闭遭受损失的心理账户，他们时常抱有获利或者至少实现盈亏平衡的希望。

如何克服处置效应呢？在卖出环节，投资者具体应该怎么做？首先投资者应该了解处置效应是一种决策错误。处置效应本质上是由决策参考点导致的，人们会不自觉地在盈利和亏损的感知区域进行决策，而人们在盈利和亏损区域的风险偏好不同，就会导致“售赢持亏”的卖出决策。出售盈利和出售亏损都不对，投资者应该“向前看”，不能“向回看”，出售行为应该与成本参考点及相应的盈利与亏损无关，而应该向未来看，选择哪个未来预期收益最低的。其次应该学会举一反三。在金融市场中，很多机构投资者利用个人投资者的这种处置效应来设计金融产品，所以要避免被利用，分析自身的心理偏差，作出正确的选择。

3. 买入偏差——有限关注交易

心理学理论认为人类在处理信息和同时进行多项任务的时候，由于时间和精力等约束，存在着能力上的局限性。在金融市场中，投资者在面对市场上众多的复杂信息时，无法做到全面、及时、有效地判断，因此他们把有限的注意力放在具有异常收益率、异常交易量和公司发布的重大公告的一些股票上，从而影响投资者对信息的反应与交易行为，进而影响股票资产的价格，这种现象被称为有限关注交易。

目前我国 A 股市场有 5000 多只股票，对个人投资者而言，准确有效地分析每只股票的信息并作出合理的决策是比较难的，投资者只能将有限的注意力放在“显眼”或者感兴趣的信息上。许多学者从关注度的角度研究了市场中的有限关注交易，潘伟（2022）选择了2015年1月5日到2020年12月31日4014家上市公司，90497件股票龙虎榜上榜事件作为投资者关注度的代理变量研究有限关注交易，发现龙虎榜上榜事件确实会引起投资者的关注，进而影响投资者的投资行为，导致个股的收益率、波动率和换手率产生显著的影响，具体表现为榜上换手率达到20%的股票，振幅达到15%的股票和涨幅达到7%的股票都会对超额累计收益率产生负向影响。当日个股股价上涨事件会在下一个交易日呈现正的累计超额收益率，随后立即反转，并累计超额收益率一直为负。如果出现营业部资金净买入的现象，会更加吸引投资者的关注，加深对投资者行为的影响。许多学者发现股票名称所包含的信息也会吸引投资者的关注，从而影响交易。宗计川（2020）研究发现A股市场中的股票名称辨识度通过吸引个人投资者关注，对IPO首日及短期持有收益产生了正面的影响。窦笑晨等（2022）研究股票名称中是否包含地名信息会导致投资者存在有限关注交易，发现在粤港澳大湾区发展规划公布以后，投资者更容易优先注意到那些含有地名的股票，地名信息能帮助投资者将该公司与粤港澳大湾区的发展规划等宏观政策快速关联起来，大大降低了信息的收集和处理成本，包含地名信息的股票市场反应更强，即存在“地名效应”。上市公司的盈余公告的发布也会引起投资者的有限关注交易。倪颂巧等（2015）通过研究2015年至2010年上市公司年报是否进入央视《交易时间》栏目与投资者关注程度的对比，发现年报披露市场存在注意力的“显眼效应”，年报上榜的公司对比未上榜的公司当天具有更强的市场反应。

在西方市场，也有大量证据证明金融市场存在着有限关注交易。Barber和Odean（2008）发现对于个体投资者而言，异常收益、异常交易量并经过新闻报道的股票更容易成为他们关注选择的目标。Engelbery、Sassevilley和Williamsy（2007）利用CNBC的节目收益率作为股票的关注程度，投资者对于关注程度和换手率越大股票存在着越高的有限关注交易。

大量的市场证据证明有限关注的投资者倾向于专注显著的信息，而忽视了一些有用的信息，导致股价对显著信息过度反应，而被关注较少的公司，由于信息难以完全融入股价当中，导致股价对信息反应不足被低估，从而造成股票价格偏离其基础价值。

4. 分散化不足

现代资产组合理论认为，投资者应该采取分散化的投资策略，以期在相同风险时获得最大收益或在相同收益下承担最小风险。分散化是投资风险管理的一种手段，通过将投资金额分散到许多笔不同的投资上，来降低单笔投资成功与否对整体的影响。而在现实的市场中，投资者的分散化程度明显不够，表现为两点：第一，投资者持有的股票资产种类不充分；第二，投资者出现本土偏差。投资组合的风险的降低来源于其所持有风险资产数量的增加和风险资产组合中单个资产之间的关联性的降低。Goetzmann 和 Kumar（2008）通过研究美国股票市场近 60000 个股票交易账户发现投资者普遍持有股票数量在 5 只以下，且发现投资者持有的股票组合越少，价格波动越大，风险越高。投资者的本土偏差是指投资者倾向于投资本国、本地区或者本公司的股票。French 和 Poterba（1991）教授研究发现英国 82%的投资者只持有自己本国的股票，而美国和日本这一比例高达 93%和 98%。吕世瑞和吕世瑜（2007）通过将上海、深圳和珠海三地的基金公司作为机构投资者的代表，研究他们的投资组合分散情况，发现深圳和珠海的基金公司好于投资深圳本地的上市公司，而上海的基金公司也偏好于上海本地的上市公司，即投资者还是较为偏好在地域上离自己近的投资对象，表现出较为明显的地区化和地域化的投资倾向。

投资者为什么会出现投资组合的分散化不足呢？过度自信是导致投资者分散化不足的重要原因之一，投资者的过度自信让他相信自己所持有的资产组合已经是最优的资产组合，不需要再做其他的调整。投资者的模糊厌恶的心理及自身的禀赋效应也影响了投资者作出最优的选择，投资者在面临自己不熟悉的市场和资产时，对风险的不可控，会产生恐惧心理，因此熟悉的市场和资产会更有吸引力。而投资者由于自身禀赋导致了较高的收集信息的成本，也会选择本国本地区或者本公司容易获得信息的资产进行投资，由此产生了本土偏差。

投资者的本土偏差会造成什么影响呢？比如投资者买本公司的股票，由于他受雇于这家公司拿到的薪水是他个人的重要资产，当公司出现破产风险时，这种集中投资会导致风险加倍，导致雪上加霜，建议不要配置与现有资产相一致的资产，从而分散风险。

第二节 案例分析

一、中国金融市场中的个人投资者和机构投资者的处置效应

1. 中国金融市场中的个人投资者在处置效应上的不同

处置效应是指投资者过快地卖出盈利的资产，而长期持有亏损的资产，是卖出偏差的一种表现。在西方一些成熟的市场，学者们对于市场中投资者存在的处置效应最具有代表性的研究来自 Odean（1998）设置市场中的两个指标“已实现盈利占比（PGR）”和“已实现亏损占比（PGL）”的比例来判断市场的处置效应。如果这个比例显著大于 1，表明卖出盈利股票比卖出亏损的股票的数量大，则出现处置效应。他们通过这种方法发现了美国投资者售出盈利股票数量远高于亏损股票，存在明显的处置效应。在中国的市场中，个人账户信息存在一定的保密性，要得到股票经济账户的数据具有一定的难度，如果采取 Odean 的研究方法，学者们的研究受到了一定的限制。于是大多数采取市场公开的数据，利用计算股票平均持有期的和股票收益之间的关系来验证处置效应。股票的具体平均持有期的计算公式为：

$$HP_{it}=\frac{\text{流通股数量}/\text{月个股交易金额}}{\text{月交易天数}}$$

（HP_{it} 表示第 i 只股票在 t 期的平均持有期）

再利用以下回归方程中的股票收益 $R_{i,t}$ 前面的系数 β_2 的正负来判断是否存在处置效应：

$$HP_{it} = \alpha + \beta_1 Cap_{i,t} + \beta_2 R_{i,t} + \beta_3 Vol_{i,t} + \beta_4 Tur_{i,t} + \varepsilon_{i,t}$$

如果代表股票平均收益 R 的回归系数显著为负时，说明当股票收益率增加时，股票持有期缩短，而股票收益率较少时，股票持有期延长，投资者售赢持亏，投资者出现了处置效应；而当回归系数为正时，随着股票收益率的增加，股票持有期延长，市场处置效应不明显。学者陈晓悦（2020）采用了此方法，利用A股市场公开的2014年1月至2019年的月度数据，具体探讨了在此时间段中国金融市场个人投资者的处置效应，该研究发现，在中国金融市场中，当市场的收益率上涨时，特别是在2014年3月至2015年6月的这轮牛市中，R 的回归系数显著为正，处置效应不明显，而在震荡调整期和股票价格下跌期，股票月平均收益率前面系数为负的比例增加，说明投资者在此期间存在明显的处置效应。①

不同学者根据市场不同时间段不同的样本数据，发现我国证券市场的个人投资者的处置效应普遍存在，而且根据投资者的财富水平、年龄和性别等因素的不同而产生差异。

学者赵学军等（2001）通过分析一个大型营业部的近1万个投资者账户，研究了处置效应。研究发现这些投资者非常愿意无条件地出售赢利股票，而持有亏损股票。中国投资者的确更加倾向于卖出赢者而不是输者。而且这种倾向比国外金融市场中的同类研究的发现更加严重。②

学者武佳薇等（2020）选取了我国某券商2007年1月至2009年9月共1769096个投资者交易记录对投资者处置效应进行了较为全面和细致的实证分析。样本覆盖了我国股票市场快速上涨、下跌并反弹的完整行情。研究结论表明中国股票市场中个人投资者展现出显著的处置效应，投资者卖出盈利股票的比例较卖出亏损股票的比例平均高出20%。学者陆蓉等（2022）利用某大型券商提供的20万名个人投资者2011年至2017年的账户数据，系统性地对中国股票市场投资者的出售行为进行画像，揭示了A股个人投资者交易行为的特征事实。研究发现A股市场个人投资者处置效应明显，在90%的情况下持股时间不超过20个

① 陈晓悦．中国证券投资者的处置效应断续性研究［D］．上海财经大学，2020.

② 赵学军，王永宏．中国股市“处置效应”的实证分析［J］．金融研究，2001（07）：92-97.

交易日；持股时间越短，处置效应越明显。中国个人投资者持股时间明显短于美国，美国个人投资者持股时间在1个月以内的占比为21.3%，2至12个月内的占比为49%。①②

学者史永东等（2009）选取了深圳证券交易所在2002年1月至2007年12月所有投资者的账户6841万个投资者的交易信息，将个人投资者按照财富划分成小个人组、中个人组合和大个人组，研究了深圳证券市场中的个人投资者的处置效应。研究发现财富水平较低的小个人组在所有时期卖出股票均采用售赢持亏的策略表现出处置效应。而且在涨停和跌停的交易过程中，从小个人组的卖出行为上看，当股票价格大幅上涨时，小个人组的卖出行为显著增加，当股票价格大幅下跌时，小个人组的卖出行为显著减少，说明财富较低水平的小个人组在股票快速上涨时期表现出更显著的处置效应，而财富水平较高的大个人组相对来说处置效应不明显，表现相对理性。③

学者伍燕然等（2016）选取了某5只开放式股票型基金的43.7万个人账户在2005年9月至2011年12月的交易数据，采用含有依时协变量的COX生存分析法，对基金的个人投资者的处置效应及其个体差异进行了检验。实证研究发现我国基金投资者整体上表现出明显的处置效应，COX比例风险回归分析结果显示盈利基金被卖出的可能性显著小于亏损基金；而且基金投资者的处置效应在个体层面在性别及年龄上存在差异：女性投资者的处置效应普遍比男性投资者要强，年轻的投资者（35岁以下）处置效应较弱，开户于证券公司的投资者较开户于银行的投资者处置效应弱，处于一线城市（北上广深）的投资者相比其他地区投资者处置效应更强。④

除了股票市场和基金市场，在融资融券市场中，个人投资者也表现出了处置

① 武佳薇，汪昌云，陈紫琳，Jie Michael Guo. 中国个人投资者处置效应研究——一个非理性信念的视角［J］. 金融研究，2020（02）：147-166.

② 陆蓉，李金龙，陈实. 中国投资者的股票出售行为画像——处置效应研究新进展［J］. 管理世界，2022，38（03）：59-78.

③ 史永东，李竹薇，陈炜. 中国证券投资者交易行为的实证研究［J］. 金融研究，2009（11）：129-142.

④ 伍燕然，黄文婷，苏淞等. 基金投资者处置效应的个体差异［J］. 国际金融研究，2016，347（03）：84-96.

效应。肖琳等（2018）以某大型券商2014年11月至2016年10月30512个账户共3239305条交易记录为样本，采用衡量处置效应的经典指标PGR-PLR以及生存分析中的COX比例风险回归模型检验了两融市场上处置效应的存在性，并进一步利用生存分析方法对影响个体处置效应的相关因素进行了研究。实证结果表明，融资融券市场整体上存在显著的处置效应；就个体层面而言；性别、年龄、投资水平均能影响投资者处置效应的强度。其中与男性投资者相比，女性投资者的处置效应更为强烈，此研究结论与学者伍燕然的研究结论保持一致；并且，若依据年龄将样本分为青年、中年、老年投资者三组，青年投资者处置效应显著低于中年投资者，而老年投资者处置效应最低；投资水平越高的投资者处置效应更低。①

学者张伟强等（2011）通过对某证券公司个人投资者2005—2009年40.8万笔权证T+0交易记录的研究发现亏损交易的平均持有时间比盈利交易的平均持有时间显著多13.2%，在控制相关因素后处置效应仍然显著。COX比例风险回归分析结果显示盈利权证被卖出的可能性是亏损权证被卖出可能性的1.129倍。不考虑交易费用的情况下，投资者权证T+0交易略有盈利，但是扣除交易费用后整体亏损。总之，中国投资者在进行权证T+0交易时，持有盈利时间更短，持有亏损时间更长，存在较强的处置效应。②

我国期货市场是否存在着个人投资者处置效应呢？学者罗丽（2019）利用我国一家全国性期货资产管理软件公司的2017年到2019年间1154位借用十倍资金的个人投资者的个人信息321514笔交易记录，从个人投资者特征和交易品种两个角度，结合我国期货市场交易开平买卖制度，改进撮合计算正平仓单和负平仓单比例，探讨了期货市场中的个人投资者的处置效应。研究结论表明个人投资者的生存期平均仅有67天，只有40%的投资者会使用止盈止损工具。绝大多数投资者日均手续费超过日均亏损，存在过度交易，市场中存在着显著的处置效应，这种交易偏差会降低投资者的盈利水平，但随着投资者经验的增加会弱化处

① 肖琳，赵大萍，房勇．中国融资融券业务处置效应的实证分析［J］．中国管理科学，2018，26（09）：41-51.

② 张伟强，王珺，廖理．中国个人权证投资者处置效应研究［J］．清华大学学报（哲学社会科学版），2011，26（04）：112-122，160.

置效应。①

结合以上多位学者对中国证券市场的个人投资者的处置效应研究，发现呈现三个方面的特点：首先，对于股票、基金、融资融券、权证、期货等不同的投资标的，个人投资者均表现出了明显的处置效应。其次，在牛熊市和震荡期，投资者的处置效应也存在差异。再次，投资者在自身的财富水平、性别、年龄、投资水平的不同特征上表现出不同程度的显著效应。

如何解释个人投资者在市场中出现的处置效应及在牛熊市不同时期有差异的显著性呢？前景理论中对价值函数性质的设定较好地呈现出了个人投资者的这种投资偏差。价值函数的设定在收益区间函数呈现出凹性，即单位收益的增加导致单位价值逐渐减少，在股票价值上涨时，投资者担心上涨的股票带来的收益在下一期股价下跌导致到手的收益损失，选择快速卖掉盈利的股票，落袋为安，表现出投资者风险厌恶的特征。而在损失区间，价值函数设定为凹性，即投资者的单位损失获得的负向价值在不断增大，或者说单位损失的减少使投资者获得了越来越高的单位正向价值，那么当股票在下跌时，投资者会选择持有股票，等待价格回弹，体现为“扳回证”。而在牛熊市中，处置效应的表现不同可以由投资者对于股票价值的衡量来解释。价值函数在收益和损失区间的斜率不一样，在损失区间，边际损失带来的痛苦比在收益区间的边际收益带来的快乐要大很多，也就是说投资者对于边际损失更敏感。在牛市中，当整体市场情绪稳定高涨时，投资者看涨市场的行情，投资者根据对于上涨股票价值的衡量，边际收益所带来的价值比在熊市中边际损失带来的痛苦敏感度小，投资者对于边际盈利不够敏感，则投资者会增加对股票的持有时间。而在熊市中，特别在暴跌期间，股票对于边际损失带来的痛苦更加敏感，投资者如果卖掉资产会立即实现损失得到痛苦，所以投资者会选择继续持有亏损的资产，甚至加大对资产的持有以期降低成本等待回弹，所以处置效应表现显著。在股票震荡期，投资者一般经历了暴跌期，对市场的预期不确定，如果一旦股票上涨给投资者带来一定的回报，更强烈的落袋为安的思想导致投资者更快地卖出股票以获得收益，表现出明显的处置效应。

对于投资者在由于自身的财富水平、性别、年龄及投资水平的不同导致的处

① 罗丽．我国期货市场个人投资者处置效应研究［D］．厦门大学，2019.

置效应的不同方面，可以从以下这几个因素来解释。首先财富水平较低的个人投资者占有A股市场中个人投资者的较大比例，这类投资者是金融知识储备较少、投资者经验缺乏的代表，这类投资者在投资交易的过程中出现非理性偏差的可能性更大，由于财富水平处于低位，损失厌恶的心理更加明显，所以在投资过程中更容易展现出“售赢持亏”的做法，而表现出更明显的处置效应。其次，在性别上，女性相比于男性，在冒险行为上表现出更保守，更加厌恶由于损失浮盈带来的遗憾和后悔，所以在投资过程中，女性比男性表现出更显著的处置效应。再次，在年龄方面，中年投资者是家庭收入的主要来源者，承担了更大的家庭责任和负担，在投资上表现出格外的谨慎，因此相比于年轻投资者和老年投资者，表现出更明显的处置效应。最后，投资水平越高的投资者由于具有更加丰富的投资经验，对市场的理解也更透彻，则出现非理性投资偏差的可能性越小，也更能克服损失厌恶的心理，从而降低了处置效应。

结合以上的分析，个人投资者的处置效应在金融市场中普遍存在，且由于售赢持亏的卖出偏差损害了个人投资者的收益，且对中国股市产生了较大的负面影响。因此，应该加强个人投资者的投资知识和风险意识，引导他们制定科学的投资策略，避免盲目跟风和频繁交易，提高其投资收益。

2. 中国金融市场中的机构投资者是否存在处置效应

机构投资者由于其金融专业知识及投资经验丰富，投资和研发能力强，资金实力雄厚，在发现和理解信息上具有优势，相比于个人投资者，常常被认为是更理性的知情交易者，在投资行为上应该较少出现交易偏差，也常常被赋予减少市场波动、稳定市场的重要投资者的角色。那么在中国金融市场中，机构投资者在卖出行为上是否存在处置效应的偏差呢？不同的学者对于中国金融市场中的不同时间区间的不同样本做了研究，研究结论不尽相同，证据如下：

学者杜微微（2011）通过对2005—2010年我国证券投资基金公布的半年报和年报中的股票投资明细数据进行整理，用每只股票的数量演变路径来确定其卖出行为及卖出行为持续的时期，将股票收益率与市场收益率比较来衡量盈亏，建立衡量处置效应的统计量“买卖周期时间”和“卖盈卖亏比率”，实证检验中国的机构投资者处置效应的存在性。研究发现：封闭式基金存在处置效应，而开放式基金处置效应不明显。①

学者罗炜等（2017）以2004—2011年在深圳中小板和创业板上市的有风险投资者机构背景的270家上市公司为样本，分析了风险投资机构在企业IPO后减持过程是否存在处置效应。研究发现风险投资机构在企业IPO之后，如果解禁期的股价相对参照点的价格（发行价、上市首日收盘价及上市第20日收益价）存在亏损，那么风险机构减持意愿下降，更有可能继续持有股票，表现出显著的处置效应。进一步分析表明，风险投资机构与被投公司总部在同一地区、在被投企业有董事席位的，能够显著降低减持过程的处置效应，而投资经验也有助于缓解风险投资机构的处置效应。②

学者张月芳（2019）通过对2015年年初正式完成建仓的新成立的42只基金在2015—2018年公布的基金季报中的股票投资明细数据进行整理，以首期投资组合中的股票和之后每一季度新加入重仓股行列的股票为样本，采用含有依时协变量的COX生存分析法，对机构投资者的处置效应及其影响因素进行了研究。实证结果表明，我国机构投资者具有处置效应。基金业绩越差、基金规模越大、基金管理公司成立时间越短的机构投资者在市场行情越差时处置效应越明显。③

学者李金龙（2020）采用了我国A股市场中公募基金在2011年至2017年的113家基金管理公司涉及的2233只主动型公募基金的565153笔交易数据，研究机构投资者的处置效应。研究发现公募基金在不同的持有期平均而言处置效应不明显，持股时长显著高于个人投资者，持股期间52%的情况下基金处于盈利状态，具有比个人投资者更好的盈利能力。该研究还发现公募基金出售盈利股票的概率并没有系统性高于出售亏损股票的概率，说明不存在个人投资者在收益和损失区间对价值敏感度不同的表现，也不存在明显的“扳平证”。④

综合以上学者们的研究，发现我国机构投资者在不同的投资时间区间也存在着不同程度的处置效应，随着机构投资者规模的不断扩大，投资经验越来越丰

① 杜微微．中国机构投资者处置效应研究［D］．浙江大学，2011.

② 罗炜，余琰，周晓松．处置效应与风险投资机构：来自IPO公司的证据［J］．经济研究，2017，52（04）：181-194.

③ 张月芳．我国机构投资者处置效应及其影响因素研究［D］．重庆理工大学，2019.

④ 李金龙．投资者V形处置效应与资产定价［D］．上海财经大学，2020.

富，机构出现处置效应的比例在逐渐减少。相比于个人投资者，机构投资者的出现处置效应偏差的持股时间较长，盈利能力也表现出更大的优势。在表现出处置效应的时期，投资经理在投资者过程中同样会由于他们的损失厌恶的心理及参考点依赖等心理偏差导致处置效应的卖出偏差，这种交易行为偏差与信息的公开透明度成正比，信息透明度越低，处置效应表现得越明显。这种处置效应会影响机构投资者对于公司的持股结构和持股比例，进而影响公司的价值。随着机构投资者的市场份额占比不断提高，基金主动持有比例股票市值占比大幅下降，而被动投资的指数基金持股市值占比的大幅上升，我国市场基本结构逐步由散户主导向机构投资者占主导发展，机构投资者出现非理性的处置效应卖出偏差的比例也在逐步减少，机构投资者也逐步向稳定市场的角色靠近。

二、开放式基金赎回困惑

自 2001 年 9 月首支开放式基金“华安创新基金”发行以来，中国开放式基金从无到有，近年来，开放式基金的规模呈现爆发式的发展。截至 2022 年年底，我国开放式基金共 9276 支，资产净值合计 225311.6 亿元，占证券投资基金总资产净值 86.55%。相比于封闭式基金，开放式基金最大的特点是投资者可以随时根据自身资产配置及市场状况自由地申购赎回。在西方成熟的市场中，开放式基金在这种自由申购和赎回的运营机制下，理性的投资者会根据基金的业绩作出自己的申赎判断，业绩优异的基金会收到更多的投资者的申购，而基金公司也会将不断增加的管理费用来提高管理水平，使得表现优异的基金更具有竞争优势，以此形成了基金市场“优胜劣汰”的良性循环。而在我国的开放式基金市场中，许多学者的研究发现开放式基金投资者更倾向于赎回绩优基金，而表现平庸的基金却受到了投资者的长期持有。这种投资者的“反向选择”给基金管理者造成了反向的激励，使得基金市场出现“劣胜优汰”的现象，长期来说不利于基金市场健康稳定地发展。①

根据其他学者的研究，我们从 Wind 金融数据库中调取了 2011—2022 年 12 年间中国证券市场上所有开放式基金的上期基金净值增长率和当期平均赎回率的

① 刘伟．开放式基金赎回行为影响因素研究［D］．西南财经大学，2014.

数据。从表 3-1 可以看出，2016 年、2017 年、2019 年、2022 年这四年的平均赎回率低于上期基金净值增长率，2018 年两者持平，其他的 7 年基金赎回率都明显高于上期基金净值增长率，最高的差值达到 72.91%，可以认为我国开放式基金市场存在“赎回异象”。

表 3-1　　**上期净值增长率与当期基金平均净赎回率**

年份	上一期基金总资产净值增长率	赎回率
2011	-6.81	12.81%
2012	-2.33%	12.40%
2013	6.13%	41.41%
2014	27.14%	47.52%
2015	21.37%	94.28%
2016	68.24%	-7.55%
2017	32.77%	11.78%
2018	19.84%	17.70%
2019	17.69%	2.30%
2020	16.65%	19.65%
2021	26.48%	26.78%
2022	32.48%	10.22%

数据来源：国泰安数据库。

为什么基金持有人倾向于赎回过去业绩好的基金而继续持有表现平庸的基金呢？这是由投资者在作投资决策时的处置效应导致的。处置效应是指过快地卖出盈利的资产，而长期持有亏损的资产，导致处置效应的原因可以从前景理论来进行分析。前景理论认为人们在对风险资产作决策时，不总是风险厌恶，但却总是损失厌恶。当投资者对具有参考点的相对收益作出价值的衡量，在收益区间，价值函数呈现凹性，即每多一个收益给投资者带来的价值是边际递减的，投资者担忧上涨的价格在下一期下降，这种担忧带来的恐惧会导致他们卖出上涨的基金；而在损失区间，单位损失的减少带来的价值比单位损失增加带来的价值要大，所以人们会选择继续持有业绩差的基金，等待基金价格的回弹，表现为风险寻求的特征。另外当投资者投资一支基金时，对此投资开设一个新的心理账户，投资者对基金的价值衡量时会不自觉地把现在的价格与买入的成本价进行对比，在基金上涨时，投资者会过快地卖掉基金实现此心理账户的盈利；在基金价格下跌时，投资者习惯于往回看，把自己的参考点调整到买入基金的成本价，投资者不想立即实现此心理账户的资金投资的损失，此时会选择持续持有业绩较差的基金等待回弹。投资者对设置的心理账户的收益预期会导致投资者不能从基金本身的发展前景来衡量基金的投资价值，作决策时往往习惯于往回看，而不是往前看。

开放式基金市场的“赎回异象”会导致投资者不能实现自己的最大化收益，当投资者卖出业绩好的基金时，往往基金的表现持续上涨；而长期持有的业绩较差的基金持续表现为负。对于基金管理人来说，投资者的这种“反向选择”会诱发他们的短视主义行为，这种“反向激励”降低了他们维持优质基金的长期稳定发展的动机，长此以往，不利于市场成熟的机构投资者群体的形成，降低市场的定价效率。

三、全聚德——“一只疯狂的鸭子”

1. 案例

全聚德在上市首日就以高涨的股价和巨大的换手率引起了人们的关注。虽然该公司在餐饮行业拥有很高的知名度，但股价已经被高估，该股的合理价位应该在 25 元左右。这一情况下，大量的游资进入股市，短线交易被称为涨停敢死队的营业部也纷纷出现在全聚德的成交排行榜上。游资频繁出入，几乎是当天大量买进，隔天大量抛售。据报道，国泰君安证券深圳益田路证券营业部、东方证券杭州龙井路证券营业部、中国银河证券宁波解放南路证券营业部、上海证券襄阳北路证券营业部等四家营业部的买入资金共达 8288.69 万元，排名当天全聚德买入金额最大的营业部的后四位，卖出资金共计为 256.74 万元。而在 21 日，这四家营业部再次出现在全聚德的交易榜中，卖出金额共达 9401.8 万元排名最大营业部的前四位，买入金额仅为 263.77 万元。按照 20 日全聚德当日均价 38.05 元计算，这四家营业部当天共买入了 211.09 万股全聚德，而按全聚德 21 日当日均价 41.95 元计算，这四家营业部当天共抛售了 217.83 万股全聚德，几乎抛售了前一天买进的全部股票。另外，兴业证券西安东一路证券营业部、财通证券温州人民东路证券营业部等也采取了类似的策略。他们在 11 月 21 日以 572.708 万元和 535.3136 万元的买入量分别排在当日买入金额最大前五名中的第四和第五。然而，到了 22 日，这两家营业部又出现在卖出金额最大的营业所排名中，卖出金额分别为 6317101.91 元和 4749130.57 元排名当天卖出金额最大的营业部的第一位和第五位。

中国银河证券宁波解放南路证券营业部、国泰君安证券深圳益田路证券营业部和东方证券杭州龙井路证券营业部等都是涨停敢死队的成员，最近国信证券深圳红岭中路证券营业部也加入了分食的行列。

全聚德上市首日，该公司股价以 36.81 元开盘，较其发行价 11.39 元上涨了 223%，并在接下来的交易日继续上涨。然而，在第二个交易日，全聚德股价出现剧烈波动，尽管一度下跌近 7%，但最终以涨停价收盘。全聚德有关高层表示，他们反对游资的恶意炒作，希望股价能像中石油一样稳定。然而，全聚德在上市两天的换手率超过了 140%，在逆市涨停的背后，有 57.6%的换手率，这可能预示着隐藏的风险。华泰证券食品行业分析师张芸认为，“游”爆烤鸭（全聚德股票）目前的股价已经被高估，该股合理价应在 25 元左右。然而，由于全聚德市场知名度较高，可能会有大量资金涌入，导致被恶意炒作的可能性存在。一位业内人士形容全聚德近期的市场表现为“一只疯狂的鸭子”。

但是，一些业内人士认为，这种涨势难以持续，可能会出现回调，所以投资者需要谨慎，不能盲目跟进。在 23 日的交易中，全聚德的股价回调，收盘价为 39.99 元，下跌了 9.50%。在这一天，国信证券有限公司深圳红岭中路证券营业部再次成为买入交易榜榜首。

“涨停敢死队”是指“游资”由固定的机构专门运作涨停的股票，由于涨跌幅靠前的股票中，交易量大的营业部会被公布，在沪深股市频繁上榜，引起了证券交易所和投资者的关注，市场就给这样的机构起名为“涨停敢死队”。“涨停敢死队”的交易策略是在某天某只股票以收盘价涨停或者盘中触及涨停时，立马以涨停价追进，然后在第二天将其卖出，短线炒作，即使在一次买卖交易中获得较少量的收益，但是积少成多，资金量大的频繁交易也会积累可观的收益。

在全聚德发行股票的前两日，开盘价 36.81 元，首日收盘价 42.3 元，第二日收盘价也以涨停价报收。全聚德的上市被誉为“餐饮 A 股第一股”，可见全聚德在餐饮行业的地位，所以它的上市股价暴涨存在着一定的合理性，但是在这两日股价市场投资看好并推高的背后，股票的换手率却在第一日和第二日达到 87%和 57%，也就是说盘中有大量的资金买入，第二天还有大量的资金在抛售，从由于有资金量大的突出表现而在深证上榜的情况来看，国泰君安的深圳盐田路证券营业部、东方证券股份的杭州龙井路证券营业部、中国银河证券的宁波解放路证券营业部和上海证券的襄阳北路证券营业部扮演了“涨停敢死队”的角色，他们在 20 日以巨额的资金买入，而在 21 日悉数抛出，赚取了可观的差额收益。而在随后的几日，兴业证券股份的西安东一路证券营业部、财通证券的温州人民东路证券营业部、国信证券的深圳红岭中路证券营业部再一次“效颦”了前面四家“涨停敢死队”的做法，短线炒作，快买快卖，知名的全聚德股票受到了各个“涨停敢死队”的恶意炒作，价格一度被高估，后市处于下降通道长期调整的阶段，中长期的回调才能真正凸显出真正的价值。

“涨停敢死队”的盈利策略是在高风险的情况下勇于追涨，而在第二天某个恰当的时间点抛售以此获得差额收益。根据刘钊（2011）的实证研究，中国 A 股市场的个人投资者的追涨行为在盘中触及涨停或者以收盘价涨停时买入，在第二天不管以开盘价或者以均价和收盘价卖出，总体的平均收益为负，即散户难以通过追涨停的方式获得正向收益。那么同样的交易策略，为什么“涨停敢死队”能获取正向收益，而散户的平均收益却有相反的表现?①

2. 分析

从行为金融学的角度来解释，这是因为“涨停敢死队”这些机构投资者利用了个人投资者有限关注和投资者的代表性启发偏差导致的交易偏差，构建了他们精确的买入时间和卖出时间，从而获得了超额收益。投资者由于精力的有限性和

---

① 案例改编自：罗诺，王大军．“游资”爆炒全聚德　涨停敢死队齐现身［N］．21 世纪经济报道，2007-11-26（011）；刘钊．从涨停敢死队谈起［J］．股市动态分析，2011（14）：22，50。

处理信息能力的局限性，不能同时关注到市场所有的信息，只能把有限的精力放在显眼的信息上，而当“涨停敢死队”在涨停的股票上榜时以大量的资金买入，就会在证券交易所上榜，新闻的报道、上市公司发布的公告和极端收益报告都必将吸引投资者的强烈关注。而由于众多不成熟的个人投资者在交易时容易出现代表性启发偏差，即利用事物的相似性来判断事物发生的概率，他们会认为过去上涨的股票，将来在一段时间内也会持续上涨，于是在受到了过度关注的股票的收益率的吸引下，即便在风险被极度扩大的情况下仍然勇于追高追涨。此时的“涨停敢死队”已经胜券在握，成功地吸引了更多的“接盘侠”入坑，个人投资者却还沉浸在股票后续将持续上涨的美好预期中，等到第二天，“涨停敢死队”由于其本身作为机构投资者具备强大投资力量且能够掌握股票的主动权，根据市场的买卖趋势和力量对比，选择一个合适的价格差进行抛售，因而获得了可观的差额收益。后知后觉的个人投资者发现市场行情不好，再跟风卖出时，股票的价格已处在低位，丧失了最佳的卖出时间低位割肉或者长期套牢。个人投资者的交易策略一直滞后于“涨停敢死队”的机构投资策略，在资金量和交易时间上的劣势，导致采取同样的交易策略却收到了完全相反的收益。

以“涨停敢死队”为代表的游资，在股票市场的交易行为对股票存在着极大的危害，短线的恶性炒作导致股票的价格频繁波动，不利于企业的实体经济的发展，给中小投资者带来了极大的投资风险，也不利于市场长期稳定地发展。我国近些年也出台了众多针对类似于“涨停敢死队”的机构投资者的监管和处罚方案，尽量监管和减少市场中的投机交易，使投资真正回归到股票的价值上来。

第四章　行为金融学与股票收益率异象

第一节　理 论 要 点

股票市场是股票发行和交易的场所，股份公司通过面向社会发行股票，迅速集中大量资金，实现生产的规模经营，而投资者可以根据自己的投资计划和市场变化情况，随时买卖股票。股票大盘是股票市场的代表，在中国股票市场，股票大盘显示这沪深两地所有股票的实时信息。股票大盘是否存在可预测的涨跌规律？传统金融学的理论认为影响股票市场的整体规律即大盘规律是影响个股价格的唯一因素，行为金融学家席勒教授却用股价与股息贴现值的关系及市盈率两者来预测了大盘长期的规律。在他的《非理性繁荣》一书的研究中发现 1871—2002 年的美国标准普尔 500 指数值围绕成分股股息贴现值波动，当股价偏离贴现时，就有某种力量将股价拉回来，根据这种关系可以利用股息贴现值预测股价。而市盈率是股价与每股收益的比值，这个值越大，代表风险相对越高。席勒教授认为市盈率一般处于一定的相对稳定的区间，如果超出这个区间，市场风险则会大幅增加，股价走势会在未来下降，由此他成功地预测了美国 2000 年和 2007 年的两次金融危机。中国的股票市场的平均市盈率一般在 15~40 倍，2007 年股市的市盈率高达 60 以上，大大超过了理性区间，市场崩盘的风险极大，造成了 2008 年的股市大跌。席勒的这一理论实证支持长期地预测大盘的涨跌规律，投资者可以通过宏观的规律进行当前系统性分析的预警，但是在短期呢，股票大盘是否可以预测股价的涨跌？

传统金融学的有效市场假说理论认为如果市场是有效的，那么价格完全反映了所有可以获得的信息，股票的价格则服从“随机漫步”的特征，股价难以预测。投资者不需要具备选股能力，也不需要选择时机进行买卖，只需要根据自己的风险偏好，按照一定的比例买入并持有市场组合和无风险资产就足以补偿其所承担风险的必要投资回报。金融市场中没有免费的午餐，所有的收益均来源于风险，所以想要提高收益，就必须拉高风险。然而大量的市场证据证实股票市场中存在着大量的金融现象，不能用传统的金融理论进行解释，且投资者可以通过这些现象对股票的涨跌进行预测，比如股权溢价之谜，公司规模效应、日历效应、动量与反转效应等，行为金融学理论把这些现象称为“异象”。行为金融学理论认为这些“异象”就是金融市场中存在的免费的午餐。接下来将在本章对这些金融异象进行系统的介绍。

一、金融异象

1. 股权溢价之谜

在金融市场中，长期存在投资股权（股票）所获得的收益率远远高于投资债券所获得的收益率，而这种超额收益差不能用传统的金融学理论进行解释，这种现象被称为股权溢价之谜。经济学家 Rajnish Mehra 和 Edward Prescott 教授（1985）研究了美国标准普尔 500 指数从 1889 年到 1978 年的股权和债券的平均收益率，发现股权溢价即两者的收益差约为 6%，而根据标准理论测算的溢价收益率最大为 0. 35%，这一现象与理性预期模型相差甚远，而这一现象在英国、日本、德国、法国等国的证券市场中存在，在印度等新兴国家的证券市场中也存在。中国的股票市场从成立到现今短短 30 多年，也有大量的证据证实高股权溢价真实存在。赵向琴和袁靖（2016）通过计算我国 1996 年到 2014 年的平均股权溢价证实了我国股权溢价之谜的存在。汤轶璇（2017）通过研究 2006 年到 2016 年沪深 300 指数收益率和 3 个月上海银行间同业拆借利率所代表的 A 股市场收益率和无风险利率，发现 A 股市场存在着高股权溢价的特点。股票市场中的股权溢价之谜对传统金融学的资产定价理论提出了挑战，学者们开始从行为金融学的角度去寻找答案。闵峰等（2023）用投资者情绪强有力地解释了中国市场中的高股权溢价，他们认为中国股市中的投资者的不完全理性导致他们容易忽视反映公司基本面和价值的信息，表现出很强的博彩偏好和泡沫骑乘的投机行为，导致股价产生了对于理性投资的基础价值的高偏离。

从长期来看，各国股票市场中都存在着高股权溢价，投资者都会获得较高的超额收益，那为什么还有大量的投资者选择收益较低的债券呢？大量的学者通过行为金融学的理论解释了这一现象。Benartzi 和 Thaler（1995）通过一项以一年回报和三十年回报的股票基金和债券基金的投资选择实验，发现如果以一年回报的风险收益正负跨度大区间的股票基金展示给投资者选择时，更多的投资者愿意选择相对较低的稳定的正收益的债券基金，而如果以三十年的回报率展示，投资者更倾向于选择长期较高的正收益的股票基金。他们认为在短期内，投资者由于短视和损失厌恶的心理，会常常查看自己的投资收益，查看的次数越多，越不愿意承担由于短期的损失带来的风险。汤轶璇（2017）也从理论和实证两方面详细验证了中国市场中投资者的短视性和损失厌恶的心理导致了投资者产生决策行为偏差如何影响市场股权溢价水平，在短期内，不管投资者处在获利还是损失区间，由于短视性的损失厌恶引起频繁交易使投资者感受到越来越大的风险，使其得到的效用水平下降，或导致投资卖出股票，或倾向于投资债券。

2. 公司规模溢价

公司规模溢价是指投资于小市值股票所获得的收益比投资于大市值股票的收益高的金融现象。经济学家 Banz 在 1981 年通过比较美国上市公司之间的股票收益率发现规模越大的公司其股票收益率越小。经济学家 Fama 和 French 通过研究美国三大证券市场从 1963 年到 1990 年的股票收益率也发现规模小的公司比规模大的公司收益率要高。李天洋（2021）利用我国 A 股市场 2005 年到 2018 年的数据，将 3000 多家上市公司按照从小到大分成 5 组，计算每组股票样本期间的总收益，发现公司规模溢价在中国市场显著存在，并且熊市表现优于牛市，在不同行业中的公共事业类比非金融类和金融类呈现出更显著的规模溢价。众多学者在各国市场的研究发现这种现象普遍存在，根据传统金融学的理论，公司规模属于上市公司公开的信息，如果市场是有效的，那么股票的价格应该融入了所有的公开的信息，那公司规模的大小则不应该产生溢价。

如何解释这一市场异象？传统金融学家认为公司规模的溢价来自对小规模公

司的风险补偿，他们认为相对于大公司，小公司具有更高的风险，所以小规模的公司理应获得更高的收益，且市场仍然有效。而行为金融学家认为虽然小规模的公司股票的超额收益一部分承担了风险，但是不是所有的超额收益都可以用风险因素来解释，他们认为市场上存在投机交易，规模小的公司只需要较少的资金便可以操纵其价格，价格的巨幅变动吸引了投机交易者的关注和投资意愿，通过较大的风险来获取较高的回报，往往导致小盘股的股价严重偏离其基础价值，产生了公司规模溢价现象。

3. 账面市值比溢价

账面市值比溢价是指高账面市值比的公司股票收益高于账面市值比低的公司的收益的金融现象。账面市值比是指公司的账面价值（净资产）除以公司的市场价值，公司的净资产为一个上市公司的总额与负债总额的差值，而公司市值为流通股数与每股价格的乘积，账面市值比越高的公司被称为价值型公司，而该比值低的公司被称为成长性公司。一般来说，价值型公司的业绩好于成长型的公司。经济学家 Fama 和 French（1992）将美国三大股市从 1963 年到 1990 年的股票的数据利用组合价差法分成十个组合，对比价值型公司和成长型公司组合的收益率，发现价值公司获得了高于成长型公司 1.53%的收益率，两位教授在 2012 年继续实证 1990 年到 2012 年美国股市依旧存在账面市值比溢价的现象。除美国市场外，这两位教授（1998）还研究了其他 12 个国家的股市都存在着账面市值比溢价现象。Chan 等（1991）研究发现日本股市也存在着账面市值比与收益率成正比的现象。在中国市场中，黄芬红（2015）通过研究我国 A 股市场 1997 年到 2014 年的 2551 只股票的数据，发现账面市值比溢价是真实存在的。

如何解释账面市值比溢价的现象呢？传统金融理论认为超额收益均来源于对等的风险，股票的收益越高，风险越高。Fama 和 French（1993）的研究把这一现象解释为高账面市值比的公司的破产风险高于低账面市值比的公司，因为根据传统金融学的风险补偿理论，前者理应获得更高的收益。然而众多的实证研究验证账面市值比的高低与公司的破产风险无关，Daniel 和 Timan（1997）认为账面市值比因子只是公司的某种特征而不能指征风险，在控制账面市值比因子后，发现收益与此因子无关。黄芬红（2015）通过从时变市场风险和时变市场波动两个角度分析了价值股和成长股的风险情况，发现价值股的风险并不比成长股更高，因此风险因素不能解释价值股相对于成长股的高收益，也即风险补偿理论不能解释价值溢价的存在。

4. 日历效应

日历效应是指金融市场出现的与日期相关的非正常的收益和波动。日历效应主要包括一月效应、周末效应、星期效应、节假日效应等。西方市场研究日历效应开始于对美国股市一月效应的研究，Rozeff 和 Kinney（1976）通过对美国纽约股票交易所 1904 年到 1974 年的股指进行验证，发现一月份的平均收益率明显高于其他十一个月的日均收益率。Jones（1987）通过引入虚拟变量考察季节效应，发现一月效应在大规模的公司中表现更为明显。Haug 和 Hirschey（2006）通过对道·琼斯、纽交所和标普 500 三个市场在 1802 年到 2004 年的价格指数研究，发现一月份的小盘股的收益率比全年其他月份的平均收益率高出了 0.4%。除了美国股市，也有许多学者对其他国家的股市进行了相应的研究。Gultekin（1983）验证了 17 个工业国中 13 个国家在 1959 年到 1983 年的股票市场存在一月效应。Mark、Bun 和 Chun（2008）检验了韩国、中国香港和日本的股市的日历效应，发现这些市场存在着明显的季节效应。众多学者也对中国市场的日历效应进行了研究。刘洪（2011）通过研究上证和深圳的 A 股及 B 股在 1997 年到 2009 年的指数，发现这四个分型市场均存在着月份效应。徐晓宇（2012）研究了中国 A 股市场在 1997 年到 2011 年的价格指数，实证结果显示中国市场存在着春节效应。李政（2020）通过研究我国上证指数在 2003 年到 2019 年的月均收益率，发现我国存在着明显的一月效应。

如何解释日历效应呢？学术界并没有一致的结论。对造成一月效应的原因大多数的解释为由人们的纳税行为导致：纳税者在年底通过卖出股票从而降低自己的应纳税所得，于是造成了每年 12 月股票的下跌，当新一年到来时，这种行为将停止，股票又回到其正常的水平。还有一种解释认为一月效应来源于基金经理对自己投资组合的调整。对于周末效应、星期效应和节假日效应，学者们对此着重于用行为金融学的投资者情绪来解释，研究者们发现节假日的到来给投资者带来明显的正面情绪刺激，这种正面情绪会导致投资者有更高的自信和购买意愿去投资风险资产，且上市公司会发布一些正面预期的计划公告，基金经理人会对投资者进行投资者关注诱导，在市场多重力量的催化下，使得市场更加活跃，引起股价的上涨。

5. 动量效应与反转效应

动量效应又称“惯性效应”，是指股票的收益率有延续原来的运动方向的趋势，即过去一段时间收益率较高的股票在未来获得的收益率仍会高于过去收益率较低的股票。动量效应由 Jegadeesh 和 Titman（1993）提出，他们将纽约股票市场从 1963 年到 1989 年的股票按照前六个月的收益进行分组，计算每组股票六个月后的平均收益，发现这些组别的股票收益率仍然维持之前的趋势，即过去业绩好的股票继续表现良好，而过去业绩不好的股票持续表现不好。动量效应是探讨股票市场短期的收益率现象，而反转效应则是指在较长的一段时间内，表现差的股票在其后的一段时间内有强烈的趋势经历相当大的反转。DeBondt 和 Thaler（1985）通过将股票按照前三年的平均收益率分成赢者组合和输者组合，研究这两个组合五年内的平均收益，结果发现输者组合在其后的累计超额收益率达到 30%，而赢者组合的超额收益率为-10%。这种异象不仅存在于美国股票市场，在全球资本市场都有所体现。Aness（2013）、Geczy 和 Samonov（2016）研究了外汇市场、研究大宗商品期货市场均存在动量效应。Fama 和 French（2012）对主要发达国家的股票市场进行动量效应检验，发现除了日本外，其余国家股票市场均呈现动量效应，且在小盘股上表现得越明显。在国内的研究中，众多学者对动量与反转效应进行了研究。朱战宇等（2003）根据 A 股市场在 1995 年到 2001 年的市场数据，研究发现 A 股市场在周度频率上存在动量效应。潘莉等（2011）将 A 股市场在 1995 年到 2008 年的数据分成日度、周度、月度、年度四个频率，检验发现在日度频率上存在动量效应，在其余时间频率上存在反转效应。余辰康（2022）研究了 A 股市场在 2016 年到 2021 年的市场数据，发现 A 股市场存在日度和周度频率上的动量效应，随着时间频率的扩大，这种效应逐渐减弱至消失，且在实施创业板注册制度改革后，创业板市场从动量效应转变为反转效应。

根据传统金融学的有效市场假说理论，如果市场是有效的，那么任何人都不能够通过任何手段获取超额收益，即市场中不存在可预测的因子可以用来获得超额收益。根据市场中存在的动量效应与反转效应，在动量期选择赢者组合，在反转期选择输者组合就能获得超额收益，传统金融理论不足以解释这种异象。Fama和French（1993，1996）等坚持从传统理论的角度对动量效应进行了解释，他们认为动量效应不是市场无效的证据，动量策略的超额收益可能与人们采用的理论工具有关，在资本资产定价模型中，在原有的三因子模型中加入新的动量风险因子，超额收益或许就会消失。

行为金融学的理论则认为传统金融学的理论前提出了问题，于是从投资者的心理和决策行为上来解释了动量与反转效应。他们认为投资者保守性的心理偏差使得投资者无法及时根据新的信息修正预期，因此对新信息没有充分的反应，当信息逐步融入股价时，股价会在短期内沿着初始方向运动。而投资者的代表性启发偏差使得投资者过分关注近期和相似的数据，认为过去几天或者一段时间的价格一直在涨，那么在未来价格可能还会再涨，对信息反应过度，对未来的价格趋势过度乐观，导致股票价格过高，而随后当投资者意识到他们过度高估股价时，股价则会出现相反方向的运动，出现了反转效应。

6. 投资者情绪与股票收益率异象

对投资者情绪的定义没有统一的标准，有观点认为投资者情绪是投资者除公开信息外的其他方式形成对股票未来现金流与投资风险的一种信念，也有观点认为投资者情绪是指投资者对未来预期的系统性偏差。传统金融学的有效市场假说理论认为由于不同投资者的情绪作用导致的对于价格影响偏差是随机不相关的，可以相互抵消，或者即使情绪作用不能相互抵消，市场上理性的套利者也能通过理性套利将价格拉回在基础价值的水平。然而大量的市场证据显示市场中投资者情绪的影响是系统性的，不是随机可以相互抵消的，在投资者对市场持有乐观情绪预期时，利好的信息往往被强化放大，利空信息被弱化忽视，这种情绪不断传染和扩大，吸引了更多的新股民加入，也吸引了更多资金加入，股价的上涨形成了投资者的正反馈交易，使得他们对市场的预期不断加强，股票的价格在过度乐观的市场情绪中达到顶点。反之在投资者对市场持有悲观情绪预期时，利空信息被强化放大，利好的信息被弱化忽视，股市的反应与之相反。当投资者情绪被无限放大时，市场中存在着大量的噪声交易者进行投机交易，理性投资者的套利受到了较大的风险约束，甚至也会变成噪声交易者，股票的价格在长时间内严重偏离基础价值。

大量的研究已经证实投资者情绪对股票收益率产生了系统性的显著影响。定量投资者情绪的指标有很多，大体分为直接指标和间接指标两大类。直接指标一般用消费者信心指数、天气指数、大型的体育赛事或以调查问卷、社交网络等形式获取的个体主观情绪指标来定量，而间接指标一般通过对市场中的相关数据用各种数据处理工具得到一个综合情绪指标的表征，最经典稳定的间接指标度量方式是 Baker 和 Wurgler（2006）使用 6 个已有的代理变量，利用主成分分析的方法选择第一主成分作为投资者情绪的表征。Hirshleifer 和 Shumwa（2003）对欧洲、美洲、亚洲 26 个国家的城市在 1982 年到 1997 年的证券市场的收益指数和天气情况进行研究，发现在 26 个城市中有 18 个城市的云量与股票指数收益率呈现负相关关系。在中国市场，宋志圣（2018）也研究了上海市空气质量指数与上证综合指数、上证工业指数和上证环保指数的关系，发现天气情况对股票市场产生了一定的影响，且存在着一定的滞后性。根据有效市场假说理论，股票价格的波动与公司的基本面信息和盈利波动有关，而气候属于气象学范畴，因此这个因素应该无法预测股票价格的走势，根据以上的研究，说明投资者通过天气的不同影响到自己的情绪，从而影响股票的价格。Baker 和 Wurgler（2006）发现美国股市的有些股票受到情绪的影响很大，特别是规模小、成立时间短或者波动性比较大的公司。刘维奇等（2014）将中国 A 股市场的情绪分成机构者情绪和个人投资者情绪，发现这两类情绪都对股票收益产生了显著的正向影响。曹仙叶等（2016）发现机构投资者相对于个人投资者来说更加理性。焦艳（2022）通过抓取东方财富股吧论坛上证指数在 2019 年 1 月至 2019 年 12 月的文本情感作为投资者情绪指数，研究发现投资者情绪显著影响股票收益率。

投资者情绪影响股票市场的另一异象是股票收益率的同步性，即不同股票间的同涨同跌。大量的实证结果显示中美的股票市场的收益率与投资者情绪存在着联动性，李长治（2020）通过研究 2003 年到 2006 年的中美股市的数据，发现美国投资者情绪可通过中国投资者情绪间接影响中国股市收益率，投资者情绪传染是美国投资者情绪影响我国股市的另一机制。而在我国市场，甄晓婷（2022）通过研究我国 A 股市场 2005 年到 2019 年非金融上市公司的数据，发现投资者情绪会影响股票的同步涨跌，且悲观情绪对同步性的促进作用均强于积极情绪。

根据传统金融学的理论，股票之间存在着涨跌的同步相关性应该只来源于股票间基本面的相关性，而根据实证显示不同市场以及同一市场的不同股票间的相关性不大，如果基本面信息没有发生变化的情况下，不应该出现同涨同跌的现象，传统金融学的理论无法解释。行为金融学理论认为不同市场和同一市场股价同步性的原因可以用投资者情绪来解释。Barberis、Shlerfer 和 Wurgler（2015）认为投资者在选择资产组合时存在着种类偏好和本土偏差，即投资者倾向于购买一些特定类型的股票，或者倾向于购买自己熟悉领域的本地的公司。当市场中存在着大量的噪声交易者时，受到市场相同情绪的影响同时进行买入或者卖出的股票的行为使得本不相关的股票间产生共同的情绪，导致了股票间的收益率同步性。

7. 羊群效应与股票崩盘风险

羊群效应是指在信息不对称的环境下，由于报酬激励和声誉排名等原因，投资者放弃自己的信息而采取与其他投资者相同的决策的行为。羊群效应是一种典型的金融市场异象，它在本质上是投资者由于从众心理导致的行为上的趋同，具体表现为投资者在择时买卖和选股上保持同步性的特征。股票市场中的羊群效应会影响市场中信息的传递，甚至会导致市场中对信息的过度反应，对市场的稳定性效率产生很大的影响，也和市场中的崩盘风险有着密切的相关性，因此引起了学术界和投资界的广泛关注。较早的研究起源于学者们对于美国市场羊群效应的研究，Lakonishok（1992）通过采用美国免税基金在 1985 年到 1989 年当期买入的投资者对市场平均买入比例的偏离度构建 LSV 模型定量羊群效应，研究发现市场中基金经理交易小盘股的羊群效应显著高于大盘股，羊群效应体现在相同时间不同投资者采取了相同的决策。Wermers（1994）对美国市场所有的共同基金投资者组合进行研究，发现羊群效应普遍存在，且成长性基金表现尤为显著。Hwang 和 Salmon（2001）继续对美国股票市场在 1990 年到 1997 年及英国股票市场在 1997 年到 2000 年的羊群效用进行研究，发现羊群效应显著存在。Mobarek（2014）对欧洲股票市场在 2001 年到 2012 年的成分股指进行研究，发现大多数欧洲国家在全球金融危机期间都产生了羊群效应。Chang 等（2000）实证了日本、韩国以及我国香港和台湾地区等股票市场的羊群效应的显著存在。在我国的股票市场，施东晖（2001）运用LSV模型对中国股票市场的基金交易进行研究，结果表明我国股市的投资基金羊群效应显著，基金经理人倾向于在相同时间产生相同的交易行为的趋同。戴淑庚等（2016）、林海涛（2020）CSAD模型证实了我国市场中羊群效应的存在性，且呈现出下跌市场比上涨市场更显著的非对称性，投资者在市场上涨过程中持有乐观态度，倾向于根据自身情况做出投资决策，而在市场下跌时投资者持有悲观态度，在市场下行及自身遭受损失的双重压力下，投资者怀疑自身的决策，产生恐慌选择采取与主流相同的决策。杨晓兰（2019）分别对我国A股和B股市场在2010年到2018年的不同板块进行细化研究，发现这两个市场中金融、汽车、能源、交通四个板块羊群效应显著存在，且B股市场在牛市和熊市不同阶段呈现出羊群效应的非对称性。

在信息不对称的环境下，投资者的羊群行为更为明显。投资者在信息决策时呈现出信息瀑布的特征，即当第二个人也获得“好”的信息时，他因为第一个人的决定判断出第一人是“好”的私人信息，所以他也会选择投资，但当第三个人获得“不好”的信息时，他会因为前面两个人都选择了投资而放弃自己获得的信息，于是从第三个人开始一个投资的羊群行为就形成了（饶育蕾等，2018）。羊群行为阻碍了市场中信息的传递，从而影响了市场中资产的定价效率。中国市场个人投资者占比达到90%以上，盲目跟随的羊群效应普遍存在，再加上机构投资者为了声誉和薪酬回报的考虑，在投资过程中更容易出现忽略个人信息，放弃自己的观点而采取跟随其他投资经理人的羊群行为，大幅度增加了股价同步性的程度。股票定价的低效率加之股价同步性，在市场情绪的催化下，导致市场出现了系统性的偏差，极大限度地提高了市场的崩盘风险。

二、行为投资策略

对于金融市场的异象，经济学家们根据传统金融学的资产定价理论和有效市场假说理论，一方面认为有效均衡的市场不存在套利机会，即在均衡有效的市场中，任何人都不能通过任何有效手段获得超额收益，即天下不存在免费的午餐，而另一方面又试图通过多因素模型来解释金融市场中的异象，认为所有的异象因子所带来的超额收益都承担了市场的风险。自Ross（1976）提出的套利定价模型（APT）放松了传统 CAPM 的一些假设，将股票收益率表达为一系列影响因子的线性组合后，APT 提供了一种一般性的资产定价思路，即在不同的市场环境和约束条件下可以选择合适的影响因子作为资产价格地解释依据的决策模型。Fama 和 French（1992）建立了包含市场收益率、公司规模和账面市值比三个因子的模型，并有力地解释了市场的超额收益率。Carhart（1997）在三因模子型的基础上加入了作为市场流动性的动量因子，建立了四因子模型，并在随后的市场实证中得到了证实。Fama 和 French（2015）在原有的三因子模型的基础上加入了盈利因子和投资因子，构建了五因子模型，进一步解释了市场的超额收益。但是多因子模型也受到了大量学者的质疑，研究者们发现多因子模型在学者使用了不同的计算方法和选取的不同的证券样本的前提下，得出了不同的甚至相反的结论。比如赵胜民等（2016）研究发现五因子模型并不能很好地解释中国股票市场的超额收益率。Jegadeesh 和 Titman（1993）通过实证研究发现公司规模与账面市值比这两个因子和公司的风险无关，并不存在由于这两个因子获得的超额收益的补偿性。因此，目前尚不存在一个公认且具有一般使用性的传统资产定价模型能够较好地解释所有资本市场的资产定价。

行为金融学的理论对于异象因子的争论则在于异象因子可以用投资者的不完全理性、心理偏差和偏好导致的投资行为上的偏差来解释，它是市场中免费的午餐，并不承担风险却能获取超额收益。异象因子的形成是由于投资者在市场中投资时存在的心理偏差与偏好而导致的系统性偏差，而有经验的投资者可以通过寻找到代表普通投资者系统性偏差的异象因子，构建行为投资策略，做出反向的操作，从而获得超额的收益。

各国金融市场在有效程度、市场制度、投资者结构等方面存在着很多不同，行为金融学的研究学者们则采用了不同的异象因子构建了行为投资策略。

1. 小盘股投资策略

小盘股投资策略是指利用公司规模溢价选择市值比较小的证券进行投资的一种行为投资策略。常用的方法是先寻找市场中那些被低估的股票，在大多数人还没有反应过来时买入，由于小盘股份额较少，市场上投资者所犯的系统性的偏差对其股价波动的影响较大，当投资者对此信息从反应不足到正常反应时卖出，投资者可以获取更高的差价获得投资收益。2017 年诺贝尔经济奖得主泰勒和行为金融学家富勒在美国加州于 1993 年创办了一家资产管理公司，该公司核心的投资策略就是小盘股投资策略，利用投资者对信息的错误加工所导致的市场非有效来获取投资回报。他们选择那些由于负面信息的影响长期处于低迷状态，被投资者由于悲观而忽略公司经营情况得到改善的积极信号的公司进行投资，都能获得较高的投资回报。

2. 惯性投资策略和逆向投资策略

惯性投资策略是基于动量效应采取的一种投资策略，也称动量交易策略，它是利用股票价格在一段时间内表现出来的黏性，预测价格的持续性走势从而进行投资操作的策略，即投资者买进开始上涨，并预期在一段时间内会持续上涨的股票，卖出已经开始下跌并预期会持续下跌的股票。而逆向投资策略是基于反转效应采取的一种投资策略，它是利用市场中的输家赢家组合反转效应，买入过去表现差而卖出过去表现好的预期都会发生反转的股票的投资策略。在欧美市场，继 Timan（1993）对于美国纽约证券市场从 1965 年到 1989 年的动量效应及惯性投资策略的研究后，更多的学者发现利用惯性策略在市场中都能取得超额收益。Rouwenhousty（1998）研究发现欧洲 12 个国家在 1970 年到 1990 年股市的动量效应普遍存在，并通过构建输家组合和赢家组合的惯性投资策略，获得了高达 13%的超额收益。Jegadeesh 和 Timan（2001）再次对美国纽约市场在 1990 年到 1998 年的数据进行研究，发现在新的周期里，动量效应仍然表现显著，惯性策略依旧适用。Hameed 和 Yuanto（2000）研究了亚洲 6 个市场的股票，发现在短期的动量策略和长期的逆向投资策略可以获得超额收益。逆向投资策略最早由美国投资人戴维·德瑞曼提出并实施应用，他认为投资者在投资的过程中太过重视那些当前具有良好发展前景的公司，而对于那些当前不看好的公司漠不关心，逆向投资应该充分利用这一现象，在自我纠错的过程中，运用简单的评估方法，寻找市盈率、价格现金流、账面市值比和价格股利比等暂时处于被低估的股票进行投资，进而取得超额收益。美国芝加哥 LSV 资产管理公司成立于 1994 年，致力为机构投资者进行价值权益管理，该公司旗下的行为金融基金 LSVEX 利用投资者的认知偏差导致的股票在某段时间内被低估的现象，采用严格的数量分析模型基于对股票进行详细分级的逆向投资策略获取了可观的超额收益，截至 2017 年 2 月 18 日，该基金的总资产达到 19.20 亿美元。

中国的资本市场起步较晚，市场制度相对于西方资本市场不够完善，公司证券化水平不高，且中国资本市场的个人投资者占有 90%以上的比例，这些特征导致中国市场呈现出波动剧烈、投资性强的特征。市场数据表明中国的投资者更青睐波动和风险更大的投资标的，因此，在英美等发达国家的资本市场中行之有效的投资策略并不一定符合中国资本市场的发展现状。众多的学者也在不断地寻找行之有效的金融影响因子，以此构建行为金融投资策略来谋求超额的收益。常见的行为投资策略有小盘股投资策略、基于账面市值比效应的价值策略、基于盈利能力、投资水平、应计项目、低流动性、换手率的投资策略、基于动量效应的惯性策略和基于反转因子的逆向投资策略、红利策略等。肖春涛（2015）选择 A 股市场中创业板的 20 只小盘股在 2011 年到 2014 年的数据，构建小盘股投资策略，发现采用小盘股投资组合的收益率大概为大盘股组合的 2.2 倍，是同期沪市 A 股收益月均回报率的 3 倍，实证结果说明小盘股行为投资策略在我国市场行之有效。唐素璇（2018）选取了同花软件中沪深两市所有行业概念股在 2015 年到 2018 年的数据，以三个月为组合形成期将收益率从高到低排序构建了赢者组合和输者组合，选择使用基于动量效应和反转效应的惯性策略和逆向投资策略，实证结果表明这两种策略均获得了较为显著的超额收益，在牛市中动量效应的显著周期通常为一年的时间，持有输家组合比持有赢家组合能够获得更高的收益，而在熊市中，持有输家组合的损失远远要小于持有赢家组合以及市场指数，反转效应显著。李富军（2020）通过选取中国 A 股市场在 2007 年到 2017 年的数据，探讨投资者的过度自信、异质信念的行为偏差对于动量因子、低波动异象和账面市值比因子的影响，构建基于这三个异象因子的行为投资策略，研究结论表明这些单因子在回撤期内获得了 86.09%的累计收益，而多因子的选股策略却获得了高达 438.56%的累计收益率，且因子综合评分选股策略的收益受到市场变化的影响较小，收益相对稳定。

3. 量化投资策略与行为金融学

量化投资策略是指利用计算机技术对各种技术指标进行量化，捕捉市场中海量的数据进行系统严格的分析、判断和交易的算法和决策的总称。量化投资策略的优势在于依赖机器学习的技术处理海量的数据及交易，能够节约投资者的投资分析的精力，且避免主观因素造成的干扰，提高交易的速度和精度。随着计算机技术的快速发展，从 20 世纪 90 年代以来，量化投资在全世界范围内快速发展起来，量化基金规模已经超过两万亿元。美国是全球范围内量化基金规模最大、量化技术最成熟的地区。中国的金融市场起步较晚，但随着资本市场的快速发展，国内的量化投资规模也随之快速增长，量化基金技术也紧跟国际成熟市场。行为金融投资策略的构建需要海量的市场数据进行系统精确的分析，量化投资就成为投资者们研究市场异象并构建投资策略的一大有力工具。众多学者利用行为金融学的理论构建了量化投资策略，经市场检验都取得了稳定的超额收益。徐贻炜（2013）通过实证了中国股市的创业板的动量效应，并由此构建了惯性投资量化交易策略，研究表明中国股市弱势有效，投资者可以根据此交易获得超额收益。Qing Li（2014）从社会媒体公布的信息中捕捉投资者情绪，再利用量化分析构建基于投资者情绪的行为投资策略，以此来预测股票市场的收益率。宣战（2021）通过研究我国 A 股市场在 2010 年到 2019 年的数据，采取单一和复合投资者情绪指标构建择时量化投资策略，发现此策略的收益不仅优于同期指数，而且能有效识别风险，且复合情绪指数策略具有更好的年化收益和最小的回撤幅的优势。吴槐雄（2018）选择了中国 A 股市场在 1995 年到 2017 年的数据，采用启发式和分类的机器算法，利用证券市场中的动量效应和反转效应的异象因子，建立基于绝对价格序列统计关系动量和基于成交量信息加权的反转在线投资组合策略，研究发现这些在线组合投资策略在中国市场获得了良好的稳健性的收益。黄益（2020）选取我国沪深 300 指数在 2016 年到 2019 年的 300 只成分股的数据，基于前景理论构建了公司规模、账面市值比、动量、反转、最大值和净资产收益率的多因子量化投资策略，并进行回撤分析，表明多因子量化策略年化收益达到 10.16%，显著高于基准收益率。

第二节 案例分析

一、金融市场的异象——综合篇

（一）中国市场中的春节效应

中国的市场是否存在着日历效应？即金融市场出现与日期相关的非正常收益和波动的现象。和西方市场的一月效应一样，大量的学者对中国市场的数据进行研究分析，发现中国的股票市场存在春节效应，或“二月效应”，即在春节后沪深股票市场的大部分股票会呈现上涨趋势。本书选择中国 A 股市场 2000 年到 2022 年的上证和深证综指的春节后 5 日和 10 日的收益率涨跌幅情况，探究中国股票市场的春节效应。收益率涨跌幅数据如表 4-1 所示。

表 4-1 **中国 A 股市场上证综指与深圳综指春节后 5 日与 10 日收益率涨跌幅**

年份	上证综指		深圳综指	
	春节后 5 日	春节后 10 日	春节后 5 日	春节后 10 日
2000	8.67	6.29	10.49	7.31
2001	-5.26	-5.99	-5.72	-6.47
2002	-0.27	8.87	-0.1	11.45
2003	0.74	-1.4	1.22	-0.83
2004	-0.61	4.92	1.02	6.53
2005	-0.79	3.42	-0.12	5.28
2006	1.96	0.74	3.06	0.62
2007	-5.57	-2.02	-3.62	0.34
2008	1.4	-7.86	2.5	-9.08
2009	9.57	16.58	10.24	22.78
2010	1.12	0.43	3.70	2.73
2011	1.01	3.6	3	6.28

续表

年份	上证综指		深圳综指	
	春节后 5 日	春节后 10 日	春节后 5 日	春节后 10 日
2012	0. 49	1. 42	1. 99	4. 93
2013	-4. 86	-3	-2. 25	0. 81
2014	3. 49	3. 38	3. 61	3. 31
2015	1. 95	-0. 18	1. 2	2. 55
2016	3. 49	0. 13	5. 7	0. 81
2017	1. 8	1. 97	2. 12	1. 85
2018	2. 81	1. 73	2. 07	4. 78
2019	2. 45	7. 1	6. 07	12. 77
2020	4. 6	-2	8. 51	2. 19
2021	1. 12	-3. 99	0. 33	-6. 78
2022	3. 02	3. 85	0. 03	2. 18

资料来源：Wind 金融数据库。

从表 4-1、图 4-1 和图 4-2 可以看出，2000—2022 年的 22 年间，上证指数春节后的 5 日收益率有 14 年都在上涨，8 年的收益率是比春节前是下跌的；而春节后 10 日的收益率维持 14 年上涨。深圳综指春节后 5 日收益率 15 年都在上涨，10 日的收益率涨幅高达 19 年都为正值，在 2009 年上证指数在春节后 10 日的收益率达到 16. 58%的上涨幅度，深证指数在春节后 10 日收益率达到 22. 78%的上涨幅度，即使在 2008 年由于全球金融危机影响的中国市场进入熊市阶段以及 2020 年年初武汉疫情的严重影响阶段，上证和深证在春节后的 5 日收益率也保持了正向的收益。可见，在我们股票市场存在着明显的“春节效应”。

为什么中国的 A 股市场存在着“春节效应”呢？春节是中国人最重要的传统节日，在春节期间，投资者情绪、资金的流动性以及基于投资者的正面预期引导这些因素导致了股市的收益率波动。首先，在春节来临之时，举国上下同庆团圆的喜庆氛围给投资者带来正面的情绪刺激，投资者情绪高涨，这种高涨的乐观情绪导致投资者具有更高的自信和更强的购买意愿去投资风险资产。其次，资金

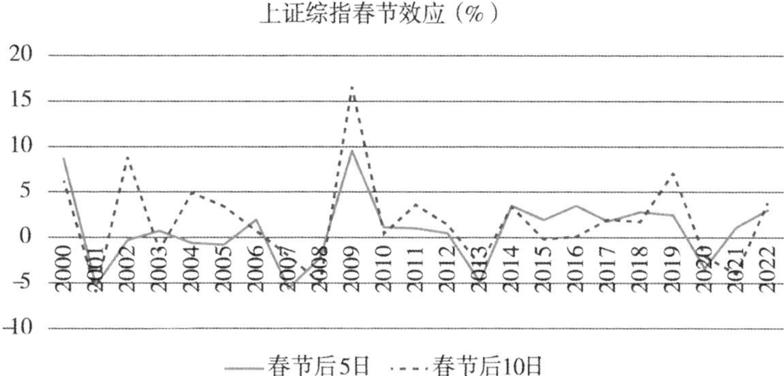

图 4-1　中国 A 股市场上证综指春节后 5 日及 10 日收益率涨跌幅（年份）

资料来源：Wind 金融数据库。

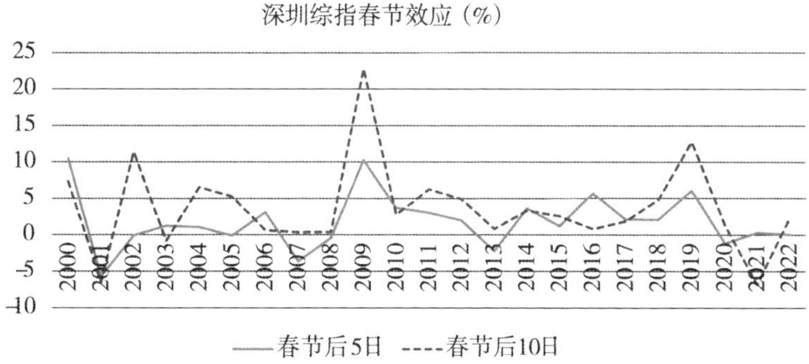

图 4-2　中国 A 股市场深证综指春节后 5 日及 10 日收益率涨跌幅（年份）

资料来源：Wind 金融数据库。

的流动性变得宽松。春节前，投资者在年底由于工作或者投资获得了相比于平时稳定收入的额外收入，比如绩效年终奖、分红、津贴等。由于“心理账户”的存在，投资者将这些部分的额外收入归于不同的心理账户中，对于这个账户中的资金投资于风险资产的意愿比平时的稳定的工资性收入更为强烈，从而让股市资金的流动性更为充裕，引起股票价格的上涨。再次，投资者的正面预期增强。春节后即将举办“两会”，政府一般会出台利好政策，释放利好消息，增加投资者对经济发展的信心；而上市公司也会发布财务报告、业绩分红等正面预期的新年计划，吸引投资者的关注；"一年之计在于春"的古老谚语引导个人投资者和机构投资者都积极地安排着自己的一年之初的建仓调仓的投资计划，所有的市场信息都不断地增强投资者对股票市场的正面预期，这些信息释放到股票市场就引起了股票价格的上涨。

（二）中国市场中的动量与反转效应

中国的A股市场是否存在着动量效应与反转效应？我国学者对A股市场进行了大量的研究，结论并不一致，有的甚至截然相反。学者娄志勇在2019年对以往的文献做了梳理总结（具体结论见表4-2）后，选取A股市场1991—2018年的全样本数据，借鉴Jegadeesh和Ttiman的建立输家赢家组合的方法，按照每一个形成期计算得到的股票收益率排序，选择前10%的股票构建赢家组合，后10%的股票构建输家组合，在基准日等权重买入过去的赢家组合，同时等权重卖出过去的输家组合，考察基准日的检验期赢家输家收益率之差，若收益率之差显著为正，说明产生动量效应；若收益率之差显著为负，说明产生反转效应。① 在全样本的基础上，继续将样本从时间角度和公司特征角度来全面分析A股市场中的动量与反转效应，多角度地展示了已有研究结论差异化的原因。研究结论具体如表4-3所示。

表4-2　**A股动量和反转效应的研究结论摘要**

作者	时间（年份）	样本时间（年/月）	结　论
王永宏、赵学军②	2001	1993—2000	形成期大于一个月时，只有反转效应，没有动量效应
冯玉明③	2001	1994. 9—2000. 10	不存在动量效应，而存在某种类似于反转效应的"补涨效应"

① Jegadeesh, N. and Titman, S.. Returns to Buying Winners and Selling Losers: Implications for Stock Market Efficiency [J]. Journal of Finance, 1993, 48 (01): 65-91.

② 王永宏，赵学军．中国股市"惯性策略"和"反转策略"的实证分析［J］．经济研究，2001（06）：56-61，89.

③ 冯玉明．市场的非理性与组合投资策略［J］．证券市场导报，2001（03）：30-32.

续表

作者	时间（年份）	样本时间（年/月）	结　论
周琳杰①	2002	1995—2000	期限为一个月的动量策略收益最高。随着形成期和检验期的延长，动量收益逐渐降低
朱战宇，吴冲锋，王承炜②	2003	1995—2001	动量收益只存在于期限在 4 周以内的策略中
李诗林，李扬③	2003	1995. 12. 29 —2002. 12. 31	期限在 6 个月以内时表现为动量效应，12 个月以上时表现为反转效应
梁冰，顾海英④	2004	1997. 1—2003. 12	期限在 4—6 个月时存在动量效应，在 12—24 个月时存在反转效应
贺学会，陈净⑤	2006	牛市（1997. 6—2001. 6） 熊市（2001. 6—2005. 6）	赢家组合在牛市中存在着正的动量效应，输家组合在熊市中存在着负的动量效应。而牛市中的输家组合和熊市中的赢家组合都存在着价格的反转
张强、杨淑娥、戴耀华⑥	2007	牛市（1997—2001. 7） 熊市（2001. 8—2004）	牛市期间无动量效应，熊市期间有动量效应 在牛市到熊市的一个周期中，有反转效应

① 周琳杰．中国股票市场动量策略赢利性研究［J］．世界经济，2002（08）：60-64.

② 朱战宇，吴冲锋，王承炜．不同检验周期下中国股市价格动量的盈利性研究［J］．世界经济，2003（08）：62-67.

③ 李诗林，李扬．沪深股票市场过度反应效应研究［J］．管理评论，2003（06）：28-35，63-64.

④ 梁冰，顾海英．我国证券市场过度反应后短期行为研究［J］．中国管理科学，2004（05）：24-30.

⑤ 贺学会，陈净．基于牛市和熊市不同周期的股票市场动量效应研究［J］．财经理论与实践，2006（05）：40-44.

⑥ 张强，杨淑娥，戴耀华．中国股市动量策略和反转策略的实证分析［J］．华东经济管理，2007（05）：46-50.

续表

作者	时间（年份）	样本时间（年/月）	结　　论
刘博，皮天雷①	2007	1994—2005	基本不存在动量效应，而存在显著的反转效应
朱曦②	2008	1997. 1. 1—2005. 4. 30	短期存在动量效应，中期存在反转效应，长期存在动量效应
薛昊昕③	2014	1994—2014	最短的动量效应存在于隔日水平，而长达五年的观察期和检验期上依然存在显著的反转效应
李杨④	2014	1997. 4. 30—2013. 4. 30	反转效应明显强于动量效应。 仅有在检验期和形成期都为 2 个月时，出现了显著的动量效应，其余策略都表现为反转效应
田利辉，王冠英，谭德凯	2014	1992—2012	普遍存在的反转效应和个别时段的动量效应
车杰⑤⑥	2014	2008. 11—2013. 12	短期存在动量效应，长期存在反转效应
代瑞鹏⑦	2018	快速上涨期（2014. 10— 2015. 5） 缓慢上涨期（2016. 7—2017. 4）	沪深 300 成分股在股市快速上涨期，市场存在短期动量效应和中长期反转效应；而在股市缓慢上涨期，市场存在短期反转效应和中长期动量效应

① 刘博，皮天雷．惯性策略和反转策略：来自中国沪深 A 股市场的新证据［J］．金融研究，2007（08）：154-166.

② 朱曦．沪深 A 股市场惯性效应和反转效应研究［D］．上海交通大学，2008.

③ 薛昊昕．我国股市动量效应和反转效应规律探究［D］．厦门大学，2014.

④ 李杨．中国股市短中长期动量与反转效应实证研究［D］．复旦大学，2014.

⑤ 田利辉，王冠英，谭德凯．反转效应与资产定价：历史收益率如何影响现在［J］．金融研究，2014（10）：177-192.

⑥ 车杰．中国股市动量效应和反转效应的实证与成因分析［D］．浙江工商大学，2014.

⑦ 代瑞鹏．基于不同市场周期的股市动量效应与反转效应实证研究［J］．时代金融，2018（15）：147，152.

表 4-3 **A 股 1991—2018 年全样本、时间和公司特征区分动量效应和反转效应研究结论摘要**

	全样本全时间（1991—2018 年）	时间区分					公司特征区分			
		股权改革前后	融资融券前后	牛市	熊市	平衡震荡市	所处行业	所处区域	公司年龄	公司规模
动量效应	动量效应不明显	改革前中期动量；改革后动量消失	融资融券后动量进一步加强	动量为主	反转为主	中期动量	动量不明显	东北地区动量显著	动量不明显	大盘股动量，小盘股动量不明显
反转效应	反转效应明显	改革前反转较强，反转后更强	融资融券后反转进一步加强	反转不明显	动量不明显	短期反转	全行业反转，金融和公共事业反转最强	全区域反转显著	青年公司长期反转，中年公司短期反转，老年公司全期反转显著	大盘股反转较强，小盘股反转极强

资料来源：娄志勇．中国 A 股动量策略和反转策略研究［D］．对外经济贸易大学，2019.

从以上材料的实证结论来看，中国的 A 股市场在不同时间区间和不同类型的公司中动量效应与反转效应广泛存在，且不同的形成期和检验期，动量与反转效应的强弱不同。根据动量效应与反转效应，投资者可以根据构建的输家组合和赢家组合的动量期和反转期对股票的收益进行预测，进而构建相反的投资策略，比如在动量期买入赢家组合的股票卖出输家组合的股票，在反转期卖出赢家组合的股票买入输家组合的股票，以此来获得超额收益。

传统金融学的有效市场假说理论认为，如果市场是有效的，市场中不存在可预测的因子，也不能通过任何手段获得超额收益。传统金融学的理论解释不了动量效应与反转效应这种市场异象的存在。行为金融学从投资者的心理偏差导致的对市场信息的反应程度解释了动量效应与反转效应。投资者的保守性偏差使得投资者无法及时根据新的信息修正预期，因此对新信息没有充分的反应，当信息逐步融入股价时，股价会在一定的时期内沿着初始方向运动，这就导致市场出现了动量效应。而投资者的代表性启发偏差使得投资者过分关注近期和相似的数据，认为过去几天或者一段时间的价格一直在涨，在未来会一直上涨，对信息反应过度，导致股价过高在长期出现了反转效应。

在中国的A股市场中，个人投资者占有90%以上，市场非理性的投资者占比高，噪声交易者的比重高，相比于理性的交易者他们在获取信息和处理信息上均处于弱势，他们习惯于根据自己获得的私人信息进行交易，在非理性的情况下出现保守性偏差和代表性启发偏差的可能性较大，当他们还在不断消化理性投资者扩散的消息时，市场呈现出动量效应。当他们觉得自己获得了认可的利好消息时，由于代表性启发偏差，使得他们过度乐观，认为市场行情会一直好下去，不断地建仓和增持，导致股价大幅上涨，价格产生的泡沫破裂，市场出现反转效应；反之在市场低迷期，代表性启发偏差又使得他们过度悲观，认为市场行情会一直低迷下去，很多投资者会低位卖空，导致股价严重被低估，价格出现反弹，市场出现反转效应。从上述的实证研究中，还可以看出市场在全时间的样本中动量效应并不明显，在分区间的时间区间中出现了不同的短期动量效应，说明中国的投资者预期投资回报的周期比外国投资者的更短，占比大多数的非理性投资者更希望在短期就能获得超额收益，特别在融资融券后、牛市时期动量效应格外明显，而在整体时间区间的全样本反转效应总体显著，可以看出投资者预期在短期实现收益的意愿非常强烈，这也解释了A股市场动量只在部分时间区间和部分不同特征的公司短期存在，而在全时间区间全样本都存在显著的反转效应。

（三）购物狂欢季——“双十一”

1. 案例

“双十一”购物狂欢节，是指每年11月11日的网络促销日，源于淘宝商城（天猫）2009年11月11日举办的网络促销活动，当时参与的商家数量和促销力度有限，但营业额远超预想的效果，于是11月11日成为天猫举办大规模促销活动的固定日期。基于此类促销活动产生的巨大经济收益，此后还逐渐衍生了“双12”“8.18”“6.16”等众多网购促销活动。现今，“双十一”已成为中国电子商务行业的年度盛事，并且逐渐影响到国际电子商务行业。自天猫2009年首创

“双十一”购物节以来，每年的这一天已成为名副其实的全民购物盛宴，历年“双十一”当天的网购交易成交总额也在屡创新高：

2009 年 11 月 11 日，淘宝推出了首个被称作“双十一”的促销活动，当时还未称之为“双十一”，而是“光棍节”。当天总交易额达到了 0.52 亿元，共有 27 个品牌参与其中。

2010 年 11 月 11 日，活动名称被改为“购物狂欢节”，当天的交易额达到了 9.36 亿元，共有 711 家店铺参与，相比前一年取得了相当大的突破。

2011 年 11 月 11 日，交易额进一步上升至 33.6 亿元，共有 2200 家店铺参与了活动。

2012 年 11 月 11 日，交易额飙升至 191 亿元，有 10000 个品牌参与其中。天猫的销售额甚至超过了淘宝的两倍，达到了惊人的 132 亿元，而淘宝的贡献也达到了 59 亿元。

2013 年 11 月 11 日，交易额再创新高，达到了 352 亿元。共有 20000 个品牌参与了活动，支付宝的总交易额在凌晨 5 点 49 分突破了 100 亿元。

2014 年 11 月 11 日，是阿里巴巴上市后的第一个“双十一”，总交易额达到了 571 亿元，有 27000 个品牌参与其中。在短短的 13 个小时内，销售额就超过了前一年的 352 亿元。其中，无线端的销售额达到了 243 亿元。

2015 年 11 月 11 日，“双十一”的交易额飙升至 912.17 亿元，有 40000 个品牌参与其中。仅在第一分钟，交易额就高达十亿元，并创造了包括手机销量在内的 9 项吉尼斯世界纪录，而优衣库则成为最快销售破亿的店铺。

2016 年，“双十一”的交易额又达到了新的高度，总计交易额为 1207.48 亿元，参与品牌数目也达到了惊人的 98000 家。

到了 2017 年，“双十一”的交易额再创新高，达到了惊人的 1682 亿元。仅用时 11 秒，天猫的销售就突破了一个亿，而用时 13 小时 09 分 49 秒便突破了上一年的全天交易额。总计有超过 140000 个品牌参与了活动。

2018 年，“双十一”全天交易额达到了 2135 亿元，参与品牌数目也上升至前所未有的 180000 家。当天的物流订单量超过了 10 亿。

2019 年，“双十一”的交易额再次刷新纪录，达到了 2684 亿元。淘宝直播全天带动成交近 200 亿元。

最后，2020 年的“双十一”，天猫总成交额高达 4982 亿元，创造了新的“双十一”订单峰值，高达 58.3 万笔/秒。

2021 年 11 月 11 日 0 点 45 分，在天猫已有 411 个 2020 年成交额过百万的中小品牌，销售额突破千万；40 个 2020 年“双十一”成交额千万级的品牌，在 2021 年“双十一”成交额突破了 1 亿元大关，当天总交易额分别为天猫有 5403 亿元；京东有 3491 亿元。“双十一”期间，阿里妈妈升级了“超级消耗返”活动，向商家补贴 10 亿元阿里妈妈推广红包，单个商家 1000 万元封顶。淘宝联盟也启动 10 亿元的佣金补贴，在“双十一”预售期间重点对淘宝客进行额外的佣金补贴，最高收益将达到 160%，这也是淘宝联盟史上对淘宝客的最大补贴力度。此外，近年来淘宝直播层出不穷，自营直播间成为品牌商家的“标配”，品牌自播也成为淘宝直播平台上增长最快、最具活力的新业态。“双十一”淘宝直播平台共有超 10 万个品牌在自播间与消费者互动，其中 43 个品牌自播间成交额超 1 亿元，510 个自播间超千万元，鸿星尔克、追觅等 183 个品牌首次跻身“千万直播间”。10 月 27 日，抖音电商“双十一”正式开启，在线上特设“抖音‘双十一’好物节”专区，通过短视频和直播推介国货、地方农特产等。另外淘宝主播销售榜监测数据显示，李佳琦直播间“双十一”预售启动夜销量为 3615.81 万，销售额高达 106.53 亿元；薇娅屈居第二，销量为 2483.40 万，销售额为 82.52 亿元．“双十一”最终以天猫 5403 亿元，京东 3491 亿元成交额，落下帷幕。2022 淘宝天猫“双十一”成交额销售额是 3434 亿元左右，京东则是 1740 亿元左右。据已公布数据可知，2022“双十一”全网交易额为 5571 亿元。

2022“双十一”购物车折射消费新变化：

随着 11 月 12 日零点的钟声敲响，一年一度的“双十一”大促落下帷幕。与往年的热闹非凡相比，今年的“双十一”尤为不同，消费者更加理性，购物车里的商品也发生了变化。

一股小众消费潮流异军突起，改变了传统的购物模式。消费者们纷纷跳出大众化选择，投身于个性独特、体验丰富的商品之中。陆地冲浪板、黑胶唱片机和摩托车等商品，由于其独特的体验性和娱乐性，销量同比增长数倍，甚至有的商品销量同比增长了近十倍。

这股小众消费潮流的崛起，也得到了天猫数据的支持。据天猫公布的数据显示，在“双十一”开售的前4个小时，天猫国际陆地冲浪板、进口黑胶唱片机、摩托车配件的销量分别同比增长了3000%、530%、110%，显示出消费者对于这些商品的巨大需求。

消费者购买这些商品的热情也体现在其他方面。在“双十一”购物狂欢节期间，健身、登山、滑雪、城市运动、露营、酷跑、超酷篮球等运动户外七大消费群体纷纷涌现，他们不仅在数量上“把户外运动行业买爆了”，也在质量上对行业产生了深远影响。

业内人士认为，这些源自国外的小众爱好能够逐步在中国市场上破圈，与消费者追求个性化、体验感的消费需求密切相关。随着经济的发展和人民生活水平的提高，消费者越来越重视商品的使用体验和社交属性，而不仅仅是价格和质量。

与此同时，国货品牌的崛起也是不可忽视的现象。据天猫公布的数据，截至11月11日零点，已经有超过2000个单品成交额破千万。其中，东阿、茅台、片仔癀、回力、云南白药等50个老字号国货品牌成交额破千万元，占据了总成交额的一半以上。在抖音商城“双十一”热卖商品榜前100中，国产商品的占比更是超过了九成。

这一现象的出现并非偶然。在许多消费者的观念中，国货不再等于廉价或者低质量，而是有着独特的设计风格、高性价比的商品。在“双十一”购物狂欢节期间，记者在多家线下超市进行调查发现，物美价廉的国货产品如单价100多元的面霜和几十元一双的运动鞋受到了消费者的热烈欢迎。许多顾客表示，这些国货产品的质量和设计完全不输国际大牌，而且价格更加亲民。

除了价格优势外，许多国货品牌也有着独特的品牌魅力。例如片仔癀化妆品柜台的工作人员表示，许多年轻消费者在“双十一”活动期间购买该品牌的护肤品，而且复购率很高。这些年轻人不再盲目追求国际大牌，而是看重产品质量和个性化。

老字号国货品牌的崛起，不仅提升了消费者的购物体验，也为年轻一代消费者提供了更多选择。许多“便宜好用”的老牌国货秉持了数十年不涨价、坚持好品质的特质，在市场上依然保持了高竞争力。例如不久前，“蜂花10年仅涨2元”事件还登上了微博热搜，引发许多消费者的回忆和共鸣，对国货品牌的好感度也进一步增加。①

2. 分析

自从 2009 年开始，从“光棍节”演变而来的“双十一”全民网络购物节的狂欢，由于其参与人数广泛、消费规模大、参与行业众多而备受关注。如今，每年的“双十一”不仅成为线上淘宝、天猫、京东等传统电商的年度盛事，抖音、直播带货等平台以及线下的各大商场、实体店等也纷纷掀起促销热潮，而购物节的成交额与销售量也不断刷新着历史记录，展现出强大的吸引力与生命力。

是什么原因导致了这一场又一场的节日盛宴呢？从行为金融学的角度来分析，首先投资者的有限关注交易起到了重要的作用。有限关注是指人们在处理信息和同时进行多项任务的时候，由于时间和精力等约束，存在着能力上的局限性。在金融市场中，投资者在面对市场上众多的复杂信息时，无法做到全面、及时、有效地判断，因此他们把有限的注意力放在显现的信息和感兴趣的信息上进行决策和交易。最早的“双十一”购物节源自 2009 年淘宝天猫的一次商业策划。为了吸引年轻人的注意力，天猫平台利用单身人士对于脱单的渴望而打造了单身人士需要购买各类礼物进行表白的营销策略，将光棍节与购物巧妙地连在了一起，成功地吸引了年轻人的关注，虽然这次的活动受众少，参与活动的公司规模小，促销力度小，但是却取得了意想不到的收益。尝到甜头的平台和商家从这次促销活动上获得了新的商机和营销方式，将 2010 年的“双十一”活动向全体消费者全面推广。如今，每年的“双十一”不仅成为线上淘宝、天猫、京东等传统电商的年度盛事，抖音、直播带货等平台以及线下的各大商场、实体店等也纷纷掀起促销热潮。打开淘宝、天猫、京东等电商平台，“双十一”的广告便弹出来，点击抖音商城，红色的“双十一”也分外惹眼，就连本地的商场、实体店也早早

① 案例改编自：双十一购物狂欢节［EB/OL］.［2023-04-25］. https：//baike. baidu. com/item/%E5%8F%8C%E5%8D%81%E4%B8%80%E8%B4%AD%E7%89%A9%E7%8B%82%E6%AC%A2%E8%8A%82/6811698？fr=aladdin；双 11 商家报名明天开始　天猫发布 10 项商家扶持举措［EB/OL］.（2021-09-14）［2023-04-25］. https：//baijiahao. baidu. com/s？id = 1710869293083354413&wfr=spider&for=pc；双十一成交额　2021 双十一销售额数据分析［EB/OL］.（2021-11-11）［2023-04-25］. https：//www. chinairn. com/news/20211111/091034967. shtml；林露 .“双十一”购物车折射消费新变化［N］. 闽南日报，2022-11-23（011）。

挂上了“双十一”的促销标语。在平台与商家中，经常提前一个月到半个月的预售广告、购物津贴、红包、满减等促销和优惠活动名目繁多，精彩纷呈。这些宣传与活动牢牢地吸引了消费者的目光，许多消费者在所要购物的海量信息中关注到了优惠力度大、评价好的商品信息，并受到“双十一”这个节日效应的宣传“诱导”，选择将自己要购买的商品提前加入购物车，而在双十一这天进行抢购，以此获得优惠。“双十一”也从最初的光棍节完全演变成了全民的购物狂欢节，电商平台的销售额逐年攀升，一次次刷新历史新纪录。

投资者的情绪及他们情绪间的传染也成就了“双十一”的全民狂欢。投资者情绪是指对未来信息的预期或者信念，一般分为乐观情绪和悲观情绪。当平台、商家、媒体等大肆渲染“双十一”狂欢节的氛围时，关于各种商品的优惠打折抢购的信息变得无处不在，消费者的消费欲望和冲动被调动起来，消费者的情绪也逐渐变得乐观，他们摩拳擦掌，相互传递和交换信息，等待时机看自己的运气和省钱能力能否接受住市场的考验。在传递信息的同时，他们也传递了自身的乐观情绪，消费者之间乐观情绪的传染导致整个节日的情绪高涨，也使得到 2021 年成交额再创新高。

然而越来越高涨的情绪使得消费者从乐观变得过度乐观和盲从，消费者的消费更多的是为自己的冲动消费买单，而真正买到价廉物美的心仪商品的比例占有少数。消费者最终都需要为他们过度乐观情绪导致的冲动消费买单，除“双十一”大量的快递不能及时送达到消费者手中造成了损失，商家也面临着大量的退货快递，退货率居高不下。消费者协会也收到了大量的网络购物投诉，比如网络购物存在虚假宣传、优惠券使用规则不透明、促销活动套路等问题，至此消费者变得理性起来。从已经公布的数据看，2022 淘宝天猫“双十一”成交额销售额是 3434 亿元左右，京东则是 1740 亿元左右，2022“双十一”全网交易额为 5571 亿元。《“双十一”消费需求调查报告（2022）》也显示，本届“双十一”有购物计划的受访者仅为 64.13%，同比 2021 年、2020 年分别下降了 21.22% 和 18.91%。京东透露，本届“双十一”冲动消费比例减少，消费者更看重“找到最适合自己的”，这部分人群同比增长约 30%。从闽南日报报道的消费者对于商品的消费种类的新变化来看，消费者越来越青睐国货品牌、小众的兴趣品牌（健身、运动、露营、酷跑等运动器材）。十多年的“双十一”狂欢终于在 2022 年踩了急刹车，平台、商家和消费者都由于高涨的市场乐观情绪导致的冲动和过度消费付出了代价，后疫情时代对经济的影响，也大大打击了消费者的消费热情，人们的情绪开始变得理性，理性甚至悲观的情绪在市场中传染，导致整体市场的消费欲望大幅度降低，人们不再有热情研究越来越复杂的优惠规则，熬夜抢购商品的行为也大量下降，在消费的品种上，人们也不那么热衷国外的知名或者奢侈品牌，更看重国产和适合自己的品牌。2022 年电商的“双十一”营业数据就能明显地看出市场的理性。

（四）2020 年公募基金投资热潮

2020 年公募基金市场规模迅速扩大，连续迈过 15 万亿元、16 万亿元、17 万亿元、18 万亿元大关，可谓气势如虹。截至 10 月底，公募基金总规模攀升至 18.31 万亿元，公募基金产品数量更是从 2019 年年底的 6500 多只增长到 2020 年 10 月底的 7600 多只，管理规模涨幅达 21%。中国证券投资基金业协会 2020 年公布的数据显示，我国公募基金资产管理规模合计为 19.89 万亿元，较 2019 年年末增长 34.70%。

公募基金市场火爆离不开赚钱效应的加持。截至 12 月 7 日，2020 年超过 53%的公募基金盈利在 10%以上。其中，股票型基金平均上涨超 34%，混合型基金平均上涨超 35%，而同期上证综指上涨 12%，沪深 300 指数上涨 22%。市场数据显示，年内净值涨幅超过 100%的基金产品已经达到 13 只。对于投资者来说，假设年初买了这些基金并持有到现在，投资收益已经实现翻番。火起来的公募基金，其实已走过了 20 多个年头，在发展过程中经历过起伏，不断向成熟迈进。2020 年这个行业迎来快速发展，折射出中国经济、资本市场和居民理财的深层次变化。

随着资本市场改革，特别是注册制改革推进，A 股的“游戏规则”不断发生深刻变化。偏好价值投资的机构投资者开始具有更加明显的优势。在整个资本市场改革中，鼓励中长期资金入市、提高机构投资者占比被放在更加重要的位置。早在 2020 年年初，证监会就曾在当年“工作计划”中明确：持续推动提升权益类基金占比，多方拓展中长期资金来源，促进投资端和融资端平衡发展。实际上，权益类基金发行确实也在 2020 年迎来“高光时刻”。到 12 月上旬，已有超过 1300 只新发公募基金产品成立，合计募资规模突破了 2.7 万亿元。其中，股票型基金和混合型基金的新发规模分别超过 0.29 万亿元和 1.42 万亿元，权益类基金发行火爆程度可见一斑。

谁参与了这场轰轰烈烈的基金投资热潮？根据《全国公募基金市场投资者状况调查报告》，自然人投资者数量达到 66971 万，30~45 岁的投资者占比将近四成，达到 38.8%，其中男性投资者占 54.1%，女性投资者占 45.9%。从投资者地域来看，广东、北京、上海占比均在 9%以上，三地投资者占比总计达到 35.4%，占到全国投资者的 1/3。超九成的投资者个人收入在 50 万元以下，81.3%的投资者金融投资金额占家庭年收入比重不超过一半。其中，投资金额占家庭年收入的比重 10%以下的投资者占比 18.0%，比重为 10%~30%的投资者占 35.6%，比重为 30%~50%的投资者占 27.7%。报告显示，个人投资者投资公募基金的主要资金来源，76.3%和 74.5%的投资者是“从存款转入”和“新增收入”，“从银行理财产品转入”以及“从股票转入”为少数，占比是 37.6%、35.8%。可见，很多人已经把基金当作一种理财。从公募基金投资品种来看，投资者更倾向投资股票型和混合型基金，有 74.1%的个人投资者选择股票型基金，54.8%选择混合型基金。①

在这波基金投资热潮中，基金投资成了人们茶余饭后的谈资。央视财经报道，2021 开年以来，基金发行延续着去年的火热势头。数据显示，新增基民中，“90 后”占据了一半以上。对于新基民来说，基金不仅是理财产品，也像是一种社交工具，基金也成为茶余饭后的热门话题。对于行业的了解大多来自新闻报道，新基民作出的判断也会掺杂着身边朋友和网络大 V 的意见，因此这批新基民投资的基金一般都围绕着白酒、消费、新能源这些热度最高的行业。日前记者在上海街头随机采访了数位基金投资者。他们普遍表示，虽然自己会通过基金经理的履历、行业的前景等信息来选择基金，但朋友或者网络大 V 的推荐仍然是自己买入的理由之一。记者发现，虽然这些新入市买基金的投资者普遍有风险意识，但在选择上仍缺少独立的判断，更多的是依据着新闻上行业的话题度高低来选择。在各类投资平台下，最常见的就是对哪个行业比较好、哪只基金比较好的提

① 参见《全国公募基金市场投资者状况调查报告》。

问。金伟民是雪球的大 V，投资基金已有 14 年的时间，他告诉记者，投资股票型基金时，选择行业不能依据网络上的热度来判断，而是要从行业的财务状况和发展前景去判断。

是什么原因导致了这场基金投资热潮？可以利用行为金融学的理论，从三个角度来解释其原因。

首先，疫情环境下，投资者对自己的投资行为作出了调整，为基金的投资建立起了新的心理账户。2020 年春天的新冠疫情来势凶猛，在对未来不可预期的情况下，人们开始对于自己的消费和理财变得保守。人们需要找到一种收益稳定风险较小的投资渠道，构建自己的保守型理财的心理账户。而公募基金以公开方式向社会公众投资者募集资，由于进入门槛低，申购渠道多元，运作透明，有专业投资经理人打理资金及收益稳定，成了广大消费者降低风险理财的理想选择方式。从数据显示，相比于 2019 年，30~45 岁的投资人群增加，且收入 90%以上在 50 万以内，且以存款转基金理财的比例占有大多数，从这些数据可以看出，这个年龄阶段的投资者在家庭财富上已有一定的积累，在疫情带来未来风险不确定的基础上，投资者不敢冒险投资更高风险的地产及股票等大额或者风险较大的品种，转而选择投资收益高于储蓄而风险又低于股票的公募基金，选择相信专业的基金投资人。这个心理账户的构建，满足了投资者对于此心理账户的资金收益较低而风险也较低的预期。

其次，投资者有限关注催生了更强烈的投资者的从众行为。2020 年公募基金“抱团”式投资使得很多股票的价格在短时期内急速拉升，以贵州茅台为代表的股票价格在一年内翻番，白酒行业也在基金抱团的投资下收益率增长明显，其他行业也在这种抱团式的投资者出现各种“茅”，也使得基金的收益非常显眼。投资者由于自身精力和处理信息能力的有限性下，只能将自己有限的精力放在显眼的信息上，于是投资者开始关注各种公募基金。另一方面，在市场信息不对称不完全的情况下，投资者由于自身缺乏知识经验，投资能力有限，倾向于选择和大众一致的判断与决策。由于疫情的原因，人们的交流更多的则是集中在网络上，网络大 V 的意见及新闻报道，朋友间在不同社交场合对于基金讨论的频率增加，这些铺天盖地的对基金投资的乐观预期像东风一样，使得投资者在从众购买基金的这条路越走越远。

最后，2020年年底市场上超过1300只新发的公募基金产品的成立，1802.25万个新增的投资者，2.7万亿元的新增投资规模使得市场的流动性资金大幅度增加，保证了公募基金投资收益的规模基础。每一轮资产价格暴涨的开始，都是由机构投资者和较大的知情交易者推动，而新增的投资者大部分专业知识和交易经验缺乏，非理性程度较高，带有较高的乐观预期，从众心理和过度自信的交易行为表现明显，他们的投资行为加重了市场的投机性，造成资产价格在短时期内快速拉升，助长资产泡沫的产生。

（五）我国金融市场中的IPO折价

IPO折价指股票首次公开发行的价格低于交易当天的市场收盘价的现象。这种现象在世界各国股票市场普遍存在，但是折价程度有所不同。在我国股票市场长期存在着“新股无敌”的现象，折价率普遍高于其他成熟的股票市场。

为了分析了我国证券市场中的IPO折价情况，我们从Wind金融数据库调取了从2010年1月1日至2023年4月14日的3549个上市公司的IPO的数据，具体如表4-4和表4-5所示。

表4-4 **A股上市公司IPO折价率（倍数）**

样本量	最大值	最小值	标准差	中位数	均值	折价率大于零占比
3549	19.43	-0.36	1.02	0.44	0.66	90.39%

数据来源：Wind金融数据库。

表4-5 **A股上市公司IPO折价率前十名的折价率（倍数）**

折价率前十名的公司	读客文化	纳微科技	力量钻石	康泰医学	国盾量子	中金辐照	科德数控	复旦微电	卡倍亿	南极光
折价率	19.43	12.74	11.12	10.61	9.24	9.21	8.53	7.97	7.43	7.31

数据来源：Wind金融数据库。

从表4-4和表4-5中可以看出，在3549家上市公司的IPO中，折价率的均值为0.66倍，折价率大于零的公司占比达到90.39%，说明我国A股市场中上市公司的IPO折价普遍存在，且折价率前10的公司IPO折价率最高的读客文化，首发价格1.55元，上市首日收盘价31.66元，IPO折价率达到19.43倍。

那么我国A股市场普遍存在的高折价率是怎么形成的呢？众多学者对此现象做了大量的实证研究。大体上来看分为以下几个因素：信息传递理论、PE声誉理论、行为金融学的理论。信息传递理论认为新股折价是发行企业向市场传递企业内在价值的信号，由于信息不对称现象的存在，业绩好的企业为了向市场投资者传递公司极具美好前景的信号，会选择发行折价，让投资者们取得超额报酬后，才便于在融资时利用高价发售来弥补发行时的损失，而业绩差的企业很少这么选择。而PE声誉理论认为，风险投资支持的公司IPO折价率明显高于无风险投资支持的公司（Lee and Wahal，2004；陈工孟，2011；易郅凯，2017），因为为了确保投资基金的到期清算与后续融资，PE机构会倾向于帮助公司提早上市来获得资本市场的认可，巩固机构声誉，而过早地上市普遍以高折价率为代价。①②③ 学者王会娟等（2020）以2006—2012年7年间在国内A股首次公开发行上市的564家有PE背景的公司为研究样本，研究了PE声誉对企业IPO折价的影响。研究证实了PE的声誉与其支持的公司IPO折价程度正相关，主要原因是风险投资家为了获得资本市场的认可和募集到更多资金，并为自己建立良好的声誉，而以IPO折价为代价将企业较早地公开上市。④

随着行为金融学理论的逐步发展，很多学者倾向于利用投资者的心理偏差来解释IPO折价现象。例如庄学敏（2009）选取了股权分置改革后的中小板股票为样本，实证分析了影响上市公司IPO抑价的因素及其对上市公司IPO抑价的影响程度，发现中签率、换手率、发行市盈率等变量都可以在某些程度上解释我国

---

① Lee, P. M., & Wahal, S. . Grandstanding, Certification and the Underpricing of Venture Capital Backed IPOs ［J］. Journal of Financial Economics, 2004, 73 (02): 375-407.

② 陈工孟，俞欣，寇祥河．风险投资参与对中资企业首次公开发行折价的影响——不同证券市场的比较［J］．经济研究，2011，46（05）：74-85.

③ 易郅凯．私募股权投资声誉对上市公司IPO抑价的影响研究［J］．金融与经济，2017（01）：69-75，10.

④ 王会娟，陈靓，胡俊珂，汪剑锋．PE声誉与IPO折价［J］．金融论坛，2020，25（08）：62-71.

中小板上市公司 IPO 抑价的现象。① 张雅慧（2011）等通过测量从招股公告日到上市前一天的总媒体报道数量发现，媒体报道与上市公司 IPO 抑价率之间正相关。② 潘俊和赵一春（2011）研究发现，以网上中签率和上市首日换手率衡量的投资者参与度与上市公司 IPO 抑价之间正相关。③ 而游家兴、郑建鑫（2013）基于新闻传播学理论，将框架依赖偏差纳入分析范围，研究了媒体在上市公司 IPO 异象形成过程中所扮演的角色，发现若新闻报道中所传播的媒体情绪越乐观，那么上市公司 IPO 抑价程度越高。他们进一步研究发现，若上市公司的信息不对称程度越高，那么投资者对新闻报道产生的框架依赖越严重，进而放大媒体情绪对上市公司 IPO 异象的影响程度。④

也有学者研究了不同的市场制度下投资者的非理性表现。王啸（2013）研究发现我国审核制度背景下 IPO 的折价程度较高，原因是审核制下上市通道狭窄，企业需排队上市造成股票供求失衡，而且由证监会对公司价值进行实质性判断、保底的行为，使投资者认为新股一定有利可图，加剧了投资者的从众行为和市场的羊群效应，导致二级市场中"炒新股"现象盛行，助长了投机泡沫。⑤ 学者陈见丽（2015）认为注册制的实施将发行定价方式由核准制下的直接定价改为市场化定价，提高了询价对象的门槛，将询价对象变为七类专业机构投资者，同时取消了 23 倍市盈率的"隐形天花板"，使发行价格更能反映公司内在价值，从而提高了一级市场的定价效率。但是我国资本市场素有"炒新股"的传统，认为中签新股稳赚不赔，特别是在刚推出注册制改革的背景下，首发上市公司数量还是有限的，若二级市场投资者将注册制也作为一个概念进行炒作，将直接影响注册制下资本市场的定价效率，甚至很有可能将注册制的作用掩盖，最终表现为提高了

① 庄学敏．我国中小板 IPO 抑价原因研究［J］．经济与管理研究，2009（11）：64-69.

② 张雅慧，万迪昉，付雷鸣．股票收益的媒体效应：风险补偿还是过度关注弱势［J］．金融研究，2011（08）：143-156.

③ 潘俊，赵一春．投资者参与、企业内在价值与 IPO 抑价——基于中国 A 股市场的经验证据［J］．山西财经大学学报，2011，33（12）：79-87.

④ 游家兴，郑建鑫．媒体情绪、框架依赖偏差与 IPO 异象——基于议程设置理论的研究视角［J］．投资研究，2013，32（12）：68-84.

⑤ 王啸．试析注册制改革：基于问题导向的思辨与探索［J］．证券市场导报，2013（12）：4-13.

IPO 抑价。①

更多的学者从行为金融学的投资者情绪角度来探讨了 IPO 折价现象。学者孙凤娥（2016）认为投资者情绪高涨会促进 IPO 抑价。而投资者的高涨情绪来源于投资者的过度自信倾向及后视镜偏见，这两者会导致其对新股的过度乐观估计，高估新股价值，并进一步导致 IPO 抑价。过度自信一方面会导致投资者高估自身的投资水平，认为自己对公开信息有更好的理解，对股票价格走势的判断能力要高于平均水平；另一方面会让投资者高估自有信息的重要性和准确度，缺乏对信息的进一步甄别和理性思考。这些均会导致过度自信投资者对 IPO 股票产生盲目乐观情绪，对 IPO 股票的估值远高于其实际水平，这些对 IPO 股票未来走势最为看好的投资者将成为 IPO 股票的主要买者，尤其是对于发行规模较小的上市公司而言更是如此。因此，IPO 股票的价格主要由过度自信投资者决定，由此引起 IPO 公司上市首日股价的大幅上升。投资者对新股的过高估值还源于其后视镜偏见。当面对复杂问题时，受时间和精力所限，人们并不会严格地搜集所有相关信息并进行理性的分析和判断，而是会寻求更简便的解决方案，如依靠过去的信息或经验来进行决策。在 IPO 市场上历来有“新股不败”的说法，投资者在对当前 IPO 股票进行估值时，也会参考以往 IPO 股票的历史收益信息，IPO 市场历来的火爆局面、超高的 IPO 抑价水平、丰厚的“炒新”回报无不深刻影响着投资者对当前 IPO 股票价值的判断，并由此产生盲目乐观情绪。② 张小成等（2022）进一步细化了投资者情绪对于 IPO 折价的影响。他们从机构投资者和散户投资者情绪的异化角度，探讨了投资者情绪对于 IPO 折价的影响。研究结论表明投资者情绪异化与 IPO 抑价正相关，正向异化提高 IPO 抑价，而负向异化降低 IPO 抑价。③

综合上述的分析，可以看出投资者非理性的心理偏差及投资者的情绪对于上

① 陈见丽．核准制与注册制：助长 IPO 泡沫还是抑制 IPO 泡沫？——以创业板为例［J］．中南财经政法大学学报，2015（04）：88-94.

② 孙凤娥．媒体寻租、投资者情绪与 IPO 抑价［J］．南京审计大学学报，2019，16（04）：72-80.

③ 张小成，谭琳琳．异质预期还是情绪异化？——IPO 高抑价解释的新见解［J］．系统管理学报，2022，31（05）：976-987.

市公司的IPO折价产生了重要的影响。一方面完善市场信息披露制度，通过提高市场中信息的透明度，降低投资者由于信息不对称造成的更高的非理性；另一方面监管部门要加强对投资者情绪的合理引导及培养个人投资者长期的价值投资理念，避免新闻媒体等通过对信息的错误报道和过度传播，导致投资者高涨的情绪在市场中快速传染，从而影响市场资产的定价效率。

二、金融市场的异象——个股篇

（一）5G概念投资热潮

1. 案例

在2019年2月的世界移动通信大会上，华为以“构建万物互联的智能世界”这一主题华丽亮相，并向全球运营商展示了其卓越的极简5G技术和解决方案。全球运营商在亲自体验了“5G带来的美好生活”后，纷纷宣布5G商用，并基于华为在5G技术领域的领先优势，与其签署了众多5G合作协议。这些具有里程碑意义的事件的发生，象征着5G时代的到来，同时也揭示了新一轮信息产业革命的序幕。这场革命将在资本市场中掀起投资热潮，作为新一轮的信息产业革命，各国政府和企业都在积极探索5G技术的深入应用和布局。

从2019年2月底开始，政府相关政策的密集出台推动了5G网络基础设施的积极建设和5G牌照的顺利发放。此外，工信部发布的2019年全国无线电管理工作要点也进一步强调，为加速5G商用发展步伐，必须保障频谱资源的使用，并发布了详细的5G中低频段基站与卫星地球站等台站干扰协调指南，以及5G中低频段基站设备射频技术要求。这些措施都是为了进一步推动5G商用进程，并为投资者提供了更多的机遇。

除了实体经济的蓬勃发展，资本市场也高度关注5G概念股。据Wind最新统计数据，从2018年1月2日到2019年2月20日，5G行业的资金净流入金额惊人地达到了945.91亿元。而截至2019年2月20日，这一金额已经达到了192.89亿元。与此同时，A股市场也涌现出一批5G概念股。这些股票在2018年股东平均户数和平均持股比例整体呈增长态势，与A股市场中股东平均户数增加、平均持股比例下降的情况形成了鲜明的对比。随着 2019 年正式进入 5G 商用元年，资本市场上也将进入 5G 投资新纪元。从上游光纤光缆、天线射频、设备供应商到下游的终端设备、应用场景等都蕴含着丰富的投资机会。不论是题材股还是主题基金，都迎来了前所未有的繁荣发展机遇。盘面显示，5G 概念股近期持续大涨，已经成为 2019 年市场上的一大热点板块。特别值得一提的是，在 5G 概念的引领之下，天线射频、光器件、通信应用等概念个股的营利能力和质量均大幅超越 2017 年的水平。在出色的业绩表现和政策红利的双重驱动下，5G 概念股已经成为 A 股市场备受瞩目的投资焦点之一。据东方财富网数据中心直观展示，2019 年开年的 10 个交易日中，5G 板块中共有 106 只概念股，剔除处于停牌状态的信威集团之后，剩下 105 只个股中，有 89 只股价均实现了不同程度上涨，占比高达 84. 76%。其中更有 78 只个股表现跑赢了大盘指数，足以看出这一板块的强劲势头。二月来临，5G 概念股东方通信出现了惊人的 10 天 9 板的行情。尽管该公司多次发布风险提示公告称并无 5G 相关收入，但市场的炒作热情并未因此减退。根据 Wind 数据显示，即使在 2018 年上证综指下跌 13. 69%的情况下，电子行业指数也累计下跌了 42. 37%，成为所有行业指数中跌幅最深的一个，但与此同时，5G 指数却逆势上涨了 12. 11%。从细分时间看，自 2018 年以来几个统计阶段中，其涨幅和换手率几乎全部超越大盘，这足以看出这个行业的强大吸引力。①

2. 分析

5G 概念的投资热潮导致的 5G 概念股票的价格是否存在非理性的泡沫？2019 年 5 月，A 股市场千股跌停，而 5G 概念股是下跌的重灾区，截至 5 月 6 日收盘，整个 5G 板块跌停达到 117 家，整个 165 只概念股中，仅亚光科技一家实现了上涨。5G 概念股在前期疯狂上涨后泡沫破灭。

是什么导致在短时间内 5G 概念股的价格暴涨，甚至许多与 5G 业务不相关的伪 5G 的公司也股票也出现了暴涨，而在 2019 年 5 月 5G 板块的价格又集体下跌呢？

① 案例改编自：方珺 . 5G 概念投资引热潮 [J]. 理财，2019 (04)：18-20。

首先，金融市场中的个人投资者的有限关注交易推动了5G股票价格的上涨。投资者因先天性或后天性的原因无法处理所有的信息，在人们的认知过程中不可避免地出现“有限注意”。投资者倾向于关注更为“显眼”的信息，从而影响投资者对信息的反应与交易行为并进而影响股票资产的价格。基于这个原理不难发现，5G概念以移动通信技术领军者的角色在全球范围出现在公众视野，势必会得到个人投资者较高的关注。全球运营商纷纷部署5G计划，政策扶持力度的加大，行业资本流入的增加，传递给个人投资者的宏观经济面信息预期着未来更多的会计盈余，因此，2018年5G概念股股东平均户数和平均持股比例都呈现整体增长态势，更多的投资者将有限的精力投入具有“显著性”的5G概念股交易当中，推动其价格的上涨。

其次，市场中的噪声交易者推动了股票价格进一步非理性地上涨。市场上存在噪声交易者以捕获噪声作为决策依据，频繁交易提高了金融市场的流动性，在一定程度上导致噪声信息掩盖了真实信息，使真实信息隐藏与积累在价格中，造成5G概念股的资产价格和真实价值的偏离。另一方面知情交易者因为噪声交易者的行为无法对资产价格作出正确判断，限制套利要求更高的风险补偿。在噪声交易者乐观预期与知情交易者更高的风险溢价下，5G概念股的价格持续上涨。

再次，投资者的乐观情绪在群体中传染，造成5G概念股的正反馈交易，导致价格对价值系统性的偏离。投资者的情绪随同市场中的信息瀑布一起传染。在信息不对称的条件下，一群理性主体在决策过程中倾向于利用前面决策者所公布的决策信息而放弃使用自己所获得的私人信息，以至于后面所有人的决策都产生趋同的现象，这种现象被称为“信息瀑布”。当前期投资者获得了“好”的投资信号，获得乐观情绪，下期投资者作出投资决策的依据源于上一期投资者正面的公共信息，继承乐观情绪，选择继续投资，受价格趋势的影响并进一步推动价格朝同一方向变化，形成正反馈市场交易，在5G概念股价格上涨时，投资者认为价格上涨是因为该项资产符合大多数投资者的价格预期，市场最终会给予其较高的定价，因此纷纷买入5G概念股，这使得5G概念股的需求进一步增加，价格进一步上涨，上涨的价格又会进一步强化，投资者的心理预期如此循环，形成了一种自我增强的正反馈机制，这也解释了2018年上证综指下跌13.69%，电子行业指数累计下跌42.37%，在所有行业指数中跌幅最深，5G指数却逆势上涨

12.11%，从细分时间看，2018 年以来几个统计阶段的涨幅和换手率几乎全部超越大盘。

最后，社会情绪的推动。投资者的互动和交易行为是引起资产价格变化的直接因素，而他们所处的社会环境以及彼此之间在市场外的互动也会对金融泡沫形成产生影响。中美贸易战的背景下人们更加关注华为的 5G，投资者的口头信息传递使得 5G 概念成为投资者议论的热点，价格上升的挣钱示范效应具有强大的诱惑力，促使散户投资者效仿跟进，形成正反馈机制。媒体作为一种特殊的中介，它不仅能够传递信息，而且能够通过对所传递信息的正面情绪影响投资者行为。美国对华为的封杀让华为成为各大媒体持续的报道热点，总裁任正非接受各大媒体的采访更是传递了华为未来的乐观信号。投资者基于媒体强化过的信息，5G 概念股保持乐观预期，导致 5G 概念股价格继续走高。中美贸易战的持续升温，美国政府通过政治手段封杀华为等客观环境变动，激起了国内投资者的爱国主义情怀，A 股中 90%左右都是散户，这些散户的投资决策受到爱国主义情绪的影响，在缺少市场有效信息收集整理的情况下，对 5G 概念股的价格判断偏离其基础价值，进而产生买卖行为的偏差，进一步促使 5G 概念股的价格上涨。

个人投资者、群体及社会的集体推动导致众多的投资者参与到 5G 概念股的投资当中，越来越多的投资者在 5G 概念股中抱团取暖，短期大幅度的涨幅，以及在市场下行区的逆势而上，也导致了 5G 概念股出现了价格泡沫。而资金量大的机构投资者和游资在高位出逃后，5G 概念股的价格下挫破灭，在高位调整后，5G 概念股将回归到合理水平。

（二）中国市场第一股——贵州茅台

1. 案例

茅台是华茅、王茅、赖茅三厂合一。贵州茅台前身，“贵州省专卖事业公司仁怀县茅台酒厂”是 1951 年收购成义烧房（华茅）成立的，1952—1953 年，荣和烧房（王茅）、恒兴酒厂（赖茅）分别划拨给茅台酒厂，于 1953 年划为省直企业，厂名变更为“贵州省人民政府工业厅茅台酒厂”。华茅、王茅分别创立于

1860年、1879年，恒兴酒厂始于1929年的“衡昌酒房”，生产“衡昌茅台”，1941年，贵阳赖永初接管并更名为“恒兴酒厂”，“衡昌茅台”也更名为“赖茅”。① 1996年改制成立中国贵州茅台酒厂（集团）有限责任公司。1999年11月20日，经贵州省人民政府批准，由中国贵州茅台酒厂（集团）有限责任公司作为主发起人，联合中国贵州茅台酒厂（集团）技术开发公司（现已更名为贵州茅台酒厂技术开发公司）、贵州省轻纺集体工业联社、深圳清华大学研究院、中国食品发酵工业研究所、北京市糖业烟酒公司、江苏省糖烟酒总公司、上海捷强烟草糖酒（集团）有限公司发起设立“贵州茅台股份有限公司”，2001年8月27日在上海证券交易所挂牌交易。

茅台集团围绕“酒的制造、销售及相关配套产品制造和服务，综合金融服务（产业金融方向），酒旅融合产业”三大主业谋发展，以贵州茅台酒股份有限公司为核心子公司，拥有全资、控股和参股公司36家，涉足产业包括白酒、保健酒、葡萄酒、证券、保险、银行、文化旅游、教育、房地产、生态农业及白酒上下游产业等，全集团员工人数4.3万余人。2021年，茅台集团累计实现白酒产量17.1万吨，销售收入1326亿元，利润总额851亿元，上缴税金528亿元，企业总资产达3301亿元。

贵州茅台公司是中国少有的经营目标明确的大型国有企业，也是国内股票市场上股价最高的上市公司之一。与此同时，国内股票市场也认为贵州茅台（600519）是可以被长期看好的绩优股。

2001年8月27日，贵州茅台（股票代码：600519）在上海证券交易所敲钟上市，每股发行价31.39元，市盈率29.93倍，市值达78.48亿元。初试啼声的贵州茅台并未引起市场的广泛关注，然而，十几年过去后，其股价与市值经历了翻天覆地的变化。

从2001年到2006年，贵州茅台的股价犹如一颗冉冉升起的新星，始终在100元以内稳健波动。然而，进入2015年，其股价开始崭露锋芒，成功突破200元；2016年9月，股价更是冲破300元大关。随后几年，贵州茅台股价呈现加速上涨态势，屡创新高。2017年11月，股价突破了700元；到了2019年7月，更

① 李康．贵州茅台投资价值分析［J］．商业文化，2020（28）：38-39.

是顺利站上1000元大关；2021年1月，股价突破了2000元，市值达到了惊人的2.6万亿元。这一系列的数字不仅见证了贵州茅台业绩的稳步提升和品牌价值的迅速增长，也引起了越来越多的投资者的关注和热议。

回溯到2017年10月，贵州茅台股价在质疑声中一路攀升至570元，市值也突破了7000亿元。此时，人们开始对贵州茅台的价值是否被高估展开激烈的讨论。以否极泰基金创始人董宝珍为代表的投资者认为，基于贵州茅台良好的基本面和成长性，7000亿元的估值并不高；而高溪资产合伙人陈继豪等投资者则持有不同观点，他们认为当前的估值是投资者情绪的产物。两位投资者站在各自的立场，展开了一场精彩绝伦的辩论。

一个月后，贵州茅台的股价犹如乘风破浪般历史性地冲上了700元/股，市值也达到了惊人的9000亿元。一些投资者对这一价格表示疑虑，认为股价含金量不足，价值被高估。对此，新华网发表文章《理性看待茅台的股价》，将贵州茅台的股价与"水黄金"相提并论。然而，国金证券分析师却持不同看法，他们认为贵州茅台股价仍有上升空间，并将目标价上调至830元。尽管贵州茅台市值后来达到1.3万亿元，但理财序上的投资小组仍然坚定地认为其估值是合理的。

2021年2月18日，这一天，中国沪深股市注定要载入史册。贵州茅台再次成为市场的焦点，股价摸高至惊人的2627.88元，市盈率高达80倍，市值也跃升至3.3万亿元，位列A股市场值第一。这一成就无疑凸显了贵州茅台在中国股市中的显要地位和深远影响力。然而，伴随着这一辉煌的成就，围绕贵州茅台市值的讨论和争议也越发激烈。财经达人郭施亮在社交平台上发表惊人之言："近3万亿元的贵州茅台，市盈率超过60倍，是市场疯了还是我们太理性了？"①

2. 分析

贵州茅台的价值是否高估？价格存在泡沫吗？众多的学者对此问题进行了深入的探讨。

---

① 案例改编自：茅台官方网站；朱子豪．茅台酒酒价和贵州茅台公司股价飙涨的多角度分析［J］．质量与市场，2021（12）：141-143；邓绥．贵州茅台有泡沫吗？［J］．营销界，2021（05）：1-3；魏绪石．基于sup ADF与GSADF模型的股票价格泡沫研究——以贵州茅台为例［J］．财富生活，2019（14）：69-70.

学者魏绪石（2019）选择了贵州茅台从2012年12月至2019年3月的周收盘价格数据，采用SADF和GSADF检验法实证了贵州茅台股票价格泡沫的存在性。研究结论表明贵州茅台股票价格在2012年12月30日至2019年3月17日经历了两次较为显著的泡沫时期。两次分别发生于2015年4月12日至2015年4月26日、2017年4月23日至2018年4月15日。两次泡沫期结束不久，其股价出现了一定程度的泡沫反弹。其认为在第一个泡沫时期，贵州茅台股票价格的泡沫和我国A股市场的泡沫是同步产生的。2015年年初，我国经济背景是国家出口和投资对经济增长的刺激明显减弱，央行实行了货币宽松的政策，想通过实体经济提供资金流动性来帮助企业转型升级，然后货币政策传导机制不够完善，房地产遇冷，大量资金进入股市，股市回暖，价格普遍上涨。在中国个人投资者占有90%以上的股票市场中，由于个人投资者容易产生的非理性交易，使得中国股市投机交易的氛围浓重，这个阶段很多投资者在让金融加杠杆的情况下进入股市，所以中国A股市场在2015年上半年也被称为“杠杆牛”。贵州茅台作为中国第一白酒品牌，在市场一片大好的形势下，受到了价值投资和以炒概念投机交易者热捧。然而随着金融资产价格的泡沫越来越大，风险越来越高，金融监管机构多次采取监管手段，投资者也意识到风险越来越大，资金开始大量出逃，人们开始大规模抛售股票，股票市场的价格大幅度下降，贵州茅台也在市场情绪恐慌的情况下应声大跌，股票价格破灭。在第二个泡沫时期，贵州茅台的股票价格泡沫并不同步，独立产生，逆势上涨。2017年以来，我国的货币政策由原来的宽松转向中性，金融去杠杆，防止发生系统性金融风险成为首要任务，市场流动性趋紧。2017年下半年以来，美联储缩表加息加速了资金外流速度，全球经济进入放缓周期。在市场资金不够充足的情况下，投资者会更加理性，风险爱好也会降低。在这种情况下，贵州茅台逆势增长，甚至出现了长达一年之久的理性泡沫期，不排除投机炒作的可能性，但是更能说明市场上投资者认可的优质股票减少，茅台作为我国高端白酒行业的领头羊，更具有市场认可度。马中东等（2018）认为质量和品牌是企业核心竞争力。在我国经济转型升级的大背景下，人们的消费理念、消费习惯已经转变，消费水平也得到了高质量发展，茅台价值回归战略也是股价不断上涨的推动力。此次泡沫期结束后，贵州茅台股价虽然有一定程度的反弹，但是也没有大幅度跳水，后期经过泡沫吸收期后价格反而大幅度走高而没有再次出现泡沫。①

学者邓绥（2021）选取了2016年至2020年贵州茅台的财务能力状况和品牌价值等数据，利用绝对估值法中的FCFF法和FCFE法，通过对上市公司历史及当前基本面的分析，对未来反映公司经营状况的财务数据预测，估计了茅台公司股票的内在价值。研究结果发现估值结果与真实的企业市值相差很大，说明茅台股价在2016年至2020年间被虚增，存在着很严重的泡沫。②

贵州茅台在2021年的泡沫有目共睹，2021年年初，贵州茅台资本市场高歌猛进，股价在2月最高触及2627.88元/股，再次成为我国第一高价股，市值达3.3万亿元，成为A股市值第一。

根据众多学者对于贵州茅台市场数据的研究，发现茅台股价的泡沫真实存在。贵州茅台成为A股市场第一股，跟它的双重属性有很大的关系。首先是实体经济下的消费和投资属性。贵州茅台由于历史悠久，长期良性的经营让茅台酒具备了稳定优良的品质，从而也催生了它昂贵的价值，市场上的供不应求的关系造成消费者对于茅台物以稀为贵的印象，也顺势成为中国富裕阶层身份的象征。除了饮用，由于酒价的不断上涨，让人们觉得茅台酒本身具有收藏保值的作用，所以茅台酒也逐渐成为富裕阶层的“水黄金”资金池。其次，人们对茅台酒的投资狂热来自它在虚拟经济的金融市场的交易属性。在实体经济中，人们对于茅台的预期已经不止于它的酒品消费，已经脱离了它本身的消费价值，具备了身份象征、奢侈品等收藏投资的价值，当人们把这种预期带入货币化的金融市场中时，对茅台股份更多了一份资本价值的预期。而在金融市场中，市场的制度环境、投资者的非理性程度，都错综复杂地影响着股票的价格。所以在市场处于牛市期间时，茅台股份的价格由于它的消费价值预期及市场中非理性的投机交易在短期内被极度拉升，迅速催生极大的泡沫。

在2021年2月，茅台的股价冲高后逐步回落，在接下来的两年时间里，股票的价格处在横盘震荡期，逐渐回归理性。茅台公司也对于茅台在实体经济的价

① 马中东，王肖利，梁树广．基于质量文化和品牌的质量管理成熟度模型构建与实证分析——以聊城市企业为例［J］．聊城大学学报（社会科学版），2018（03）：114-120.

② 邓绥．贵州茅台有泡沫吗？［J］．营销界，2021（05）：1-3.

格出台了一些稳定的政策。加大直销渠道投放、取消开箱政策，打击了投机分子的预期，减少了流通市场的价格泡沫。这些措施有效地降低了茅台的终端价格，挤去了水分，抑制了消费市场的投机泡沫，稳定了茅台的市场价格。茅台消费市场的价格稳定有效抑制了金融市场的价格的泡沫，而诸多投资者也由于看到了茅台为了稳步健康发展所做的措施，看好贵州茅台的未来，在股票市场价格泡沫破灭后对茅台股份产生了理性的正向预期。

（三）元宇宙——中青宝的疯狂

1. 案例

毋庸置疑，元宇宙是2021年资本市场最火的概念。

什么是元宇宙？清华大学新媒体研究中心沈阳团队在《2020—2021年“元宇宙”发展研究报告》中指出，“元宇宙”是整合多种新技术而产生的新型虚实相融的互联网应用和社会形态，它基于扩展现实技术提供沉浸式体验，基于数字孪生技术生成现实世界的镜像，基于区块链技术搭建经济体系，将虚拟世界与现实世界在经济系统、社交系统、身份系统上密切融合，并且允许每个用户进行内容生产和世界编辑。“元宇宙”并非一种技术，也不等同于游戏，而是一种融合了多种技术的生态环境。它可能应用到的技术包括VR、AR、云计算、数字孪生、大数据、物联网、人工智能和智能硬件。

目前对元宇宙这一概念尚无完全统一的定义，通常来说元宇宙是数字和物理世界相互作用下形成的有机生态体系，在此基础上形成的数字生活空间对社会带来深远影响。通常认为元宇宙概念来源于美国著名科幻作家于1992年在科幻作品《雪崩》中提到的“Metaverse”。Metaverse由Meta和Verse两个词根组成，Meta表示“超越”“元”，verse表示“宇宙”——Universe。根据小说的描述，未来的人们在一个沉浸式数字世界中，以虚拟替身的形式相互交流，是现实世界的平行虚拟空间。

2021年是元宇宙的元年，自元宇宙概念股第一股Roblox于2021年3月11日在美国上市，上市首日市值突破400亿美元。随着AR/VR技术不断成熟，国外脸书、微软、英伟达等科技公司纷纷布局相关领域，国内腾讯、字节跳动、百度等公司也宣称将布局相关业务。具体而言，字节跳动收购 VR 创业公司 Pico，抢占元宇宙入口；百度发布首个国产元宇宙产品“希壤”。微软表示公司正在努力打造一个“企业元宇宙”。10 月份，脸书不仅大力开拓硬件和软件业务，还正式改名为 Meta 彻底拥抱元宇宙，使得全球范围内掀起了关注元宇宙发展的热潮。在应用层面，网络游戏成为元宇宙的主要应用场景应用。①

Roblox 上市后股价曾飙升至 134 美元/股，较发行价翻了近 3 倍。在市场热点轮动和国外市场相关概念大涨带动下，A 股中“元宇宙”概念获得资金热捧。“元宇宙”概念包括了虚拟现实、网络游戏、云计算、超高清视频、数字孪生等多个产业链，Wind 数据库内元宇宙主题包含 87 只概念股。2021 年 9 月“元宇宙”概念股全面火爆。

在本次股市热潮中，谁是最大的赢家？无疑是游戏公司中青宝（300052）。2021 年 8 月底，在字节跳动收购虚拟现实创业公司 Pico 之后，元宇宙概念迅速席卷 A 股市场。中青宝凭借其独特的地位，成为概念板块中最亮的明星，一周内股价几乎翻倍。中青宝被市场选中源于其在 9 月 6 日推出的一款“元宇宙”酿酒游戏。游戏中，玩家可以根据自己的思维方式选择如何经营酒厂，构造自己的世界。玩家自己“亲手”酿的酒，可以在线下提酒。也就是说，玩家“捏、配、玩”出来的不再是虚拟物品，也不是游戏中常见的金币、奖励等虚拟物品，而是最终可以得到浇注自己心血的、自己设计外形包装的、独一无二的实物白酒。在此游戏概念下，公司的股票一路飙升。此后，公司多次进行风险提示，并在 10 月 25 日收到监管问询函。然而，在公司延迟回复问询函后，其高管却发布了减持公告。

10 月底，社交媒体巨头 Facebook 宣布更名 Meta，聚焦于建立“元宇宙”，元宇宙概念再度活跃。中青宝的股价再次连续涨停并持续上涨，实现“5 天 3 板”，仅仅半月，股价再度翻倍。11 月 4 日，中青宝再收问询函，但依然挡不住后续股价一路上扬。11 月 11 日，中青宝再次大涨，最高攀至 42.63 元，截至收盘，报 39.58 元，市值超过百亿。回想 8 月底，中青宝的股价还没有摸到 10 元关口。

① 参见《工业元宇宙白皮书》。

此外，21 世纪经济报道记者发现，在 2018 年区块链概念大火的时候，中青宝也曾表示要将区块链技术与传统游戏结合，同样引来资本追捧。当前元宇宙仍处于雏形探索阶段，有一定概念性特征。但围绕 VR、AR 等硬件产品及娱乐内容的布局，被认为是通往元宇宙的可靠途径。市场公认为，游戏是元宇宙落地的最佳场景。

对于中青宝的元宇宙游戏是否靠谱，是否能实现虚实交融受到了很多市场人士的质疑。与此同时，公司回复监管问询时强调自己对元宇宙概念涉足较浅，对应产品尚在研发中，且存在不确定因素。当被问及该款游戏的研发进度时，公司表示暂无最新消息可以对外透露。此外，公司还表示要搭建元宇宙主要场景，用 VR 进行视觉呈现。但在被问询 VR 相关技术储备时，公司称对 VR 产品投入始终存在，并在多个项目中有所应用。然而，根据可查询的专利数据，中青宝并无 VR 相关技术积累。智慧芽数据显示，中青宝总专利申请 12 件，最早专利申请是 2009 年。近 3 年专利增长率为-83.33%，低于行业平均水平。而且该企业主要专注在立体图、生活用品、设计方法、汉字生成、三维游戏等技术领域，其中两项发明专利还处于质押状态。此外，虽然公司业务布局中专门辟出 VR/AR 一栏，但点开并无内容。尽管如此，其股价在两个多月内最高涨幅超过 4 倍。

综合以上的情况，可以看出《酿酒大师》更像是一款常规的经营养成类游戏，其虚实结合的体现仅限于“线上酿酒，线下品酒”，而不具备元宇宙的自由创造、真实触感和 VR 视觉等特点。与此相比，业内其他公司的表态更倾向于将元宇宙技术作为对真实世界的补充，以解决真实世界的问题。因此，中青宝的《酿酒大师》需要回答的问题是，如何通过技术提升酿酒游戏的真实体验，而不是将线下品酒作为对游戏的补充。如果不依靠元宇宙概念，中青宝在游戏板块中的存在感很弱。该公司于 2010 年登陆创业板，虽然顶着“网络游戏第一股”的称号，但在游戏板块中的表现一直低迷不振。21 世纪经济报道记者在 Wind 搜索研报显示，最新一篇有关中青宝的研报还停留在 2016 年，而这期间中青宝的扣非净利润一直处于亏损状态，直到 2018 年才有所好转。从主营业务来看，中青宝的游戏业务占比逐渐降低，而云服务业务占比逐渐提升。2021 年上半年，游戏业务的营收占比由上年的 89.7%降至 48.31%，而云服务业务的占比则由 10.11%升至 47.81%。云服务业务主要通过子公司开展一些数据中心的运维工作等。中青宝向云服务转型可能是由于主营游戏业务运营不佳所致。该公司当年上市时承诺的12个投资项目中有7个已经变更用途，其中包括3款游戏因未达到预计效益而下线。尽管主营业务表现不佳，但中青宝对热点的把握非常敏锐。

来看看在这场对于中青宝的交易中机构、游资、散户是如何表现的？在元宇宙概念异常火爆的当下，与以往妖股炒作不同的是，中青宝的背后不单单出现游资身影，机构也经不住诱惑频繁出入，呈现游资、散户、机构三方混战的局面。9月9日，知名游资“孙哥”席位中信证券上海溧阳路买入3500万元，排在买入榜第一。散户为主的东方财富拉萨团结路第二、东方财富拉萨东环路第二分别排在买入榜第三、第四位。9月10日，买入榜现机构专用席位，买入1936万元的同时卖出1610万元。散户席位东方财富拉萨团结路第二继续深度参与，买入1839万元又卖出1920万元。而前日买入第二位的华福证券厦门嘉禾路则开始卖出，以2477万元卖出额排在第一；前日买入第五位的安信证券深圳科发路以1797万元卖出额排在第三。9月13日之后，多位知名游资现身，“作手新一”国泰君安南京太平路、“赵老哥”中国银河绍兴、“孙哥”中信证券上海溧阳路、“成都帮”华泰证券成都蜀金路、顶级游资兴业证券陕西分公司等均频繁出现龙虎榜单中。一个突出的现象是，11月以来，机构在中青宝中频繁出入。1日，机构专用席位买入697万元，排在买入榜第一；4日，机构席位卖出3007万元；9日，机构席位买入3917万元，卖出3127万元。而散户仍然在积极参与，东方财富拉萨团结路第二、东方财富拉萨东环路第二、东方财富上海长宁区江苏路连日来频繁出现在龙虎榜单中。但是，外资似乎早早离开。9月8日，中青宝涨停，但龙虎榜数据显示，QFII席位申万宏源上海黄浦区新昌路席位卖出426万元。从中青宝的龙虎榜数据来看，游资席位资金出入速度很快，开始频繁倒手。而机构虽眼红参与其中，但基本边买边卖，获利出逃。

在股价快速拉升下，中青宝曾分别于10月25日、11月4日收到了深圳证券交易所关注函及11月19日的监管函。

2021年11月10日，中青宝回复监管问询称，股价大涨一方面是因为9月6日的股价处于历史低点，另一方面是因为公司提及《酿酒大师》游戏涉及“元宇宙”概念并且被媒体转发。而此后，“元宇宙”概念因Facebook更名为Meta被持续引爆，在资本市场持续受到资金追捧，公司股价也持续波动。中青宝表示，截至 2021 年 11 月 10 日，公司收盘价市盈率为 520.23 倍，远高于同行业上市公司市盈率平均水平。

中青宝称公众号所提及《酿酒大师》游戏涉及元宇宙概念并且被媒体转发以及元宇宙概念继续受到资金追捧等因素引起了公司股价异常波动，并提醒投资者，元宇宙的概念涉及诸多的现实概念和未来概念，不排除未来可能出现部分或大部分与国家监管政策或法律法规相违背的设定功能，因合规性下线的可能，且公司依然不排除相关产品与元宇宙存在较大差距的可能性。另一方面，中青宝再次向市场确认，公司正在研发元宇宙游戏。其在投资者动平台上表示，《酿酒大师》遵循元宇宙设定，合法合规为用户开放高自由度、高创造度的虚拟空间，将现实和虚拟深度绑定结合。产品一共分为 H5、2D、3D、VR 等多个版本，逐步搭建，逐渐实现虚拟与现实交互的体系。目前，《酿酒大师》游戏初步研发投入为 500 万~1500 万元，但不排除后期增加预算的可能。

而就在股价“虚高”之际，中青宝却提出股权激励计划。根据草案，公司计划授予股票期权的数量合计 1060 万份，约占公司总股本的 4.03%。其中，实际控制人、董事长李瑞杰以及公司董事、总经理李逸伦将分别获授予 263 万份股票期权，两人为父子关系，合计获授予的股票期权约占激励计划股本总额的 2%。

2021 年 11 月 23 日，深交所再次向中青宝出具关注函，要求其说明实际控制人父子获授予半数激励计划的必要性与合理性。中青宝董秘办人士未就此向记者做出回复，其表示公司会在规定期限内（11 月 30 日前）作出说明。11 月 26 日，中青宝公告回复深交所关注函，表示不存在变相向激励对象利益输送的情形。

2022 年 5 月，深交所注意到，中青宝在 2021 年年报中表示《酿酒大师》H5 版本已落地。因此深交所发的问询函中，要求公司用平实的语言详细说明《酿酒大师》的具体落地时间、运营模式、收费方式、收入确认原则、补充披露截至回函日《酿酒大师》的月平均活跃用户数量、付费用户数量、月平均 ARPU 值，推广营销费用及占公司营收比例，并分析说明《酿酒大师》的经营表现是否达到预期以及对公司未来业绩的影响。同时要求中青宝对该游戏的提酒功能做具体详细说明，详细论证《酿酒大师》提酒功能的可行性、可持续性等。但从实际运营状况来看，该作 H3 版本测试 3 个月总流水近 2444 元。甚至有行业人士表示，依据有关的具体会计政策确认的营业收入的金额为 0 元。二级市场上，进入 2022

年以来，中青宝股价飙升态势不再。截至 5 月 12 日收盘，中青宝报 18.41 元/股，总市值为 48 亿元，较最高价市值已跌去大半。①

2. 分析

2021 年，“元宇宙”这个融合了多种最新技术将虚拟世界和现实世界连接在一起的生态系统，让人们对于自己在经济、社交等环境中的虚实结合的未来生活充满了想象，也因此名声大噪。而金融市场中与之概念相关的股票也受到了投资者的热捧，“中青宝”的表现让它成为 2021 年资本市场上“最靓的仔”。

为什么中青宝在经历了一系列利空的消息后价格还如此坚挺逆势上涨呢？首先，中国的市场是非有效的。根据传统金融学的理论，如果市场是有效的，股票的价格会对市场的信息作出及时充分的反应，且股价对于基础价值不会长期偏离。当中青宝宣布自己的业务和“元宇宙”这个火热的概念相关时，利好的消息进入市场中，投资者对于这个消息作出反应，买入或者增持使得股票价格上涨是市场正常的表现，但是接下来的 3 个月里，中青宝强调《酿酒大师》游戏上线的不确定性及被查询缺乏游戏场景实现的 VR 专利，这些利空的消息并没有影响投资者对中青宝的投资热情，股价短暂回落后进一步大涨，股票的价格对于基础价值长期的偏离，说明市场是非有效的。

是什么导致市场的非有效性呢？那接下我们就从中国市场中投资者的结构来谈谈投资者如何造成了中青宝的价格暴涨，又如何导致了市场的非有效性。相较于投资者占大多数的西方成熟市场而言，我国的新兴市场个人投资者占 90%以上，由于金融知识和投机经验的缺乏，个人投资者的非理性程度更高。在市场中

① 案例改编自：《酿酒大师》进展如何、净利为何两年为负？中青宝再收问询函，其董事长上周辞职，27 岁儿子“子承父业”［EB/OL］.（2022-05-12）［2023-09-22］. https：//www.sohu.com/a/546391836_120809910；许心怡．中青宝元宇宙“游戏”：500 万投资引爆 100 亿市值？［N］.（2021-11-27）［2023-04-25］. https：//baijiahao.baidu.com/s？id=1717514846751396241&wfr=spider&for=pc；张赛男，徐蕊．中青宝“元宇宙”迷局：机构、游资、散户混战 公司并无 VR 相关专利［N］. 21 世纪经济报道，2021-11-12（007）；李婷．元宇宙“带飞”中青宝，市值涨超 300%！再收关注函被疑“利益输送”［EB/OL］.（2021-12-02）［2023-04-25］. https：//baijiahao.baidu.com/s？id=1718018645391276891&wfr=spider&for=pc。

青宝具有科技前沿“元宇宙”概念时，个人投资者受到投资者有限关注的影响给予中青宝极大的关注，缺乏经验的个人投资者大多数扮演的角色是市场中的噪声交易者，他们的特点是只根据自己观察到的私人信息进行交易，不管真实与否，且也不会更进一步关注公司发布利好信息实现所要具备的技术基础及实现的可能性。当他们看到了中青宝发布的公告时，对于财富的追求他们会不断地买入和增持，价格在短时间内的上涨增加了他们对于中青宝价格上涨的乐观预期。中青宝在短期价格的极限拉升吸引了更多资本的关注，曾经外号“涨停敢死队”的各路游资进入，他们的风格是资本量大、快进快出、频繁倒手，这种投资风格使得中青宝的股价在短期内极限拉升和下跌，常常在龙虎榜榜上有名。然而，被认为是市场上更理性的投资者——知情交易者或者更成熟的机构投资者，应该起到稳定市场的作用，但是在这种以个人投资者为主不甚成熟的市场中，即使预期到了利空消息对股价带来的不利影响，他们也往往不得不正视和接受股价“超常波动”的现实，一些机构投资者甚至乐于利用个人投资者的心理进行投机炒作，在这种情况下，原本属于稳定基石的机构投资者的专业投资也变得短期化和非理性，此时他们也成为噪声交易者，忽略负面的消息，频繁出入在中青宝的投机交易中，中青宝的股票价格一路上扬。

然而，和暴涨的公司股价相比，中青宝的财务数据显得惨淡很多。在中青宝因《酿酒大师》成为热门“元宇宙”概念股的第三季度和第四季度，中青宝的扣非前后归母净利润直线下滑。中青宝 2021 年半年报，公司开发的多款项目要么未达到盈利状态，要么已经终止。公司开发的 3D 游戏《盟军》、2. 5D 游戏《三国游侠》、2. 5D 游戏《新宋演义》、3D 游戏《寻梦园》未达到预计效益，目前这些游戏已下线。此外，公司凤凰高科技文化科普体验园项目、球类游戏虽取得阶段性成果，但尚未盈利。中青宝发布 2022 年第三季度业绩报告。财报显示，公司前三季度营收约 2. 25 亿元，同比减少 12. 39%；实现归母净利润约 705. 16 万元，同比减少 48. 02%。财报显示，现阶段公司营收、净利润等业绩数据都处于下滑状态。经过多次发送问询函后，2022 年 5 月，深交所注意到，中青宝 2021 年年报中表示《酿酒大师》H5 版本已落地。从实际运营状况来看，该作 H3 版本测试 3 个月总流水近 2444 元。甚至有行业人士表示，依据有关的具体会计政策确认的营业收入的金额为 0 元。二级市场上，进入 2022 年以来，中青宝股价飙升态势不再。截至 5 月 12 日收盘，中青宝报 18. 41 元/股，总市值为 48 亿元，较最高价市值已跌去大半。

中国金融市场的非有效性、投资者的非理性投机交易共同造就了中青宝在元宇宙这场概念中的价格泡沫，在投资者慢慢回归理性，市场制度不断完善，信息更加透明，有效性逐步提高的情况下，中青宝的价格也逐渐回归理性。

（四）“天山老妖”——天山生物

1. 案例

“天山生物”全称“新疆天山畜牧生物工程股份有限公司”，成立于 2003 年 6 月，公司位于新疆昌吉市高新区。公司于 2012 年 4 月 25 日在深圳证券交易所创业板挂牌上市，股票代码为 300313。天山生物公司是我国最大的牛品种改良产品及服务提供商之一，公司主要从事牛的品种改良业务，依托生物遗传技术，为我国畜牧行业提供优质冻精、胚胎等遗传物质及相关服务。公司是国家级牛冷冻精液生产单位和国家级良种牛基地，是新疆唯一一家国家级冻精生产企业，国内良种繁育行业的龙头企业之一。“天山生物”虽有“生物”二字，但它不是研发生物医药的，也不是研究生物基因的，是归属畜牧业，而这个行业的平均市盈率水平只有 20 倍左右。

2020 年，天山生物“妖气”升腾。天山生物 9 天暴涨 3 倍。业绩平平，也没有什么利好因素，股价却突然启动、连续涨停。天山生物这一波行情始于 8 月 19 日，在连续 8 个交易日内涨幅超过 230%，由于股价严重异常波动，于 9 月 1 日停牌一天。然而在 9 月 2 日复牌后的 2 个交易日，天山生物连续 2 日收获 20%涨停板，至 9 月 3 日收盘已经实现 9 连板，9 个交易日累计涨幅接近 300%，堪称创业板注册制落地以来最大“妖股”。本来就没有业绩支撑的“妖股”在经历 9 个涨停板之后，已显现出机构高位出货、散户接盘的迹象。监管已发出预警，深交所数据显示，天山生物在 8 月 24 日至 9 月 3 日涨幅严重异常期间共成交 41. 5 亿元，其中获自然人买入 40. 26 亿元，占比 97. 01%；机构投资者买入占比仅为 2. 99%。9 月 3 日晚天山生物被深交所“罕见”点名后，9 月 4 日公司股价从早盘跌逾 13%到收盘涨 3. 93%，上演逆转行情。据统计，自 8 月 19 日以来的 10 个交易日内，天山生物市值大增了 57 亿元。9 月 7 日（星期一）再次开市后，天山生物再次大涨，当日涨幅 19.98%。

此次天山生物股价炒作一事，共有 30 多家券商营业部现身龙虎榜，其中不乏近年来知名的游资大本营。其中华泰证券天津东丽开发区二纬路、东方财富证券拉萨团结路第二证券、国泰君安证券深圳深南大道京基一百等营业部为炒作主力。

在天山生物上演疯狂行情的同时，监管层及公司自身都明确表态股票炒作迹象明显、股价严重偏离基本面，并发布风险提示公告。9 月 3 日晚上，深交所明确表态称，8 月 19 日以来 9 个交易日，该股交易炒作迹象十分明显，短线资金接力炒作，大量投资者盲目跟风，机构投资者参与度低。一是买入以个人投资者为主，买入金额占比 97%；二是持股市值小于 300 万元的中小投资者为核心主力，买入金额占比近七成；三是机构投资者整体参与度低，买入金额占比仅 3%；四是从买入居前账户交易习惯来看，平均持股时间短，短线交易特征明显；五是涨停板买入封单较为分散，中小投资者为主要力量。上市公司也多次发布异动或风险提示公告，称公司股价与市盈率已偏离正常范围。在最新的一次公告中，天山生物表示，8 月 19 日至 9 月 3 日，公司股票收盘价累计涨幅为 297%，累计换手率为 192.79%，其间 4 次触及股票交易异常波动，1 次触及股票交易严重异常波动，近期公司股价累计涨幅较大、换手率高。此外，天山生物还明确表示，公司投资者以自然人为主，股票价格已严重偏离基本面。

然而，天山生物的基本面如何呢？天山生物属于农牧饲渔行业，主营业务为种牛、奶牛、种羊的养殖、销售与进出口等。从 2015 年开始，除了 2017 年实现约 700 万盈利外，天山生物每年多以亏损终结，2018 年度巨亏，2019 年度继续亏损，在 2020 年 8 月 27 日晚间该公司发布的 2020 年半年报显示，公司上半年实现营业收入 1.1 亿元，同比增长 77.75%；亏损 764.79 万元，上年同期净利为亏损 1861.31 万元，天山生物近些年业绩显然没有什么优势，这意味着公司的经营状况并未得到根本改善，其核心资产只是未出栏的 596 头牛。在公司股价暴涨期间，天山生物在 9 月 1 日晚间发布的《关于公司股票停牌核查结果暨复牌公告》中，披露了 9 项重大风险提示，包括公司的经营环境未发生重大变化、公司股价缺乏业绩支撑、公司被大象广告合同诈骗事项涉及刑事案件尚未结案、公司涉嫌信披违规正被监管调查、子公司肉牛育肥尚未出栏等。

而从历史的经验来看，“暴涨股”一般为游资接力追捧，股价疯狂上涨。长线来看，绝大多数“暴涨股”在疯涨过后，股价急速回落，不少个股迅速被打回原形，高位“接盘侠”损失惨重。在证监会的重点监管与风险提示下，投资者情绪热潮慢慢退去，随之而来的是股价的一阵暴跌。在特停复牌之后，仅仅 6 个交易日时间，“天山生物”股价从 34. 56 元，下跌到了 19. 41 元，跌幅接近 44%。在此之后的半年内“天山生物”持续呈现下滑姿态，2021 年 4 月 28 日，“天山生物”正式更名为“ST 天山”，预示着一场闹剧狂欢的正式落幕。如今，“ST 天山”股价已跌回暴涨前的水平了。①

2. 分析

天山生物的事件回顾：2020 年 8 月 19 日，天山生物在公司没有生物业务支撑，且面临多年亏损的基本面较差的情况下，开始以“生物”的概念被投资者关注，并开启了股价上涨的疯狂之旅。在连续 7 个涨停涨幅超过 230%的情况下被停牌核查。9 月 2 日停查复盘后复牌再次涨停，9 月 3 日在市场中超过 2700 只个股下跌的情况下尾盘逆势涨停。从 8 月 19 日到 9 月 3 日，股价由 5. 83 元/股涨至 23. 16 元/股，累计涨幅高达 297. 26%，换手率达 192. 79%。累计成交 41. 5 亿元。交易呈现的特点有三：一为买入以个人投资者为主，买入金额占比 97%，其中中小投资者买入金额占比 70%；二是买入账户平均持股时间短。三是国内多个知名游资多次现身龙虎榜，对其轮番炒作。从此事件的经过和特征来看，天山生物这个阶段的股价暴涨是个人投资者和游资一场轰轰烈烈的“击鼓传花”的投机交易。②

中国金融市场特殊的投资者机构——个人投资者占比 90%以上，为这次天山

① 案例改编自：刘畅．创业板为何频出妖股［J］. 理财周刊，2020，973（18）：12-15；9 天暴涨 3 倍创业板第一“妖”怎么炼成的？监管罕见预警［EB/OL］.（2020-09-04）［2023-04-25］. https：//baijiahao. baidu. com/s？ id = 1676858672601567592&wfr = spider&for = pc；10 天暴涨逾 3 倍 谁在炒作天山生物［EB/OL］. （2020-09-05） ［2023-09-22］. https：//baijiahao. baidu. com/s？ id = 1676925459865342842&wfr = spider&for = pc。

② 丁玲．平均一头牛价值 1000 万元，“天山老妖”天山生物股价缘何暴涨？［EB/OL］.（2020-09-06） ［2023-04-25］. https：//baijiahao. baidu. com/s？ id = 1677090447972836473&wfr = spider&for = pc.

生物的股价成“妖”提供了市场资金基础。大多数的个人投资者由于缺乏金融知识及投资经验，相比于机构投资者，在投资交易的过程中更容易受到心理偏差或者心理偏好的影响，产生非理性的交易行为。在天山生物开始被机构投资者、游资或者市场先知先觉的大散户关注到大举买入时，股票的价格在短时间内被急速地拉升并涨停。这些突出的表现被龙虎榜记录，在市场上吸引了大量的个人投资者的目光。而大多数的个人投资者由于自身较高的非理性，在市场交易中往往成为噪声交易者，即只根据自己的私人信息进行交易，开始跟风买入。当天山生物的股价由于受到了更多个人投资者的关注和资金的买入时，股票价格进一步上涨。投资者的有限关注导致投资者只能将精力放在显眼的信息上，天山生物股票价格在连日的暴涨中进一步地吸引了更多后知后觉的个人投资者的关注。此时市场中的个人投资者的情绪高涨，在情理中进一步蔓延，加剧了对天山生物股价炒作的羊群效应。在连续 7 个涨停被停牌后，天山生物受到了更高的媒体关注，变成了人尽皆知的网红股，关注度进一步提高，投资者的乐观情绪达到前所未有的疯狂，部分投资者会出现惜售情绪，部分投资者继续追涨，这一次的停牌并没有安抚投资者的情绪，反而成为助涨的因素，天山生物的股价在复牌后于 9 月 2 日及 3 日连续两日再次涨停。

然而根据天山生物近几年基本面的信息，公司在 2018 年、2019 年连续亏损及在股价暴涨期公司披露的 9 项重大风险可以看出，公司的股价已经严重地偏离了公司的基础价值，股票的价格投资泡沫严重。此时公司股票的价格就像是击鼓传花中那朵美丽的花，谁也不想在鼓声停击的那一刻停留在自己的手里。当游资快速抽离，股价在投资者的恐慌情绪的抛售下急速回落，击鼓传花的游戏终将停止，花儿最后落入了高位“接盘侠”的手中，导致他们损失惨重。天山生物的股价在复牌之后的 6 个交易日跌幅 44%，半年后持续下滑，于 2021 年 4 月 28 日更名为“ST 天山”，这场闹剧狂欢正式落幕。

（五）快手——从“资本的宠儿”到恒生市场互联网股票跌幅第一

1. 案例

头顶“短视频第一股”光环的快手，上市即巅峰，在那之后耐不住股价一泻千里，成为 2021 年港股互联网公司中跌得最惨的那个，快手经历了什么？

首先估值的泡沫导致了盛极一时的 IPO，快手出道即巅峰。上市前的深度营销为快手的上市极大地提升了消费者对于快手的行业预期。2018 年至 2020 年恰逢快手用户增长起飞阶段，2021 年春节快手不惜向春晚豪掷 21 亿元力推主 App 和极速版，营销费用以其所占营收比例皆创历史新高。财报显示，快手销售及营销开支由 2020 年同期 81 亿元人民币增加 43.9%至 2021Q1 季度 116.6 亿元人民币。这笔钱帮助快手在春节期间将 DAU 峰值拉升至近 5 亿元的新高，无限拉近其与抖音在 DAU 上的差距（抖音主站与极速版整体 DAU 超 6 亿元），一时间资本市场对快手未来的用户增长、业务增长浮想联翩。

2021 上半年市场南下资金的大幅流入，增加了恒生市场对于快手类网络新经济公司投资的资金流动性，也大幅提升了投资者投资热情。2021 年上半年美国推出了数万亿美元的救市计划，加之全球各国的量化宽松的政策，资本市场热钱一下子多了起来，全球二级市场均处于不断上扬的状态，大家的投资热情高涨。尤其短视频赛道被很多投资人看作未来娱乐的基础设施，在其基础上衍生出的电商、本地生活、视频内容都是大趋势，快手作为“短视频第一股”自然备受追捧。

估值的泡沫及申购的疯狂。天时地利人和，快手就此成为资本的宠儿。在快手的股份配额中，创始人宿华及 Reach Best 持股比例达 11.8%，创始人程一笑及 Ke Yong 持股比例达 9.36%；除上述控股股东外，绝大部分现有股东以及员工持股平台持有 28.61 亿限售股，占公司总股本 69.64%。此外，美国万亿资管巨头 Capital Group、阿布扎比投资局（ADIA）、新加坡主权基金 GIC、加拿大养老金计划投资委员会（CPPIB）、贝莱德、淡马锡、景顺控股、富达国际、黑石等 10 家基石投资者持有的 1.65 亿股。众多资本的加入，快手融资超过了 60 亿美元，快手 IPO 定价 115 港元/股。然而，快手真正发行的流通股比较少，市场高涨的投资热情加上稀缺的流通股份，加剧了二级市场对于 IPO 申购的狂热，仅 IPO 零售部分就蛰伏了 143 万申购者。有证券内部人士回忆当时的申购火爆景象，中签率特别低，即便是一手高达 11615.89 港元的入场费，散户投资者们依然积极，申购一经启动，额度几乎秒没。

快手 IPO 首日的疯狂。2021 年 2 月 5 日，快手登陆港股表现惊艳，股价最高触及 345 港元，换手率达到 3. 59%，成交量 1. 2 亿股，成交额 375. 47 亿港元，股价飙涨 190%，无论是成交量、成交额还是换手率，都成为快手历史最高点。进一步看，快手首次公开发行量为 3. 65 亿股，其中基石投资者认购数量 1. 65 亿股，占比 45%，锁定期为 6 个月，剩下 55%的股份将在二级市场流通。而 2 月 5 日当天成交量就已占到流通股份的 60%，即有超过一半的流通股份已经转手一次。2 月 16 日，上市后仅六个交易日，股价被拉升至 417. 8 港元的高位，总市值一度达到 1. 7 万亿港元最高点。

过高的估值及二级市场中投资者的狂热，将快手的股价推向了前所未有的高峰，也极大地催生了股价的泡沫。

然而，是泡沫总会有破灭的一天。

股价难承其重。5 月 24 日，快手发布 2021 第一季度报，市场从快手的增长数据中嗅到了一丝“反常”：营收端，快手 2021Q1 营收 170. 2 亿元，环比 2020Q4 的 180 亿元下降 5. 97%。用户增长端，2021Q1 快手 DAU2. 95 亿，而 QuestMobile 数据显示，2020 年春节期间快手 DAU 已经 2. 82 亿；另外，2021Q1 快手 MAU5. 2 亿，而 2020Q4 快手 MAU 已 4. 76 亿，环比增长仅 9%，甚至 2020Q4 平均 MAU 比 2020 全年平均 MAU（2020 年平均 MAU 为 4. 81 亿）还少 500 万。顶着“短视频第一股”的头衔，快手净亏损进一步拉大，2021Q1 非国际通用会计准则下，快手经调整后净亏损为 49. 2 亿元，较去年同期增加 13. 2%，却未能遏制住用户增速放缓的势头，甚至出现了环比下跌。而在 8 月 25 日发布的第二季度报的数据显现，快手的平均日活跃用户为 2. 932 亿，低于一季度的 2. 953 亿；平均月活跃用户 5. 06 亿，比一季度的 5. 198 亿下降超千万。收入方面实现 191. 4 亿元，同比增长 48. 8%，但经调整亏损净额 47. 7 亿元，同比扩大 146. 2%。整个 2021 年上半年，快手收入合计 361. 6 亿元，同比增长 42. 8%，经调整亏损净额 96. 9 亿元，同比扩大 54. 2%。同时，公司的直播业务收入也出现下滑，收入同比减少 13. 7%至本季度的 72 亿元。包括电商在内的其他服务收入虽然同比增长 212. 9%，但占总收入的比重仍较低，2021 年第二季度仅 20 亿元。抖音的日活早就突破 6 亿了，快手的日活用户始终在 3 亿关口徘徊，而且短视频各平台的内容也出现了严重同质化，尽管快手优先上市夺得了“短视频第一股”的光环，但从基本盘中的用户规模上看，其已被抖音拉开了距离。

根据快手上半年的第一第二季度报来看，高额营销费的投入并没有提振用户的信心，用户量在不断地减少，虽然营收额在不断地增加，但是利润的亏损却在不断地扩大。视频内容与其他短视频内容的同质化严重，没有创新的产品与服务，直播业务遭遇瓶颈。投资者对于快手的烧钱模式及对快手未来的发展难以看到尽头，快手的股票价格在 2021 年 3 月以后跌跌不休。特别在第一季度报公布后的 5 月 25 日，股价大跌 11.46%，创下从 2 月上市以来最大的单日跌幅。而在 8 月 26 日，在前一日晚间第二季度报出炉后，快手再次大跌 9.16%。截至 8 月 26 日，快手仅以每股 70.4 港元收盘，股价较发行价下跌了 38.78%，较最高点更是跌去了 493%。半年时间里，快手市值蒸发超过 1.4 万亿港元。

在快手经历暴跌的过程中，参与快手公开发行的基石投资者悉数被套牢，而一级市场买入的机构投资人，以及一众快手员工的心态也出现变化。“现在市场不好，‘苟住’。”一名曾认购快手股票的机构投资人说道。而曾对快手股价抱有诸多期待的员工们，也不得已“改变”了置业计划。“几年前有同事去了快手，股票发了两万，后来股票涨到了 400 港元/股还多，那时的他整天盘算着解禁后在融泽嘉园全款买一套房子。”一名互联网员工感慨道，然而现在，可能要“全款变首付”。

2021 年 8 月 6 日，也就是限售股解禁的第二天，面对跌跌不休的股价，快手日报在官方微信推送了一条消息，用歌单的方式回应近期股价震荡：《朋友》《冷静》《面对》《非理性》《震荡》《潮起潮落，是什么都不为》《明天会更好》，并以 987 个“长”字提及长期主义，试图以此提振投资人的信心。①

2. 分析

信心抵万金。快手股价暴跌的背后，其实是市场投资者的悲观情绪的传染。首先，快手自身存在着一定估值的泡沫，需要市场后期的挤水。其次，在 2021 年上半年，香港股市处于震荡期，大盘资金流出比较多；互联网公司受到政策面

---

① 案例改编自：杨坪，吕卓如．“快手”磨镰刀：市值蒸发 1.4 万亿港元底在何方？[N]. 21 世纪经济报道，2021-08-27（002）；黄青春．快手狂跌 1.28 万亿，老铁到底还值多少[J]. 企业观察家，2021（10）：60-63；钱玉娟．快手：“股”底之后 价值重估 [N]. 经济观察报，2021-09-06（018）。

影响及监管的压力；市场对数字新媒体产业中概股的业绩、价格等方面重新估量；投资者雾里看花，对上市公司保持观望或者悲观的态度等，极大地影响了市场的信心。在恒生指数中，腾讯控股、阿里巴巴（港股）、美团分别下跌16.12%、30.27%和23.01%，较年内最高点跌去了39.04%、39.79%和50.70%，而快手也不可幸免。再次，在市场对互联网股票等新兴经济公司重新估值的大背景下，快手在上市后期的经营中没有向市场展示增长的潜力，投资者对于其平台的价值产生了悲观的预期，这种情绪在市场中传染，加剧羊群效应，人们争相抛售股票，股价悬崖式下跌，很多投资者高位站岗，损失惨重。

然而，利好出尽是利空。快手在前期的暴涨到暴跌的过程中不断地挤水分，去泡沫，股价逐渐回归理性。9月2日，深交所公告，快手被纳入港股通，这标志着科技公司的实力被资本市场所认同，更多投资者可以参与快手的交易，会带动整体的市场活跃度和市值的提升，从而扭转资本市场的低迷走势。

（六）美国游戏驿站——机构与散户的博弈

1. 案例

游戏驿站是在美国得拉华州注册的一家公司，成立于1996年，公司总部位于美国得克萨斯州的格雷普韦恩。游戏驿站前身为1983年由两位哈佛商学院毕业生创立的软件零售店铺“巴贝奇”。创立之初，正值游戏圈灾难“雅达利大崩溃”，游戏市场门可罗雀，但巴贝奇除了销售雅达利主流游戏外，还拥有着不少pc端软件业务；再加上初创公司难免“谨慎行事”，因此并未出现大量囤积游戏积压的情况，这使得店铺在危与机并行的游戏市场中奇迹般地生存下来。1985年日本任天堂推出的畅销游戏机NES敲开了北美市场的大门，游戏行业随之焕发生机，巴贝奇亦乘行业东风快速起飞。20世纪90年代，随着行业繁荣，竞争对手接踵而至，为了增强竞争力，巴贝奇迎来了并购热潮。1994年，巴贝奇率先与Software Etc. 合并，并更名为Neostar Retail，但合并后两家公司仍以独立法人资格分别经营，由于合作管理模式的弊端——信息不对称，Neostar Retail不得不按照美国破产法进行破产重组。2002年，Gamestop作为Bame & Noble的子公司于纽交所成功上市，2004年Gamestop正式独立，从此进入了长达十余年的黄金时代。次年，Gamestop 收购强势竞争对手 EB Games，赋予了 Gamestop 渠道协同优势，帮助其开拓了加拿大、欧洲、澳大利亚等市场。随后，Gamestop 又相继收购美国电玩零售商 Rhino Video Games、荷兰娱乐消费品零售商 Free Record Shop、法国连锁视频游戏商店 Macromania，成为一家集游戏主机、视频游戏、游戏杂志、娱乐产品于一体的综合游戏连锁商店。游戏驿站在 14 个国家运营着大约 5500 家门店。其销售的主要产品包括游戏硬件和配件、软件以及收藏品。硬件包括全新和二手的实体游戏平台，例如索尼、微软和任天堂的新一代游戏机；配件主要包括手柄、游戏耳机、虚拟现实产品和存储卡；软件主要为全新或二手的与当前游戏机或上一代游戏机相匹配的视频游戏软件，以及各种游戏内的数字货币；收藏品主要是与视频游戏、电视和电影行业以及流行文化主题相关的玩具等。

但是自从 2016 年以来，游戏驿站连续遭受冲击。一方面，游戏数字化交付的趋势正逐渐侵蚀实体店铺；另一方面，作为电子游戏零售商，游戏驿站并非一家独大，亚马逊、沃尔玛、百思买等大型综合零售商也在积极丰富游戏产品矩阵，他们在平台体量、对上游的议价权、物流和支付体系方面都具有绝对优势。与此同时，游戏驿站也受到索尼、微软、任天堂这三大游戏生产厂商直销店铺的挤压。从这个角度来说，游戏驿站提供的产品同质化竞争严重，大量业务被瓜分，只能在夹缝中生存。

2020 年新冠疫情暴发，“游戏驿站”的经营困难更是雪上加霜。随着互联网的不断发展，GME 存在管理不到位，产品单一等情况，造成其业绩不断下降。由于受美国量化政策的影响，游戏驿站的股价远高于其真实价值。一些机构投资者提出做空 GME。著名做空机构香橼（Citron Research）高调提出 GME 股票的价值只有 20 美元，并和梅尔文资本（Melvin Capital）等对冲基金对游戏驿站进行了股票沽空。

然而由 Reddit 网站中一个群组华尔街赌注论坛发起了一场百万散户做多对决华尔街基金做空的无悔之战。红迪网是美国的一个互联网论坛，创立于 2005 年。论坛上每天有数百万人在线，用户的互动类似于社会化的社区，注册的用户可以发布文字或链接等内容，还可以对帖子进行投票，投票的结果排名会决定哪些帖子被放在论坛的首页或子页面。最初该论坛只有单一社区，目前已经发展成了由数千个子社区（Subreddits）组成的庞大网络，涵盖的内容既包括新闻、体育、政治、艺术、生活等常规话题，也包括网络文化、用户之间的交流和互相支持等。论坛的子社区是由用户创建和运行的，创建子社区的用户被称为版主。这些版主并不是红迪网的员工，而是对子社区很有热情的用户。版主被赋予了很大的权利，可以依据自己的喜好和风格来制定其子社区的规则，并可以运用各种工具来独立执行这些规则，他们会相对主观地根据上下文和具体内容来决定哪些内容违规。红迪网上有很多与金融和投资相关的子社区，有一些是相对保守的金融社区，例如个人理财、投资和财务独立，而华尔街投注则是一个关注高风险高回报投资的社区。由于游戏驿站的实体店是一般美国人儿童时期必去的地方，承载着他们的童年回忆，所以许多美国散户投资者对游戏驿站存在着怀旧情结。对冲基金沽空向公众发表贬损该公司价值的言论，基本上是向这群大众的集体回忆开战。于是在 2021 年 1 月 19 日左右，Reddit 网站的华尔街赌注论坛发起宣扬 YOLO（You Only Live Once）作为“圣战”口号，通过网络证券交易平台罗宾汉，鼓励散户投资者不问价地购进游戏驿站股票，并坚定持有，目的是试图以群体力量来操控股票流通量，而导致重仓沽空的对冲基金在没有足够股票的情况下遭受重创。在这种情况下，数百万网上散户只是买入持有，从而使游戏驿站股票价格由 2021 年 1 月初的 18 美元，到 1 月 13 日，游戏驿站股价上涨超过 57%，第二天又上涨 27%，至 39.91 美元。一些散户投资者对游戏驿站的公告十分关注。游戏驿站的股票价格继续大幅上涨，至 2021 年 1 月 27 日，游戏驿站的收盘价格为 347.51 美元，到 1 月 28 日曾上涨到 483 美元，涨幅达 27 倍。最后迫使做空机构“缴械投降”，出现了“散户”逼空“机构”胜利。美国各大媒体将这一历史性的时刻，定义为“散户起义”。而这一事件也成为全球各大财经媒体的头条信息。

根据红迪网首席执行官在听证会上的证词，游戏驿站股价波动事件引起了华尔街投注社区的广泛关注，导致该社区流量和用户数量在此期间均出现激增。因股价剧烈波动，监管机构要求券商提高结算保证金，导致罗宾汉及其他券商因流动性压力而限制了买入交易，但仍允许卖出，股价也因此大幅下跌。自 2021 年 2 月 1 日开始，游戏驿站的股价再次出现大幅下跌，2 月 1 日的股价收盘于 225 美元，2 月 2 日的股价收盘于 90 美元，此后继续下跌。2 月 4 日，罗宾汉在线股票交易平台取消所有交易限制。2 月 5 日，游戏驿站股价上涨 19. 20%，收盘价 63. 77 美元。此后，游戏驿站延续下跌趋势，至 2 月 19 日，股票价格收盘于 40. 59 美元。这说明缺少基本的价值作为支撑，资产价格的上涨只会是短暂的，最终会回归到实际状况。①

2. 分析

美国游戏驿站事件从表面来看，股价的暴涨确实是在对抗机构投资者时散户投资者抱团的一次胜利。散户投资者相比于成熟的机构投资者，由于缺乏金融知识和投资经验，更容易表现出投资交易的非理性偏差，在市场中也更容易被机构投资者利用，在资金量和投资技术上处于弱势地位，往往成为被“割韭菜”的对象。然而，这次事件中，散户却利用了他们集体的力量和集体的非理性做多“战胜”了华尔街对冲基金的做空。那么散户投资者是如何表现的呢？在游戏驿站一直发布连续亏损、销售下滑等一系列利空消息时，2021 年 1 月中旬游戏驿站新聘任了有电子商务背景的董事加入董事会，计划向线上业务转型，这一公告带来了一定程度的利好因素。而此时华尔街的对冲基金沽空了游戏驿站，在华尔街投注社区中对游戏驿站抱有怀旧情结的网民对这些做空的对冲基金产生了偏见进而产生了排斥的情绪，他们在网络社区中言辞激烈地攻击空头的对冲基金，并发起了拯救游戏驿站的“圣战”。“做多”的交易策略在“散户战胜机构”的宣言中不断地被社交媒体传播，散户投资者的情绪被煽动起来，此时他们会忽略机构投资者做空的合理性和客观性，一味地沉浸在怀旧情怀和拯救公司的“正义”中。这种被市场高度誉赞的“散户起义”行为也受到了各大媒体的关注，媒体进一步地大肆报道，吸引了更多投资者的关注，游戏驿站的名称和股票代码也在谷歌搜索上被频繁检索，这些过度的关注加剧了市场上“做多”的羊群效应。投资者对财

① 案例改编自：孔祥如．社交媒体对股市羊群效应的正反馈机制分析［D］．东北财经大学，2022；尚德峰．行为金融学视角下“散户”与“机构”博弈分析——以美国资本市场游戏驿站与白银期货现象为例［J］．财会通讯，2021（18）：157-160，165；郑丽雅，易宪容．美股“游戏驿站”事件：反思与镜鉴［J］．证券市场导报，2021（05）：56-62；李绍坤．互联网时代投资者行为对市场监管的启示——基于游戏驿站的案例分析［J］．会计之友，2021（18）：25-31。

富的贪婪导致他们不断地追涨，市场情绪也空前高涨，最后使得游戏驿站的股票从一月初的18美元涨到1月28日最高483美元，涨幅达到27倍。而香橼等做空机构被迫强制平仓空头，损失惨重，且对冲基金香橼研究公司也遭到了散户投资者强烈的攻击，最后宣布停止已经从事了20年的做空研究，表示未来将专注于研究散户投资者的“做多”机会。

然而，散户抱团这次真的胜利了吗？游戏驿站由于前期的亏损和业务急需数字化转型的压力，股票的价格在美国前期量化宽松的政策下确实存在着泡沫，机构做空有它的客观性和合理性，虽然由散户投资者的一厢情愿和对利好信息的过度解读在短期内极度拉升了股票的价格，但是游戏驿站由于缺乏必要的基本价值支撑，价格的上涨只可能是暂时的。在热度散去时，股价于2月19日跌至40.59美元，慢慢回归到理性的状况。那么在股价暴跌的过程中，最后是由谁来做了这个高位的接盘侠呢？在实际的“做多”交易过程中，一部分机构和先知先觉的散户进入市场，他们在前期的高位都已经顺利出货，而大部分的散户投资者受到了情绪的传染，追涨地进入了市场，而在高位急速下跌的过程中，这些散户投资者还没有及时地出来，在高位下跌时遭受了重大的损失。所以除了“做多”的机构投资者，少量的散户获得了收益，大部分的散户投资者都在这场交易中遭受了严重的损失。虽然在短期内，看似散户抱团战胜了机构投资者，但从长期来看，大部分的散户却又是这场事件中的失败者。

三、金融市场的异象——熔断篇

（一）中国金融市场的熔断

1. 案例

2016年1月4日，即A股当年首个交易日，两市开盘后即持续下跌，沪深300指数于13时13分下跌5%触发熔断，上交所、深交所、中金所暂停交易15分钟，当时创业板指暴跌超7%。在暂停交易15分钟后，两市恢复交易，沪深300指数继续下跌，跌幅达到7%，再次触发熔断机制最高阈值，当时两市有超过一千股跌停，A股随即暂停交易至收市。沪深300指数首次触发熔断用时2小时 15 分，而触发第二档阈值（7%）则仅仅用了 5 分钟左右，在这 5 分钟的交易时间里沪深股市跌势加剧伴随成交显著放出，显然是投资者赶在触发第二阈值前卖出所致。全天交易仅 2.5 小时。因触及熔断阈值后交易系统需要时间进行处理，沪深 300 指数熔断时跌幅为 6.98%，最终跌幅定格于 7.02%。沪指报 3296.26 点，较上年最后一个交易日大跌 6.86%。深证成指大跌逾千点，报 11626.04 点，跌幅高达 8.20%。创业板指数跌幅更高达 8.21%。在弱势反弹 2 天之后，1 月 7 日，开盘仅 12 分钟，沪深 300 指数就在 9：42 分下跌达到 5%触发熔断，之后暂停交易 15 分钟，9 时 57 分开盘交易，仅交易了两分钟，沪深 300 指数就在 9 时 59 分下跌达到 7%再次触发熔断，之后停牌直至收盘，当天 A 股仅交易了半小时就提前收市。从实际运行情况来看，A 股实行熔断机制并没有起到让市场“冷静”的效果。在 2016 年年初实施熔断制度的 4 个交易日中，中国股民损失了大约 5.6 万亿元。上交所、深交所、中国金融期货交易所于 1 月 7 日晚联合发布通知（上证发〔2016〕4 号），经证监会同意，自 1 月 8 日起暂停实行熔断机制。熔断制度成为中国股市历史上最短命的政策，仅存在 7 天。

什么是熔断机制？中国股票市场为什么要实行熔断机制呢？“熔断机制”（Circuit Breaker）有广义和狭义两种概念。广义是指为控制股票、期货或其他金融衍生产品的交易风险，为其单日价格波动幅度规定区间限制，一旦成交价触及区间上下限，交易则自动中断一段时间（“即熔断”），或就此“躺平”而不得超过上限或下限（“熔而不断”）。狭义则专指指数期货的“熔断”。之所以叫“熔断”，是因为这一机制的原理和电路保险丝类似，一旦电流异常，保险丝会自动熔断以免电器受损。而金融交易中的“熔断机制”，其作用同样是避免金融交易产品价格波动过度，给市场一定时间的冷静期，向投资者警示风险，并为有关方面采取相关的风险控制手段和措施赢得时间和机会。

2016 年 1 月的熔断前期，2015 年曾经出现千股跌停、千股停牌，当时的下跌，一方面是连续大涨堆积了较大的泡沫，另一方面是配资等杠杆资金入市，使得市场过度狂热。2014 年 7 月份，A 股场内融资余额只有 4000 亿元左右，到了 2015 年的 3 至 6 月期间，融资余额快速飙升，直接达到了 2.27 万亿元的峰值；而场外配资，则在 1 到 2 万亿元左右，这样融资加上场外配资，总额在 4 万亿左右。在去杠杆的背景下，流动性出现枯竭，带来了当年较大幅度的下跌。中国股市出现了这一次“股灾”，股市仅用了两个月从 5178 点一路下跌至 2850 点，下跌幅度近达 45%。为了抑制投资者可能产生的羊群效应，抑制追涨杀跌，降低股票市场的波动，使得投资者有充分的时间可以传播信息和反馈信息，同时使得信息的不对称性与价格的不确定性有所降低，从而防止价格的剧烈波动，中国证监会开始酝酿出台熔断机制。2015 年 9 月 6 日，中国证监会负责人以答新华社记者问的形式发表谈话，表示要把稳定市场、修复市场和建设市场有机结合起来。负责人称，目前股市泡沫和风险已得到相当程度的释放。今后当市场剧烈异常波动、可能引发系统性风险时，证金公司仍将继续以多种形式发挥维稳作用。2015 年 9 月 7 日，上海证券交易所、深圳证券交易所和中国金融期货交易所发布征求意见通知，拟在保留现有个股涨跌幅制度前提下，引入指数熔断机制。2015 年 12 月 4 日，经有关部门同意，证监会正式发布指数熔断相关规定，并将于 2016 年 1 月 1 日起正式实施。

证监会提出熔断机制的本意是给予投资者更多理性思考时间从而稳定 A 股市场，控制市场波动，那么这次熔断机制的实施起到了对市场的保险作用吗？众多学者对此展开了更深入的研究：张继德等（2020）选取从股市暴跌起至熔断机制实施为时间窗口（中国股市为 2015 年 7—12 月），沪深 300 指数日最大涨跌幅在-9%～8%浮动，其中超出中国熔断机制一级阈值 5%的占比高达 33.6%，几乎在窗口期内每 3 天就会触发 1 次熔断机制；超过二级阈值 7%的占比为 10.4%，意味着每 10 天就会触发 1 次二级熔断导致休市；日最大波幅在 5%～7%的数据占比为 23.2%。该研究认为，此数据展示的是熔断机制实施前的市场波动情况，一旦引入熔断机制，带来的磁吸效应会加快波幅向阈值靠拢的速度，增加熔断发生的概率。该研究通过中美对比，得出美股实施熔断机制的市场条件较中国成熟，且中国熔断机制的阈值设置有待优化的结论。在实施熔断机制之前，美国股市相比中国股市波动性更小，稳定性更好。与美国股市相比，中国股市的熔断机制阈值设置不够合理。一是标的指数触及熔断阈值的概率更高，导致中国股市触发熔断的频率远高于美国；二是中国两级熔断机制阈值的间差为 2%，与美国 6%、7%的间差相比偏小，阈值间差过小会使得熔断机制的磁吸效应更为突出，即在触发一级熔断后，投资者为避免风险会选择提前交易，从而导致标的指数迅速向二级阈值触碰。2016 年 1 月 4 日与 1 月 7 日，沪深 300 指数在触发 5%的熔断阈值后，分别仅用6分钟和1分钟再次触发7%的熔断阈值导致休市，验证了以上分析的合理性。

方先明和赵泽君（2018）从股票价格的波动性和股价与交易量的变化速度两个维度，基于沪深A股市场的日频数据和日内高频数据，采用事件研究和计量检验相结合的方法，研究中国股票交易市场中熔断机制的磁吸效应。结果发现，股票价格和交易量在熔断价格附近变化加剧，且以正的加速度向熔断触发点逼近。作者认为中国股票市场散户化特征明显，一旦形成群体恐慌心理，难以在短时间内自行化解，投资者从众心理导致群体非理性行为。而在15分钟冷静期内又缺乏权威信息披露，信息不对称程度加剧，投资者难以对股票价格变动趋势做出合理判断。在恐慌情绪弥漫的市场中，投资者实际交易行为必然导致熔断期间股票价格、交易量变化加速的磁吸效应。

高彦彦和王逸飞（2017）采用断点回归设计（Regression Discontinuity Design，RDD）来评价中国沪深股市采取熔断机制对股市波动抑制效应的大小。作者把实施熔断制度之前的波动率作为对照组来评价实施熔断制度对波动率的影响。断点回归设计表明，2016年1月4日实施的熔断制度导致了由股市下跌所主导的大幅市场波动。沪深300股票的交易量在每次熔断之前和之后基本上都出现了大幅增加。一旦指数跌破4%，股市交易量将会大幅增加，增幅最高可达368%；一旦沪深300指数触发5%的第一重跌幅阈值，在15分钟之后出现最高为3266.4%的交易量增幅；沪深300指数1月4日13点36分触及7%的全天停市阈值之后，在接下来的交易日即1月5日开盘时的一分钟内出现了高达723.34%的交易量增长，而在熔断制度废止后的第一个交易日即1月8日开盘一分钟的交易量增长也高达398.63%。他们认为这是由全天熔断恐慌心理所导致的投资者“竞卖”行为。

学者蔡璐璐（2016）认为熔断机制并非此轮下跌的主要原因。主要原因由宏观经济政策、国内经济发展情况及外围金融市场对国内金融市场的冲击等因素综合导致：①2015年年底大盘稳定缓慢上涨，股价达到一定高度，累积获利盘较多，抛压力大。在熔断机制实施前两天，A股已经呈现下跌趋势。熔断机制的实施加速了获利解套资金的大量流出。②经济形势未达到市场预期，终端需求和出口产业低迷，房地产行业虽有政府出台政策改善，依然未能复苏。2015年年底，制造业 PMI 连续 5 个月在荣枯分水线下方徘徊，投资者对经济企稳的预期降低。③2015 年 8 月人民币对美元汇率的异常波动，导致此后几日 A 股市场连续大幅下跌。因此此次元旦后的人民币汇率下跌，也对投资者造成了较大的心理冲击，从而加速了 A 股的下跌。④外围市场的波动也是影响 A 股投资者信心的重要因素。2015 年 8 月美股数日连续下跌，A 股市场相应大幅下跌。2016 年初，海外权益市场遭遇了大幅下跌，美股和港股在元旦前后均受挫，给境内 A 股投资者带来了压力。该研究还认为中国股市存在的个股涨跌停制度、股票市场散户过多、熔断机制设置的阈值太低且损害了市场的价格与定价功能等因素，判断熔断机制在中国股市不可行。

学者王子念（2016）认为熔断机制首先阻碍 A 股市场效率。当 A 股熔断机制触发后，上交所将暂停股票及相关品种的竞价交易，而基金（黄金交易型开放式证券投资基金、交易型货币市场基金、债券交易型开放式指数基金除外）交易的暂停则会产生基金应付赎回资金的压力。基金需要每日结算应付赎回要求，如果股票市场停止交易，将会加大基金应付投资者赎回的流动性压力。基金为了应付赎回压力，只能以减持股票的方式应对，而这不符合熔断机制的初衷。另外，由于熔断机制的出现，当沪深指数波动到达 5%或 7%后，股票市场暂停或停止交易，会减少原有的市场交易时间，需要较长的时间才能实现股票市场的价格调整，牺牲了股票市场调整的效率。其次，熔断机制损害了市场价格发现功能。熔断机制下，市场价格不能及时地反映交易者的交易意愿，容易导致价格扭曲和有效性下降。A 股的熔断机制是针对我国沪深 300 指数的波动幅度制定的暂停交易制度，然而沪深 300 指数无法体现中小市值股票的走势。当 A 股出现熔断时，中小市值股票即使在正常波动幅度内，仍然不能进行正常交易，交易暂停后对该类股票的波动反而可能产生一定的冲击，使得蓝筹股的非理性下跌传染到中小股，影响股票的市场价格。

综合众多学者对于中国熔断机制实施的效果和可行性的分析，可以看出熔断机制不是市场不跌的主因，但是从近两次实施的熔断机制的实际情况看，并没有达到预期效果，且熔断机制具有“磁吸效应”，即在接近熔断阈值时部分投资者提前交易，导致股指加速碰触熔断阈值，反而起了助跌的作用。证监会在这种利弊权衡下，负面影响大于正面效应，为了维护市场稳定，证监会决定暂停熔断机制。①

2. 分析

熔断机制——这项为了给市场提供“冷静期”，避免或减少大幅波动下的匆忙决策，保护投资者的权益，降低市场的波动性，维护市场秩序，促进资本市场长期稳定健康发展的制度，为什么在中国金融市场中实施后反而加剧了市场波动，而表现出“水土不服”呢？

首先，我国市场的非有效性导致了股票市场指数在熔断阈值附近加速向熔断阈值逼近，并再一次在短时间触发更高阈值的熔断。金融市场是否有效最重要的表现在于资产的价格是否能对市场的信息作出及时反应。中国的证券市场由于起步较晚，相比于西方成熟的市场，我国上市公司的治理不够完善，上市公司的信息披露不够健全，信息缺乏一定的透明度，市场相对缺乏有效性。当股票市场的价格在急速下跌触及5%的阈值时，市场由于信息披露制度不够健全，投资者在接下来的短时间里不能获得权威有效的信息，无法预知市场价格的走向，难以在短时期内根据有效信息对未来的预期作出调整，投资者由于市场前期的下跌导致的悲观恐慌的心理加剧，进一步加剧了他们的抛售行为。

其次，个人投资者的情绪传染加剧了市场中的羊群效应，从而进一步加剧了熔断机制的“磁吸效应”。我国市场中个人投资者占比约为90%，大部分的个人投资者由于缺乏金融知识和市场投资经验，在市场上投资交易时表现出更高的非理性。个人投资者由于自身的非理性及市场的非有效性，在信息不对称及不完全

---

① 案例改编自：蔡璐璐．熔断机制在中国股市的不可行性分析［J］．现代经济信息，2016（23）：314；王子念．A股熔断机制利弊分析［J］．合作经济与科技，2016（04）：71-72；张继德，姜园园，戚焕洁，严荣．熔断机制在我国资本市场实施可行性和路径——基于中美差异视角［J］．财务管理研究，2020（06）：6-17；方先明，赵泽君．熔断机制存在磁吸效应吗？——来自中国股票市场的经验证据［J］．中央财经大学学报，2018（06）：22-36；高彦彦，王逸飞．熔断制度可以降低中国股市波动吗？——基于断点回归设计的实证分析［J］．华东经济管理，2017，31（06）：104-112；什么是股市熔断？我国股市熔断历史还记得吗？［EB/OL］．（2021-11-16）［2023-04-25］．http：//baijiahao.baidu.com/s？id＝1716571402111337012&wfr＝spider&for＝pc。

的市场环境下，个人投资者只能根据市场大多数投资者的交易倾向进行跟风交易，从众效应明显。当市场的价格在短时期内急速下跌时，投资者已经积累了对市场预期的悲观情绪，在股票价格触及第一次阈值，市场停止交易的时间里，市场中众多的个人投资者由于较高的非理性程度，他们不能冷静地分析市场中的真实情况，投资者的悲观情绪进一步传染加剧了市场中的恐慌心理，在过了 15 分钟的冷静期后，失去信息和判断力的个人投资者在重新开启的市场上进一步抛售股票，加剧的羊群效应使得股票市场的价格进一步断崖式地下跌，导致股指加速碰触熔断阈值，反而起了帮助跌的作用，“磁吸效应”明显，市场表现出在两次触及最高 7%熔断的时间间隔只有 5 分钟和 2 分钟。

中国市场的熔断机制在市场的非有效性和投资者的情绪导致的显著的羊群效应下，并没有达到对市场资产的价格和投资者预期的保护作用，反而加剧了市场的波动，在中国市场中表现出“水土不服”。我国资本市场建设还需不断完善市场的信息披露制度，加强对投资者的风险意识教育，从而提高我国市场的有效性，降低市场的波动性，促进资本市场长期稳定健康的发展。

（二）美国金融市场的熔断

1. 案例

在 2020 年，新冠疫情的全球大流行给全球经济带来了严重冲击，特别是对国际石油需求造成了显著影响。3 月 6 日，沙特阿拉伯与俄罗斯就原油减产问题的谈判并未达成预期的协议。由于俄罗斯方面的强硬立场，以及沙特阿拉伯为了与成本较高的美国开采商竞争，沙特阿拉伯决定采取策略，增加原油开采量并降低价格。这一策略导致国际油价在 3 月 9 日开盘时出现了高达 30%的跌幅，创下了自海湾战争以来的最低价格。

同样在 2020 年 3 月 9 日这一天，受新冠疫情冲击以及国际原油价格暴跌等因素的影响，美国股市遭遇了“黑色星期一”，开盘后全面暴跌。标普 500 指数跌幅超过 7%，触发了熔断机制，市场暂停交易 15 分钟。当天收盘时，跌幅达到了 7. 79%，美国股市发生首次熔断于 1988 年，距离再次发生熔断已经过去 32 年。

随着美国本土的疫情持续恶化，市场情绪越发恐慌。3 月 11 日，世界卫生组织将新冠疫情定为全球大流行病。为了应对疫情，美国有 23 个州和华盛顿特区进入了紧急状态，同时宣布对欧洲实施为期 30 天的旅行禁令。与此同时，美国计划向市场注入额外的 2000 亿美元的流动性。在此背景下，美国各企业开始实施应急预案，建议或强制员工在家工作。特朗普总统还宣布，从 3 月 13 日起，来自 26 个申根国家的旅客将被限制入境美国 30 天。

然而，这些措施并未能消除投资者对疫情的担忧，这种担忧情绪反映到了股市上。仅在 2020 年 3 月 12 日开盘即触发了当月的第二次熔断，标普 500 指数的跌幅扩大到了 7%，导致市场暂停交易 15 分钟。当天收盘时三大股指的跌幅均超过 7%，标志着美股正式进入技术性熊市，结束了长达 11 年的牛市周期。

在触发熔断后，美联储在当地时间 12 日和 13 日向市场注入了 1.5 万亿美元的流动性。在 3 月 15 日，美联储宣布将联邦基金利率紧急下调 100 个基点至 0~0.25%，这是美联储历史上单日降息幅度最大的一次，即使在 2008 年次贷危机期间，美联储单次最大降息幅度也只有 75 个基点。除了降息之外，美联储还推出了规模达 7000 亿美元的量化宽松计划。

然而这些措施并未能稳定市场情绪，反而使市场的恐慌情绪进一步加剧。在美东时间 2020 年 3 月 16 日上午 9 时 30 分美股开盘后立即出现了暴跌标普 500 指数的跌幅达到了 7.47%，触发了当月的第三次熔断，市场暂停交易了 15 分钟。中国财富 50 人论坛的高级研究员邓海清指出市场对于美联储降息的原因产生了怀疑认为美联储可能已经知道了市场还不知道的坏消息才会采取如此力度的宽松政策。此外美联储主席鲍威尔在宣布降息的同时推出了量化宽松计划并表示反对负利率这表明美联储的货币政策空间已经非常有限。

为了应对危机，美联储采取了进一步的行动。在 3 月 17 日美联储重启了金融危机时期的商业票据融资机制（CPFF），绕过银行直接向企业放贷，这种做法是自 2008 年全球金融危机后的再次被使用。根据这项政策，美联储将通过特殊用途实体公司（SPV）从市场购买企业票据，其中包括对企业融资至关重要的无担保短期贷款。与此同时美国财政部也宣布了将出台一项包括为小企业提供 3000 亿美元贷款的经济刺激计划，该计划还包括向市场注入 2000 亿美元以保持稳定性以及两轮总计 2500 亿美元的支票发放，计划预计在未来两周内将向美国民众发放人均 1000 美元的支票。至此，美联储全部采用了桥水基金创始人达里奥所划分的货币政策三种进阶形态——利率调控、量化宽松和“直升机撒钱”。

这些激进的政策措施在一定程度上确实稳定了市场情绪受此影响美股三大指数在周一全线大涨，道指涨幅超过 1000 点，标普 500 和纳指涨幅均超过 6%。

尽管当地时间 3 月 17 日，特朗普政府和美联储接连打出货币和财政政策“组合拳”，推出了一系列救市措施，但仍无法消除市场的恐慌情绪，没有赢得市场的信心。美股在短暂反弹后掉头向下，于当地时间 3 月 18 日开盘后，再次触发熔断机制，遭遇两周（8 个工作日内）第 4 次熔断，这是美国股市 10 天内第四次触发熔断，为美股史上第五次熔断。当地时间 3 月 18 日 12 时 56 分，标普 500 指数跌幅超过 7.01%，暂停交易 15 分钟。恢复交易后，道指一度跌超 2000 点，截至 3 月 18 日收盘，道琼斯工业平均指数跌 1338.46 点，跌幅 6.30%，报收 19898.92 点；纳斯达克指数跌 344.93 点，跌幅 4.70%，报收 6989.84 点；标普 500 指数跌 131.09 点，跌幅 5.18%，报收 2398.10 点，标普 500 指数失守 2300 点，为 2017 年 2 月以来首次。2017 年 1 月 20 日特朗普宣誓就职总统当天，道琼斯工业平均指数报收 19827 点。这意味着经过 8 个交易日的四度熔断，特朗普就职以来道琼斯工业平均指数的涨幅已近乎全部抹去，特朗普政府的“美股政绩”尽失。

美股月内第四度熔断及道琼斯工业平均指数当日盘中一度下跌 2319 点，引发了国际油价大幅跳水和黄金抛售。截至 3 月 18 日收盘，纽约 4 月原油期货价格下跌 24.40%，跌至 20.37 美元，伦敦布伦特 5 月原油期货价格下跌 13.40%，跌至 24.88 美元，纷纷创下近 18 年以来新低；纽约 4 月份黄金期货价格则下跌 3.14%，报收每盎司 1477.90 美元。这进一步加剧了投资者对全球经济陷入衰退的担忧和应对疫情“现金为王”的心态，促使更多资金逃离资本市场。

市场分析人士认为，在美国总统大选之年，特朗普政府 3 月 18 日推出的高达 1.2 万亿美元的财政刺激计划不可谓不强，但是美股在 8 个交易日内四度熔断、特朗普政府执政以来“美股政绩”尽失的原因，一方面是市场质疑特朗普政府和美联储所推财政与货币政策挽救经济的成效；另一方面是投资者担忧新冠疫情在美国加速蔓延，特别是在纽约——全球金融中心暴发疫情对企业形成全面打击。而当时，美国纽约正面临前所未有的威胁。纽约州州长安德鲁·科莫 3 月 18

日召开新闻发布会称，纽约州新冠肺炎确诊病例达 2382 例，新增 1008 人，死亡 20 人。纽约的医院床位将开始告罄，患者需求是医院提供服务能力的两倍、五倍甚至更高。不久之后，纽约医院的混乱特别是死亡人数上升将导致整座城市陷入恐惧。著名投资人比尔·阿克曼表示，消除恐慌是美国抗击新冠疫情对策的关键，特朗普政府应该封锁全国 30 天，这样才是唯一拯救美国经济的选择。特朗普 3 月 18 日则宣布启动《国防生产法案》，加快口罩、呼吸机和其他防护、医疗设备的生产。特朗普当日还表示，正在调动全国各地的联邦紧急事务局帮助各州应对新冠肺炎疫情。人们期待更多有利于减缓新冠肺炎在美国蔓延的有效措施加速出台，以阻断恐慌情绪蔓延，从而提振投资者的信心，阻止投资者进一步逃离资本市场。①

2. 分析

2020 年 3 月，美联储两次紧急降准，发布 7000 亿美元的量化宽松政策，财政部向市场注入 1 万亿美元的三大经济刺激政策，却并没有阻挡美国股市从 3 月 9 日到 3 月 18 日不到两周时间里的 4 次熔断，是什么原因导致了市场这么强烈的下行趋势？

首先，市场股票价格的下跌是市场泡沫挤出的一种表现。自从美国 2007 年次贷危机导致了国际金融危机依赖，美联储长期实现低利率和多轮量化宽松政策，使得市场上的资金流动性大增，而美国的实体经济增长并不强劲，大部分的资金都流向股票市场，另外再加上受美国高科技公司如微软、苹果、亚马逊等龙头概念股利润大涨的刺激，股票市场的价格不断地被拉升，造成了美股持续的虚假繁荣，泡沫不断被吹大。而股市在利空消息的影响下价格下跌属于正常的股市调整。

其次，新冠疫情这个公共卫生事件的危机导致了投资者对经济的悲观预期，在市场下行的过程中，正反馈机制导致投资者的情绪过度悲观，市场恐慌情绪加剧，股票市场不可阻挡地一泻千里。2020 年新冠疫情席卷全球，根据 2020 年 3

① 案例改编自：两周内 4 次熔断！美股怎么了！［J］. 商业观察，2020，70（06）：77-79。

月 11 日世界卫生组织公布的数据，全球至少 114 个国家和地区有 11.8 万人感染，4000 多人死亡，新冠疫情的全球大流行，美国国内新冠感染人数不断增加，疫情给服务行业带来了巨大冲击，大量相关企业倒闭，失业人数剧增。由疫情带来的健康损伤和生命的丧失极大地增强了人们损失厌恶的心理，导致人们对于经济正向预期的信心大幅下降。当市场在 3 月 9 日开始出现多次熔断的时候，虽然美联储的降准、量化宽松的政策及向市场投放了大额流动性资金，但是投资者的信心在前期积累的悲观情绪下受到了极大地动摇，市场的前一次熔断进一步增强了投资者对市场前景的悲观预期，投资者进一步抛售股票，而原油价格的下跌，使得投资者进一步增强了经济衰退的预期，市场中的恐慌情绪进一步加剧，在这种情况下，即使美联储出台了三大增加流动性的利好货币政策，投资者的正反馈机制也使得投资者将这个表面上的利好消息变成了利空消息，认为美联储已经出尽利好政策，却也挽救不了投资者的信心。

四、金融市场的异象——早期的泡沫篇

（一）郁金香泡沫

1. 案例

郁金香，这朵源自亚洲西部小亚细亚地区的美丽花卉，自 1593 年传入荷兰后，便开始了一段颇具传奇色彩的历史。在 17 世纪前半期，这种花卉的稀有性和人们对它的追求使其价格飙升，达到了惊人的高度。在法国，许多达官显贵家中都摆放着郁金香，以此作为身份和地位的象征。甚至在 1608 年，有人愿意用价值三万法郎的珠宝来换取一只郁金香球茎，可见其受追捧程度。然而，与荷兰的疯狂相比，这些都显得不足为奇。

当郁金香在荷兰流传开来后，一些聪明的投机商开始大量购买郁金香球茎以待价格上涨。很快，在人们的追捧之下，郁金香热潮蔓延，不仅在荷兰本土，甚至在整个欧洲都成为人们关注的焦点，形成了一场全民运动。以一种稀有品种的郁金香为例，其价格从 1634 年年底的每盎司 1.5 荷兰盾一路飙升到 1636 年年底的每盎司 11 荷兰盾，而到了 1636 年，这一品种的郁金香甚至可以和一辆马车、

几匹马等值！面对如此高的利润，人们都失去了理智。他们变卖家产，只为了购买一株郁金香。

1636 年 12 月到 1637 年 1 月，所有品种的郁金香价格暴涨。以一种稀有品种的郁金香为例，其价格在短短几个月内猛涨了数倍。随着投机市场的形成，价格又大起大落，三个月内起伏超过了 400%。新进入投机者的加入无疑推动了价格再次急剧上升。到 1637 年 1 月，普通品种的郁金香价格也被抬高了 25 倍多！例如，Switsers 的价格在 1637 年 1 月上旬尚且不到 1 荷兰盾，到月底就被炒到 14 荷兰盾，到 2 月 5 日上涨为 30 荷兰盾，在短短 30 天内涨幅超过了 29 倍。与上一年相比，郁金香总涨幅高达惊人的 5900%！

进入 1637 年新年前后，郁金香的期货合同在荷兰的小酒店中被炒得火热。然而随着时间的推移，人们开始怀疑花费大价钱买来的郁金香球茎的价值。一旦把郁金香的球茎种到地里，就很难再转手买卖了。人们开始怀疑自己花费巨资购买的东西到底值不值这么多钱。在这种心态下，持有郁金香合同的人宁可少要点价钱也要抛给别人。一旦这个心态开始影响市场，郁金香价格立刻就开始下降。价格下降导致人们进一步丧失对郁金香市场的信心，持有郁金香合同的人迫不及待地要脱手。可是在这个关头很难找到愿意接手的“傻瓜”。结果就是恶性循环，导致郁金香市场全线崩溃。

仅仅一个多月的时间，郁金香泡沫的高峰期便宣告结束。由于许多郁金香合同在短时间内已经多次转手买卖且尚未交割完毕，第一个卖方开始向多头追债，然后这个多头又向后面的人索债。荷兰的郁金香市场从昔日的景气场面顿时间变成了凄风苦雨和逼债逃债的地狱。最后的买主无法支付卖主的货款，因为价格太高而卖主同样也支付不了他的供货商的货款，以此类推，整个链条上的所有人都要开始躲债、讨债了。

荷兰政府于 1637 年 2 月 24 日开会决定规定，在 1636 年 12 月以前签订的郁金香合同必须交货，而在此之后签订的合同买主有权少付 10%的货款。这个决定并没有解决问题，反而加剧了郁金香的混乱状态，买主和卖主之间纠缠不清，关系变得更加复杂。荷兰政府不得不再次出面干预拒绝批准这个提议，然而这并未解决问题反而使局势变得更加混乱，买主和卖主之间的关系越发复杂，随着诉讼时效法律的调整诉讼程序终止了所有合同。由此结束了这次影响深远的荷兰“郁金香热”事件。这一事件打压了当时的投机泡沫，挽救了整个国家乃至世界的经济命运，开创了世界金融历史新的纪元。

经过这次打击，荷兰的郁金香投机市场一蹶不振，再也没有恢复过元气来，最终郁金香的价格泡沫破裂，价格回落至几个月前的水平，许多人因为投资郁金香而破产。这段历史从此也成为世界金融历史上一个著名的负面案例，而也正是这段历史当中的一个经典案例，荷兰人积累了投资理财风险管理的宝贵经验教训，而这一经验对现代投资理财依然具有极其重要的借鉴意义，成为后世不衰的理财经典故事流传至今。①

2. 分析

金融泡沫是指资产价格经过连续的上涨后严重偏离其基础价值的经济现象。对资产的过度投资与经济周期的更迭，导致金融市场与金融泡沫如影相随。郁金香泡沫由最早的人们对于花卉消费的简单买卖行为上升到对于郁金香期货市场的投机行为，同属于金融泡沫。在这一场郁金香投资热潮中，投资者个体和群体的买卖行为、政府和社会的哪些因素如何推动了这个泡沫的产生呢？

首先，个体投资者的过度自信和自我归因偏差导致了市场上严重的羊群效应。郁金香的培育难度较大，特别是珍贵品种非常稀缺，导致郁金香成为了贵族身份的象征。在这种供不应求的市场下，郁金香受到了人们的热捧。当人们开始病态地倾慕和欣赏郁金香，争相购买郁金香球茎的时候，郁金香的价格大涨。超额利润招来了四面八方的投机客，贵族、市民、农民，还有工匠、船夫、随从、伙计，甚至是扫烟囱的工人和旧衣服店里的老妇，都加入了郁金香的投机，他们对郁金香未来价格上涨预期盲目乐观，忽略了郁金香价格上涨偏离其基础价值的不利影响，而保留了正面的上涨信号，导致更强的购买意愿。投资者的自我归因偏差使得其误以为价格上涨给他们带来的收益是由于自己的投资能力，而忽略市场的非理性带来的暂时的虚假繁荣。对财富的狂热追求使得更多的普通民众陷入了对已经通过郁金香交易暴富的投资者的诱惑之中，更多的投资者加入进来，他

① 案例改编自：郁金香泡沫［EB/OL］.［2023-04-25］. https：//baike. baidu. com/item/%E9%83%81%E9%87%91%E9%A6%99%E6%B3%A1%E6%B2%AB/5143656？fr=aladdin。

们并不关心郁金香的价值所在，也不关心价格严重偏离价值所带来的风险，为了节约投资所需要搜集信息和判别信息的成本，投资者们选择和大多数人一样的投资策略，羊群行为在其中扩散，短时期内对郁金香球茎的大量买入使得郁金香的价格被急速拉升，正反馈机制使投资者认为上涨是因为该资产符合大多数投资者的价格预期，市场会给予郁金香更高的定价，于是人们进一步地争相购买，进而使郁金香的价格进一步上涨，资源进一步稀缺，更进一步增强了投资者们对郁金香价格上涨的预期。投资者的过度自信和自我归因偏差导致的羊群效应，使他们形成了一种自我增强的正反馈机制，从而推动了郁金香价格泡沫的产生。

其次，郁金香交易市场的证券化为郁金香的投机交易提供了资金支持和低成本的交易平台。1636年，为了方便郁金香交易，人们干脆在阿姆斯特丹的证券交易所内开设了固定的交易市场，从此郁金香完全脱离实物的种植价值，期货合同在市场中不断被买卖，换手率居高不下，在多次转手中，郁金香的价格节节攀升，泡沫不断地被膨大。

最后，在市场中，商家、政府及社会情绪进一步的推高助澜，导致郁金香的价格一日千里。在郁金香开始在荷兰流传后，机敏的投机商就开始大量囤积郁金香球茎，垄断产品、减少供应，造成市场奇货可居，供不应求，以此哄抬物价。为了便于全民炒作郁金香，政府实施了在阿姆斯特丹证券交易所开设交易郁金香的专门区域的政策。在郁金香价格疯狂攀升的日子里，社会情绪狂热，每个投资者都自信地认为郁金香的价格会一直上涨，商人和普通的投资者都沉浸在一夜暴富的美梦中不可自拔，郁金香的价格被进一步推高。

泡沫从产生到不断被膨大，最后也会因为缺乏内在价值的支撑而走向破灭。郁金香的真正价值在于同西方流行的玫瑰、菊花等花卉品种的农业种植价值。然而，在被市场不断地炒作中上升到金融市场证券的买卖中，在价格被抬升到极度的高位时，很多投资者开始思考花大价钱买来的只能开花的郁金香球价值到底在哪里？人们开始怀疑，信心受到动摇，决心要在大家都意识到这个问题前将合同卖出，在自己还没有亏损前宁愿获得少额的收益也要将合同卖出。当越来越多的投资者开始意识到价格过高已经严重偏离基础价值带来的高风险后，市场开始出现恐慌情绪，人们开始大量地抛售，郁金香价格不断下跌。在期货市场，许多尚未交割的合同，在这些合约链条上的买主由于价格过高不能支付卖主的货款，导致了一系列的链条反应，整体郁金香市场充斥着价格逐渐下跌带来的恐慌情绪、投资者的讨债与欠债的双重危机带来的打击，政府对郁金香合同终止的强行规定，导致郁金香的价格一泻千里，在 1637 年 2 月 4 日的一个星期后，郁金香的价格已经平均下跌了 90%，那些普通郁金香的价格甚至不如一颗洋葱的售价。至此，人们对于郁金香的投资情绪到达冰点，人们的财富大幅缩水，1637 年 4 月，荷兰政府终止所有合同，禁止郁金香的投机交易，这场轰轰烈烈的郁金香泡沫彻底破灭。

（二）英国南海泡沫

1. 案例

17 世纪末至 18 世纪初，通过取代荷兰的海上霸权地位，英国成长为全球的贸易和金融中心，海外贸易兴盛，国内工商业较快发展，居民财富不断积累，突出表现为民间储蓄的膨胀。面对日积月累的闲置资金，人们急需寻找新的投资获利的便捷渠道。与此同时，经过 10 余年的西班牙王位继承战争，英国政府军费支出浩大，债台高筑，背负了沉重的债务包袱。面对日益增加的债券还本付息压力，英国政府迫切需要找到减轻债务负担的有效方式或途径。当时身为英国刀剑银行的董事长布伦特，向政府建议发行能中奖的债券，以彩票性质的债券吸引公众的注意力，并一举发行成功。而政府债券的发行也使得这家业务仅包含接受存款、发行银行券、发放抵押贷款的土地银行，在多次与英格兰银行竞争而面临破产中起死回生。这一次英国政府债券发行的成功，让当时担任财务大臣的罗伯特·哈利看到了希望，他联合布伦特等商人，成立了南海股份公司。南海公司主要由一些富有的商人组成，为了吸引这批商人加入公司，政府游说他们购买高达 1000 英镑的国债，而这些债券持有人可将这类债券转换成公司的股票，政府就会向他们支付年利率为 6%的利息，再额外每年提供 8000 英镑。公司将总部设在伦敦的南海府，罗伯特·哈利自身任董事局总裁，而包括布伦特等其他商人任董事会成员。为了确保英国政府有还款的能力和意愿，国会法令要求政府预留酒、醋、烟草等货品的未来税收收益，用以支付每年 60 万英镑的利息。公司经国王特权拥有垄断经营英国对南美洲及太平洋群岛地区的奴隶贸易和捕鱼业务。

南海公司成立之初，由于西班牙早期在南美的殖民统治已经根深蒂固，公司业务开展不顺，政府拖欠债务利息的支付，股票价格下跌。1713 年，英国和西班牙签订《乌得勒支和约》，英国在西班牙王位继承战中获胜，在合约中西班牙准许英国垄断对西班牙美洲地区的奴隶贸易，英国获得向南美每年运输 480 个黑奴的权利，把专营权给予了南海公司，并由此而获得南海公司 1/4 的利润。奴隶贸易在当时被视为很赚钱的行业，南海公司的前景也被看好。此间，1715 年公司曾将大量股票送与国王，首相和国王还先后亲兼董事长，致使股票市价首次超过面值。在 1716 年，南海公司进一步从奴隶贸易中取得优惠待遇，到 1717 年更向政府多买额外 200 万英镑的公债。到了 1718 年，英西战争重开，英国与西班牙关系破裂，南美贸易中断。

1719 年 12 月，英国经历了连年的战争，英国政府对外的长期债务已达到惊人的 4900 万英镑，此时南海公司想英国政府提出一个大型的债券转股票的“南海计划”，用南海公司的股票置换英国国债 3160 万英镑，无条件支付英国政府 400 万英镑，有条件支付英国政府 360 万英镑，政府向南海公司持有债券的股东支付每年 5%的利息，南海公司可自由设定股票与国债兑换的价格。同年年底，西班牙政局的变动及西班牙接受了英国的和平条件，英国在南美洲的贸易障碍也得以扫除。1720 年年初“南海计划”方案获准生效，南海公司计划分别于当年的 4 月 14 日、4 月 29 日、6 月 17 日，三次向公众提供股票的货币认购，募资资金达 6600 万英镑。公众对与政府密切关系的南海公司逐渐增强的信任感及贸易障碍扫除的好消息，使得他们开始疯狂的追捧南海公司的股票。1720 年年初，公司的股票仅 128 磅，2 月 2 日下议院批准方案后，股价上涨到 160 英镑，3 月份，股价升至 300 磅，一度还曾达到 400 镑。1720 年 4 月，由于受公司盈利状况影响，股价跌至 30 镑，市场现金亦出现紧张，这时，政府赶印了相当于纸币现金的国库券借贷给公司，公司又借给愿意购买其股票的公众，从而支撑了下滑的股价。此外，有利于南海公司经营的谣言的传播，约翰·劳的敌对行为——拼命收购南海股票以在 5 月份抛出，如此等等，都促使股份维持在 300 镑。此时，布伦特又推出新的计划：为防止股价下滑，提供面额 100 镑，发行价格 300 镑的 20 万股票。每张股票可先预交 60 镑，余额可分期付款。此举一炮打响，股价升至 325 镑。此外，还冒险将公众购买股票的现金转贷给想购买他们公司股票的人。

但它只接受刀剑银行和东印度公司的票据，而不接受英格兰银行的票据。过后，法院解除了关于贷款的禁令，这样，股价又升至350镑。虽然法院规定只能发放50万镑贷款，但实际并非如此。至4月底，股价升至400镑。这时，南海公司又以4倍于面额的价格400镑发行可分期付款的100万镑新股票。5月份，南海股价上扬至500镑；6月份升到890镑；7月份甚至达到了每股1000英镑的价位，6个月涨幅高达700%。

在公司股票大涨的期间，南海公司以政府授予的种种海外贸易特权为根据，不断想市场散布公司美好前景的利好消息，比如公司宣称在墨西哥和秘鲁海岸发现了储量巨大的金银矿藏，巴西大面积种植的可可，美洲高利润的努力交易，等等，以此来赢得广大投资者对公司归票的青睐和追捧。在这些欺诈性利好消息的诱惑下，投机浪潮席卷全国，各行各业的人，都不再专注于自己的事业，军人、苏格兰的贵族、普通家庭的妇人，甚至物理学家牛顿都参与到这场轰轰烈烈的炒股行列中来。在南海公司股价暴涨的财富示范效应下，众多良莠不齐的大小新旧的股份公司参与进来，它们借着投资者的高涨的投资意愿，发行股票，炒作新型概念，这股热潮也吸引了众多西欧其他国家的投资者参与其中，整个英国股票市场的投资泡沫迅速膨胀。大科学家牛顿在事后感叹道："我能计算出天体的运行轨迹，却难以预料到人们如此疯狂。"

股市频现内幕交易、疯狂套现，投机泡沫开始破灭。为了抑制股市的过度升温，1720年6月，英国议会通过了《反金融诈骗和投机法》(即俗称的《泡沫法案》)，开始对大大小小的上市公司及其发行的各类股票进行清理整顿。8月，面对南海股价与公司实际业绩之间的严重背离，深谙内情的投机者知道局面难以为继，乘高抛售便成为首选之策。随着股市内幕交易、疯狂套现的不断出现，过度膨胀的投机泡沫开始破裂了。在一片抛售浪潮中，南海公司股价一泻千里，从8月最高时每股1000镑跌至年底每股130镑上下，又回到了此前的水平。整个股市笼罩在一片恐慌氛围之中，数以千计的公众投资者血本无归，倾家荡产。"南海泡沫"事件给英格兰人留下了一种对新兴股份企业和"股票投机商"的恐怖情绪，公众长期对参与股份公司谈虎色变。1734年"泡沫法"得到进一步强化，列入了"禁止进行股票投机买卖的可耻行为"，"禁止一切有关证券现货和期货价格的赌博、抛盘和先买权”等条文，到了 1824 年该法被取消。①

2. 分析

从南海公司泡沫的材料来看，泡沫产生的背景是以开发南美洲海岸丰富的金银矿藏、各种精致的燃料及木材为交易目的，1711 年成立的南海股份公司，为了获得政府的支持，以“债券转换股票”的方式认购了 1000 万英镑的短期债券，这在很大程度上缓解了政府融资方面所带来的财政压力，政府作为回报，授予公司垄断南美洲贸易的权利，南海公司也因创新性的“债券转换股票”融资方案，借助政府信用大大提升了在市场中的地位和影响力，成功吸引了市场投资者的注意。

投资者的有限关注越来越影响股价，南海公司和其他银行进一步扩大对政府债务的转换，公众重拾对公司前景的预期，进一步购买股票。而众多知情者在转换前买断全部债务，在债务转换股票时全部卖出，以此获得巨额的财富。越来越多的公众受到了其他投资者在短时期内暴富的投资行为的鼓舞，开始模仿他人的投资行为，纷纷买入南海公司的股票。

任何一场金融泡沫的产生，都离不开众多的新投资者的涌入。当 1720 年 1 月股价从 130 磅涨到 140 磅时，社会各行各业的人员，军人、苏格兰的贵族、妇人也都加入了炒股行列。一时间，“政治家忘记了政治、律师忘记了法庭、商人忘记了做买卖、医生忘记了病人、牧师忘记了讲道台、店主忘记了铺子、连妇人也忘记了夸耀和虚荣”，甚至物理学家牛顿也开始购买股票。公众的投资情绪持续乐观高涨，甚至其他国家的投资者也携资涌入英国股市，股票价格在短时期内被极速拉升，到 1720 年 8 月时，股票价格一度飙升到 890 磅，接近 1000 磅，半年内，股票上涨了 7 倍。南海公司的股票价格泡沫被无限膨大。

美丽的泡沫在没有实体经济支撑的情况下终究会破灭。政府内部人员和公司高层的勾结频现内幕交易，南海公司的虚假贸易业绩与股价严重偏离，政府 6 月

---

① 案例改编自：蒋立场．史上最早的股市危机：英国“南海泡沫”［J］．中国城市金融，2015（02）：70-71；历史上那些泡沫——南海泡沫：https：//baijiahao. baidu. com/s？id = 1767478613961811131&wfr = spider&for = pc；王利民．“南海泡沫”的由来及破灭［J］．经济导刊，1994（01）：51-53。

出台的《泡沫法》对上市公司的清理整顿，给这场投资热当头一棒，投资者开始意识到风险，争相抛售南海公司的股票，市场情绪陷入一片恐慌，公司股票下滑到每股130磅上下，数以万计的投资者倾家荡产，血本无归。至此，南海公司的泡沫彻底破灭，公司走到了尽头。英国的经济和社会也因此受到了重创，公众长期对参与股份公司谈虎色变，英国通过了禁止英国公司发行股票的法案，直至1825年该法案才被废除。

（三）1929年美国金融市场的泡沫

1. 案例

1929年金融危机主要缘于生产信贷扩张过度，消费能力不足引起企业信用破产。第一次世界大战以后，美国经济迅速发展，然后是长达10年的“柯立芝繁荣”，借助宽松的生产信贷政策，美国生产能力迅速扩张。而在生产能力迅速扩张的同时，消费需求能力并没有跟上，这种扩张远远超过了消费需求能力。这一时期，美国工业增长和社会财富的再分配极端不均衡，社会财富高度集中。生产率增长了55%，工人工资却只上升了2%，而占总人口1/5的农业工人的收入还不到非农业工人收入的40%，16家财阀控制着整个国民生产总值的53%，全国1/3的国民收入被占人口5%的最富有者占有。工业增长仅集中在少数部门，而其他传统工业部门则开工不足，大批工人因此失业。而且当时各国为了保护自己的需求市场，都在努力出口的同时相继设置贸易壁垒。这样，作为生产信贷扩张过度的美国，生产能力严重过剩，其庞大的生产能力找不到消费者，带来的后果是企业利润下降——企业破产——信贷收不回来——坏账增加，最终导致银行亏损以及大规模的银行倒闭，金融危机发生。

1929年美国金融市场的繁荣催生了股票市场的泡沫，而随着金融危机的转变泡沫也最终破灭。投资者的生产信贷扩张过度，而消费能力不足引起企业信用破产，这个过程又是如何产生了股票市场的价格泡沫直至破灭的呢？

20世纪20年代第一次世界大战后，随着美国经济的迅速发展，社会经济财富价值不断增加，华尔街股市的股票价格节节攀升，而由于消费能力的不足导致实体经济却日益萎缩。人们开始把目光投向于股票市场，希望能借助于股票市场的上涨行情获得更多的财富，大量的资金源源不断地流入股市。证券市场为了促进市场的繁荣，向银行金融借贷融资，证券投资者购买1万美元的股票只需要支付1000美元，保证金比例为10%，其余的部分由证券经济商提供，而这部分资金则从银行进行借贷融资。在这个时期，很多人认为股票价格会持续上涨，开始借贷来购买股票，而更多公司也开始发行股票，筹集资金扩大自己的业务。到1929年夏天，美国股票市场在持续上升5年的情况下，再度急剧上升，保证金账户也迅速增加，资金从全美乃至全世界流入纽约，经纪商的贷款以每月4亿美元的速度上升。1929年8月，纽约证券交易所的平均股票价格已经增长了400%以上。到9月份，贷款总额达到70亿美元，利率从7%上升到15%。1929年10月之前的18个月里，美国通用电气公司的股票从每股128美元涨到396美元，无线电公司的股票从每股94美元涨到505美元，到1929年有些股票上涨了50倍以上。这些增长速度都达到了前所未有的高度，信贷过度的扩张炒作导致了虚拟经济的过度膨胀，股票市场的景象一片繁荣。据估计，到1929年，美国的股票市场上有一半以上的投资是基于贷款购买的。

到1929年，美国股市开始出现问题，股票价格开始下跌。这个跌势逐渐变得越来越严重，最终导致了股票市场的崩盘。1929年10月24日的“黑色星期四”，纽约证券交易所的股票交易量达到了历史最高水平，这个交易量是之前的交易量的四倍以上成交量达到了史无前例的1300万股，导致很多投资者瞬间失去了大量资金。接下来的几天里，股票价格大幅下跌。据统计，1929年10月，纽约证券交易所股票价格平均下跌了25%，市值蒸发了300亿美元，相当于当时美国国内生产总值的一半。到1929年11月13日，纽约证券交易所的平均股票价格下跌了40%以上。股市彻底崩盘，导致大量公司破产，银行倒闭，成千上万的人失业和破产。随着经济萧条的蔓延，股市崩盘也引发了世界性的经济危机。①

① 案例改编自：何龙斌．当前美国金融危机与1929年金融危机的比较［J］．科学对社会的影响，2009（04）：6；Galbraith J K. The Great Crash 1929［M］. Houghton Mifflin Harcourt, 2009；克里斯·米切纳．打开金融稳定的钥匙——1929—1933年美国金融危机研究［J］．量化历史研究，2017（Z1）：158-173。

2. 分析

是什么导致了美国金融市场的崩盘呢？首先是投资者对股票市场的乐观预期导致大量的新增的投资者涌入市场，同时也给股市带来了大量的资金，保证了股票市场资金的流动性，也奠定了股价上涨的资金基础。第一次世界大战后，美国的经济财富价值不断增加，人们把多余的流动资金投资于股市，华尔街的股票价格节节攀升。人们开始纷纷看涨股票市场的资产，这种乐观的情绪大大刺激了人们的发财欲望，大量的新股民涌入市场，不管是否有金融知识储备和投资经验。

其次是很多公司及银行业都相继增加筹集资金的力度，广泛融资，市场上的股票供给急剧膨胀，许多人在价格不断上涨的过程中赚了大钱，投资者的代表性启发偏差使得他们认为现在股票价值上涨，将来的股票也会继续上涨，进一步增加股票的买入，许多人甚至借贷买股票。向商业银行的借贷保证金账户迅速增加，而证券经济上所承担的贷款以每月以 4 亿美元的速度增长。金融市场股票供给侧的急剧增加与投资者借贷买股票所带来的大额度资金，使得股票价格到 1929 年 8 月上涨 400%，股票价格泡沫被无限膨大。

昙花一现终有时。全民炒股、全民借贷炒股，长期的高杠杆率已经将投资者推向了风险的顶端，当股票的价格严重的偏离其基础价值的时候，投资者开始恐慌，市场开始出现股票的大量快速的抛售，投资者过度的信用扩张轰然崩塌，高杠杆的借贷无法偿还，不断地抛售股票导致股票的价格大幅下跌，大量的投资者和公司破产，银行倒闭，成千上万的人失业，也开启了全球经济的大萧条和金融危机。

（四）1989 年日本房地产市场泡沫

1. 案例

1985 年，日本经济经历了战后的辉煌腾飞。仅用几年的时间，日本在贸易和制造业方面迅速发展，超越了意大利、法国、英国和德国，成为亚洲的领头羊和全球第二大经济体。

然而，美国的贸易逆差因日本的崛起而加剧，这引发了美国的强烈不满。为了应对此问题，1985 年 9 月，美国、联邦德国、日本、法国、英国五国财长达成了《广场协议》，这个协议使得美元贬值，日元则升值。

这一决策导致了日本出口产业的挫败，许多日本公司纷纷将资本投入房地产市场以寻求保值增值。这股房地产热迅速蔓延，吸引了大量本土和国际资本的参与，进一步推高了房价。

到 1987 年 8 月，日本房地产大亨小林茂在美国购置的办公室超过了 35 座，包括洛杉矶的 Arco 广场和纽约的 ABC 大厦。许多日本人受到房价上涨的吸引，纷纷投入了房地产市场，不论是购买还是炒作。随着房价的持续上涨，一种购房狂潮在日本全国迅速蔓延。大量的国际资本也加入日本的房地产市场，进一步加剧了房地产的繁荣和投机。日本东京房产价格在 1986 和 1987 年两年疯狂上涨，1986 年上涨 22%，1987 年上涨 70%，在 1985 年至 1990 年的泡沫经济期间，“东京商业用地价格上涨了 3. 4%，住宅用地上涨了 2. 5%，大阪的上涨幅度更大，商业用地涨了 3. 9%，住宅用地上涨了 3 倍”，东京千代田区的土地资产总值与整个加拿大的土地资产总额相等。自 1985—1987 年，住宅用地价格竟上升了 30. 7%，商业用地则跳升了 46. 8%。1990 年六大城市的中心地价指数比 1985 年上涨了约 90%。在 20 世纪 80 年代末，日本的土地财富已经占到国家财富总额的约 70%，而同期美国仅占 25%。

然而，随着国际资本的获利回吐，日本的房地产市场开始崩溃。1990 年 12 月到 1991 年 12 月，日本的房地产价格下跌了 4. 6%，资产损失高达 107. 6 万亿日元。大量企业因债务问题纷纷破产或负债累累，其中房地产行业的破产数量高达 364 家，负债总额达到惊人的 6600 亿日元。到 1991 年，房地产业破产企业的负债总额已经超过 8 万亿日元。众多知名的房地产公司也在这次危机中破产倒闭，日本的房地产市场因此全面崩溃。这场灾难遗留下了高达 6000 亿美元的不良贷款，给日本的金融业带来了沉重的负担。例如，银座区高档房地产的价格大幅缩水，相比原价降低了 99%，仅相当于原价的 1%；东京的住宅价格平均下降了 90%，也仅相当于房地产原价的 10%；日本全国的房地产价格平均下跌了 80%。

受到所谓“土地不会贬值”的土地神话影响，以转卖为目的的土地交易增加，人们不断购买股票，认为股票不会贬值。从股票市场来看，日经 225 指数从 1986 年年初 13054 点快速增加至 1989 年 10 月日经指数创下的历史最高点 39000 点，从 1985 年到 1989 年，4 年上涨了 4 倍，已经是 1985 年签订广场协议时股价的 3 倍。1987 年时日本股票总市值首次超过美国成为世界第一，当年日本股票总市值占全球总市值的比重高达 41.7%。过度乐观预期又导致了过度消费和过剩投资。日本国内购买法拉利、劳斯莱斯、日产 CIMA 等高档轿车的消费热潮也不断高涨。企业大量投资于不动产，银行大量接受不动产作为抵押品发放贷款，以不断升值的土地作为担保，向债务人大量贷款。当时东京 23 个区的地价总和甚至达到可以购买美国全部国土。由于长年的日元升值，出口行业受损，将产业转移至海外，日本实体经济的空洞化已显现。1989 年 10 月，日本银行终于上调利率，实行紧缩政策，日经指数一路下跌，截至 1992 年，东京证券交易所市值缩水 230 万亿日元。1990 年 3 月，房地产价格狂跌不止，至 1992 年东京房地产总值缩水 93 万亿日元。日本泡沫经济全面破灭。此后，企业获得资金的渠道被堵死，1991—1992 年日本企业倒闭数目连续两年超过一万家，日本失业率上升到 3%以上。日本进入全面停滞时期。①

2. 分析

20 世纪 80 年代的日本房地产泡沫背景产生于 20 世纪 80 年代日本制造业的辉煌导致它的劳动生产率超过美国，贸易收支顺差不断扩大，到 1987 年达到 810 亿美元。巨大的贸易顺差使得日本成为世界上最大的债权国，日元升值压力增大，日本政府开始实现量化宽松的政策，引起了市场货币供应量的快速增加。广场协议的签订也使得日本基本实现汇率市场化，外汇自由进出。日元的升值导致出口大幅受限，人们开始将资金投向房地产。

疯狂的房地产投资者。日本量化宽松的货币资金政策为房地产投资者提供了

① 案例改编自：高潮．房地产泡沫：日本的十年之痛［J］．时空观照，2010：46-47；魏加宁，杨坤．日本的泡沫经济与通货紧缩［J］．开放导报，2016（04）：24-28；洪明顺．日本泡沫经济形成的原因及泡沫崩溃的影响［J］．中外企业家，2013（06）：264-265。

资金基础，日本国内快速增加的货币供应量完全超出了日本当时的实际 GDP 增速，这些超发的货币并没有被日本的实体经济流通所吸收，被大量地吸引至房地产和股票市场，经济“脱实向虚”趋势加剧。① 当一少部分资金量大的投资者在投资房产使得价格被推高了的时候，更多的投资者受到房价骤涨的诱惑，又纷纷继续进入房地产。当房地产进一步上涨时，刺激了投资者的乐观预期，过度自信的投资者认为房价会一直涨下去。而商业银行作为与家庭住户、房地产开发企业等经济行为一体的房地产金融体系的一环，它的利益早已与之密不可分，环环相扣。于是商业银行为了发放更多的贷款，将大量的贷款倾向于发放到缺乏实体产业支撑的房地产市场，接受大量的不动产的抵押，积极对不动产融资，并参与房地产的投机交易。政府对土地价格的监管放松，也导致了土地价格在被买卖的过程中不断上升。投资者信奉“土地神话”，在房地产价格不断上涨的情况下，认为土地的价格也不会下跌，那么只要有资金不断地投入房地产市场，房价就一直上涨。于是人们开始变得疯狂，人们千方百计地从各个地方借钱投向房地产，炒作和投机成风，有些人甚至辞去工作专职炒楼。人们用证券或者房产作抵押，向银行借钱再投资房地产。于是就有了材料中的一个东京银座的小警察岗亭，被当作抵押在银行申请到了用来炒房的 630 亿日元贷款。而汇率的市场化和美元的贬值也吸引了大量的国际资本进入日本的房地产市场，进一步加剧了日本房地产的投机与炒作。日本的房地产泡沫从此诞生并迅速膨胀，投资者们也逐步变得疯狂不可控。

再美丽的泡沫终将毁灭。早已脱离房地产基础价值的房价已经岌岌可危，投资者们敢于用一波一波的高价去抢购房地产，是因为他们总认为有资本来接盘，是“博傻理论”的典型表现。当日本的房地产资产已经在世界范围内占比斐然的时候，人们开始意识到泡沫的风险。国际资本不断地撤离，日本政府也意识到了危机，在短时间内采取了一系列紧缩政策，上调贴现率和贷款利率，控制了金融机构向不定产融资的规模，调整土地收益税，严管土地的价格，这一系列的措施

① 丁如曦，李东坤．日本房地产泡沫形成及破灭原因的综合检视及其对当代中国的启示［J］．当代经济研究，2019（07）：101-112.

使得房地产的价格迅速下跌。而日本国内的实体经济在多年对房地产的投机炒作中因得不到资金支持而发展缓慢，投资者对于经济主体预期悲观，市场情绪恐慌，甚至在股价暴跌的过程中，投资者们感受到了绝望，至 1992 年东京房地产总值缩水 93 万亿日元，日本房地产泡沫彻底破灭。

日本的房地产泡沫系统性地重创了日本的经济，国内的经济体和组织资源配置错乱，社会结构失衡，企业和个人也承受了巨大的经济损失，日本的经济增速也长时间处于低迷状态。这次泡沫事件也存在着积极作用，泡沫破灭后促使日本回归经济正规，调整经济结构，加强技术创新等。

五、金融市场的异象——近期的泡沫篇

（一）美国千禧年网络泡沫

1. 案例

美国 20 世纪 90 年代，美国股票市场的纳斯达克指数是华尔街最为炫目的焦点，被看作“新经济”的象征和标志。1994 年年初的指数还在 3600 点附近徘徊，1995 年 8 月 9 日网景上市后，到 1999 年，就突破了 11000 点大关。在新千年开始后的头两周，道琼斯指数攀升至 11722.98 点的顶峰。事实上，从 20 世纪 80 年代起，股价便一路攀升。这一趋势一直持续到 2000 年 3 月。尤其在 2000 年前后，股价几乎是直线上升，股指如同一枚火箭一般直冲上天。这次大规模股市繁荣被称为新千年繁荣。似乎千禧年的庆典本身是市场推动因素的一部分。

然而美国国内当时同期的一些经济基本指标并没有同幅增长。在过去 15 年内，美国居民个人收入和国内生产总值 GDP 增长不到 30%。如果剔除通货膨胀因素，这个数字要降低将近一半，企业利润增长也不到 60%。从这些数据中我们不难看出。股价如此大幅度的增长是缺乏实际经济基础的，尤其是对于互联网公司股票，如雅虎、易趣、亚马逊等更是如此。这些公司提供互联网服务，但几乎没有什么资产，而且所获盈利也是负值。但是他们的股价却能持续升高，获得数以亿计的市场资本。

当时的美联储主席格林斯潘用“非理性繁荣”来形容股票价格快速上涨导致的过度扩张，并警告经济增长不可持续，而投资者将大量财富投入被高估的高科技公司，这些公司的投机性导致它们无法赚取利润并浪费投资。

然而好景不长，微软、IBM 等高科技公司的股价在非理性繁荣的影响下上涨。从 2000 年 3 月开始，该指数创 5048.62 点新高起计算，至 4 月 14 日止，已下跌 1700 余点，一个月来跌幅高达 34.2%。而以传统绩优股为主的道琼斯指数“灾情”也不轻，自 1 月 14 日攀上 11722.98 的新高点后即告下滑，曾跌破一万点，后虽有反弹，但好景不长，3 个月跌幅也已超过 12%。纳斯达克综合指数进入了一个长达 7 个月的区间震荡，到年底跌破 3000 点，到 2002 年的 10 月份跌至 1108.49 点。

1995—2000 年科网泡沫期间上市的近 1400 家美国科技企业，到 2002 年年底，已经有一半或破产或被收购。每个科技的子板块只有 1~2 家活了下来，而现在美国前 60 大科技股中，还有 11 个科网泡沫的产物。其中 Amazon 和 Priceline 尽管在泡沫破灭时，它们的股价也曾下跌 90%以上，市销率跌至 1 倍以下，但也在泡沫破灭后继续保持稳健的增长态势并发展成为当今的科技巨头。

这场开始于 1995 年 8 月 9 日的网景上市，到 2002 年 10 月 9 日见底于 1114 点，市值损失超过 4.4 万亿美元美国网络泡沫，是美国历史上继 1929 年之后规模最大的股市崩盘。①

2. 分析

2013 年诺贝尔奖获得者席勒（2016）在他的《非理性繁荣》一书中对美国的 20 世纪 90 年代的互联网千禧繁荣进行了详细的描述：万维网在 1993 年 11 月首次出现在公众的视野中，1994 年 2 月 Mosaic 网络浏览器公开面试，人们开始接触达到互联网的世界。互联网的技术为所有人提供了丰富多彩的休闲娱乐及当前的资讯，传递的有关未来的信号比电视传出的信号更为生动，人们可以通过电

① 案例改编自：美股千禧泡沫二十年：人类从不以史为镜［EB/OL］.（2021-03-21）［2023-04-25］. https://baijiahao.baidu.com/s? id=1694832585215491815&wfr=spider&for=pc；饶育蕾，彭叠峰，盛虎. 行为金融学［M］. 北京：机械工业出版社，2018。

子手段漫游世界，完成以前不能做到的事。互联网给人们直观的体验和强烈的震撼，以及互联网本身作为一项重要的技术进步，人们也直观地认为互联网具有的重大经济意义。根据数据显示，1994 年的美国公司利润增长了 36%，1995 年增长了 8%，1996 年增长了 10%，这一增长差不多与互联网的诞生同时发生，而美国公司利润的增长得益于 1990—1991 年萧条后的持续经济复苏、美元汇率的走低、其他国家对美国资本及技术出口的强劲需求等因素，和当时新兴的互联网公司尚无关系。

然后，随着新千年的到来，人们对未来充满乐观的情绪，夹杂着媒体铺天盖地对新兴互联网公司的业绩前景的吹捧，使得投资者们开始对互联网公司充满了正向的乐观预期。1995 年 8 月 9 日网景上市，以 28 美元一股开盘，最高价格上涨到 74. 75 美元，最后以 58. 25 美元收盘，上涨幅度达到 208%。网景公司的强势上市，拉开了众多新兴互联网公司如雅虎、Ebay、亚马逊等公司上市的序幕。“. com”或者“. net”的公司在股票市场中大放异彩，市场也掀起了网络公司更名热潮。有些公司更名为了显化自己的互联网业务，或者显化自己公司与互联网业务的一丝丝联系，而有些公司与互联网业务即使没有任何关系，也进行了互联网式的更名。市场中众多互联网公司的上市给投资者提供了投资标的，投资者在其他股民在投资互联网公司短期内赚取的巨额财富的诱惑下纷纷买入，很多人甚至辞掉工作专职炒股。在市场众多网络概念股争相上市和投资者的狂热投机交易下，市场出现了一片繁荣的景象。

美联储主席格林斯潘说这是一种“非理性的繁荣”。从材料的数据来看，美国国内当时同期的一些经济基本指标并没有同幅增长，股价如此大幅度的增长是缺乏实际经济基础的，尤其是对于互联网公司股票，如雅虎、易趣、亚马逊等更是如此。这些公司提供互联网服务，但几乎没有什么资产，而且所获盈利也是负值。但是他们的股价却能持续升高，获得数以亿计的市场资本。缺乏业绩支撑的泡沫一戳即破。当公众从互联网光鲜亮丽的神话中清醒过来后，意识到风险已经到了转向的关口，于是人们开始大量地抛售股票，希望能在泡沫彻底破灭前赚取自己的超额收益。当悲观的情绪在市场传染和蔓延时，下跌之势势不可挡。从 2000 年 3 月，该指数创 5048. 62 点新高起计算，至 4 月 14 日止，已下跌 1700 余点，一个月来跌幅高达 34. 2%。随后，纳指就进入了一个长达 7 个月的区间震荡，到2002年的10月份跌至1108.49点。1995—2000年科网泡沫期间上市的近1400家美国科技企业，到2002年年底，已经有一半或破产或被收购。其中Amazon和Priceline上市以来市值年均上涨30%和20%，尽管在泡沫破灭时，它们的股价也曾下跌90%以上，市销率跌至1倍以下。新千年的网络股票泡沫就此破灭。

投资者的过度乐观与过度自信使得他们在投资过程中产生了证实偏差，忽略股价下跌的信息而轻信利好的信息，乐观情绪在投资者群体和社会中的传染和蔓延，致使市场逐渐变得疯狂。人们对财富贪婪的天性促使市场从上市公司到普通的投资者都开始失控，非理性的繁荣终将回归理性，膨胀起来的资产泡沫终将破灭。

（二）2007年美国次贷危机

2007年的美国次贷危机是怎么发生的？金融市场的泡沫是如何产生又怎么破灭的？这次金融泡沫事件如何影响美国又波及全世界的呢？

在这一场次贷危机中，投资者在房地产市场、信贷市场及金融市场的过度乐观与过度悲观的情绪，导致了他们疯狂地追涨与杀跌，看着泡沫起，看着泡沫灭，资本的魔咒再一次上演。

这次危机起源于美国房地产市场。自从美国2000年网络泡沫破灭后，为了刺激投资和消费，拉动美国经济增长，美国政府出台宽松的货币政策，从2001年至2003年6月，连续13次下调联邦基金利率。大量的流动性资金进入房地产市场，受益于美国经济的强劲增长，房地产成为经济的一大支柱产业，房价从1995年起保持稳定上涨；1995年至1999年，房价涨幅不超过5%，新建单户住宅平均售价与人均可支配收入比维持在7.9。而到2007年房地产价格上涨到9.9%。持续上涨的房价既没有建立在住房市场的真实需求上，也没有以居民可支配收入为支撑。投资者的乐观预期催生了房地产市场的初级泡沫。

美国政府出台的货币宽松政策也使得银行储备了大量的资金作为贷款的筹码，为了获得更多贷款利息，美国金融机构包括银行、储蓄机构、房贷公司、金融控股公司，这些贷款机构不断降低了贷款标准，相比于标准抵押贷款，他们将更多的资金投资贷款投向了次级抵押贷款市场。次级抵押贷款是指贷款机构向信用程度较差和收入不高的借款人提供的贷款。在房地产市场价格的上升期，即使信用不高、还贷能力差的人也想通过将房子抵押贷款获得资金进行消费和进一步投资房地产以获得买卖的收益差价，投资者的乐观预期与贷款机构对于次级抵押贷款的大量发放，导致次级贷款的规模不断扩大，截至2006年次贷规模达到1.5万亿美元。在此期间，民众普遍看好房地产市场，而房子的次级抵押贷款使得市场资金的流动性大大增加，大量热钱涌入，房屋价格继续上涨，更多的资金涌入，房屋价格被进一步抬升。投资者的过度乐观情绪和次级抵押贷款的热销，初步由房地产导致的危机向信贷市场转化，而房地产市场的初级泡沫也被信贷市场的热潮逐步膨大。

美国房贷机构的规模大多较小，为了提高资金的流动性，需要更快捷的资金融资渠道，于是他们把目光伸向了资产的证券市场。他们将房屋抵押权作为担保，按照数量、期限、利率和风险特征进行打包，组成资产池，以这个资产池产生的现金流作为基础发行各种抵押证券。将次级房屋抵押贷款权证券化，一方面增加了房贷公司的现金流，另一方面也把抵押贷款的风险和收益转移到了资本市场。购买次级贷款房屋抵押证券化产品的金融机构遍布各大金融机构，比如养老基金、保险公司、商业银行、共同基金购买、投资银行、对冲基金等，其中有着85年悠久历史的著名投行贝尔斯登和雷曼兄弟的业务就大量涉及其中。而对冲基金的投资者也涉及包括法国、德国、荷兰、澳大利亚、日本等国家和地区市场的大幅范围。资产证券化后，信贷市场的风险和收益蔓延到美国及全球的资本市场，市场的金融泡沫在资本市场的介入后极限膨胀。

资产一旦严重地缺乏它本来的经济价值的支持，风险随之而来，投资者对资产未来的信心开始动摇，对于上涨到前所未有的高房价开始恐慌，投资者普遍存在的处置效应提醒他们要快速将资产卖出，将资金握在自己的手中才算安心，于是投资者这时会选择卖出自己手中的房屋，而也有一些房屋投资者为了周转资金选择卖出房屋。此时市场上代售的房屋增加，供过于求，房屋的价格开始下跌。投资者的处置效应会在市场中蔓延，越来越多的投资者都希望在至少不亏的心理基础上降低自己的预期卖出房屋，房屋的价格进一步下降。一轮一轮下跌的价格，造成了市场的恐慌，而很大一部分投资者的资金来源于信贷机构的贷款，楼市价格的急剧下跌使他们失去了偿还能力，只能将资产抵押，然后房屋价格的急剧下跌，资产急剧缩水，资不抵债，次级抵押贷款的整体违约率急剧上升，信贷机构支持次级贷款证券的违约风险增加，风险由房地产市场传递到信贷市场。而这些证券的信用评级也被调低，证券价格大幅缩水，持有这些证券化的机构投资者的资产遭受了巨大的损失，风险再一次由信贷市场传递到了证券市场。

金融资产的危机从房地产市场到信贷市场，再到资本市场，风险一级一级地传递，危机也一级一级地传导，市场中投资者的恐慌情绪也不断蔓延，不断被吹大的泡沫也瞬间破灭。这一场危机使得美国的房地产市场、信贷市场、股票市场、大宗商品、实体经济等都遭受了巨大的冲击。美国道琼斯工业指数从2006年最高14000点一路跌破7000点。代表高科技的纳斯达克指数也从2800点最低跌破1400点；大宗商品上的原油价格从最高140美元/桶跌倒35美元/桶。贝尔斯登也在这一次危机中从股价170美元到资产缩水到2美元，最后被摩根大通以美股5美元收购。而雷曼兄弟的股价在这次危机中跌至0.13美元，跌幅达到99.79%，最后宣布破产倒闭。而实体经济的发展由于房地产市场对于其他行业的强大的“虹吸效应”严重受阻。而这场危机也通过投资者的心理预期传导到了欧洲许多国家的次级抵押贷款的房地产市场和信贷市场；证券市场中的异动也蔓延到了全球的证券市场，持有美国次贷相关金融资产的机构投资者遭受了资产价格大幅下挫带来的损失，跨国金融机构也由于在美国遭受了损失而调整金融资产的比例，这一举措引发了其他国家股票市场的恐慌性下跌。

这一次金融危机也给我国金融市场的健全和完善提供了一定的借鉴。谨慎对待金融创新，完善金融监管体系，正确引导投资者的情绪，增强投资者的风险意识，尽量减少非理性泡沫的产生。①

（三）中国金融市场2007年和2015年的泡沫

1. 案例

（1）2007年牛市的背景：2005年，中国的股市如同一壶煮沸的水，上下浮

① 案例改编自：王雨．美国次贷危机传导机制的研究［D］．北京语言大学，2009；王琳．2008年美国次贷危机分析［J］．商，2015（25）：106-107。

动着气泡。股民们既兴奋又郁闷。兴奋的来源在于，压抑股市长达四年的股权分置问题终于迈出了实质性的一步，这就像打开了一个久堵的闸门，股市的活水得以流通。然而，郁闷也在同一时间涌上心头。因为在周边资本市场走好的大背景下，沪指却从2001年的2245点一路下跌到2005年6月的998点，这是中国股市自1997年以来九年内的最低点。尽管有着“没有只跌不涨的股市”的谚语慰藉，但在A股市场经历了长达四年的熊途之后，人们对于股市的信心仍然处于低谷。

在这个关键的节点，股改应运而生，成为推动股市发展的主要力量。中国资本市场在初建时期，主要服务于国有企业。国有股和法人股无法像普通股一样在市场上自由流通，这导致了国有股、法人股和普通股之间存在“同股不同权，同股不同利”的现象。这一现象给市场带来了诸多问题，例如恶性圈钱、市盈率过高以及无法有效与国际接轨等。股权分置的问题一直困扰着中国股市的发展。

股改的目标就是要改变这一现状，让国有股和法人股能够像普通股一样参与市场流通，实现同股同权、同股同利。这样，国有股和法人股的持有者和大股东也可以通过期权等激励方式吸引优秀人才，稳定管理团队，从而有利于公司的规范发展，有利于上市公司利用资本市场实现超常规发展。这样的改革举措，无疑为中国的股市注入了新的活力，也为未来的发展铺平了道路。股市的走势往往受到资金面的影响，而从2003年开始，一股主力资金便开始大举进军股市，其中包括社保基金、QFII以及保险资金等超级主力。这些资金的进场为A股市场注入了强大的动力，提供了大量的新鲜血液，使得股市走好的基础更加坚实。

2005年3月7日，保险资金正式启动A股二级市场的直接投资，这一举动标志着中国资本市场的发展迈出了重要的一步。泰康人寿顺利完成直接投资国内A股市场的第一单，成为首家直接投资国内A股市场的保险公司。包括中兴通讯、盐田港A、长江电力在内的5只股票成为泰康人寿进军国内A股市场的首批交易对象。从此，保险资金也直接进入A股的二级市场，这不仅拓宽了保险公司的投资渠道，也有利于促进股市的繁荣发展。

因为股权分置改革的推动，产业资本也受到了极大的鼓舞，做多热情明显加大。与社保基金、QFII、保险资金等超级主力资金一道，中国的股市迎来了源源不断的资金支持。这些资金的进场为中国股市提供了海量的“活水”，使得股市得以持续稳健地发展。随着更多主力资金的关注和大量资金的涌入，中国股市的未来发展前景十分广阔。

随着牛市的持续深入，大盘屡创新高，基金发行也屡创新高。到了 2007 年，民众的投资观念发生了翻天覆地的变化，纷纷转战深沪股市，中国股民的队伍也在不断扩大，从 5000 万到 8000 万，再到 1 亿，全民炒股的时代真正来临。

在那个时期，很多新股民加入股市，这些新股民在股票市场的参与度和热情都非常高。当时股价上涨迅猛，许多以前没有炒过股的人看到这个理财渠道超过自己存银行的收益，都去开户并拿出自己多年的存款进行投资。这种投资热情推动了当年上证指数直接冲破 6000 点。在这个大牛市中，散户投资者成为股市的主人翁，他们积极参与交易，推动了市场的发展。根据《股市月度资金报告》的统计显示，在 2007 年 4 月份接近 2500 亿的流入资金中，机构资金只有 1/3，而其余 1600 亿以上应为个人资金的贡献，个人资金与机构资金的比例已经达到了 2∶1。而在 2006 年的 11、12 月，深沪两市的资金 9 成以上还来自机构。在短短几个月内，A 股市场的新资金主流已经基本转换至以个人为主。

在这个全民炒股的年代，大批的个人投资者以“蚂蚁啃骨头”的精神持续入市，推动市场持续繁荣。在这个过程中，很多投资者试图通过自我钻研搞清楚股市的运作规律，例如 K 线图为何物，辨别买进卖出的成交量以确定是否有庄家藏身，等等。他们积极学习并参与到这场股市的盛宴中来。

源源不断入市的资金，支撑着这个“传销游戏”的接力棒往下传递。截至 2007 年 5 月，中国的股票交易账户总数已达到 9500 万个，较一年之前剧增了 30%，据中国证券结算登记有限公司的数字，仅上周三一天，股市新开户数就达到了 552559 个。这还不包括间接持有股票的人数。股票资产大约占社保基金 4500 亿总资产的 39%。每个股民都有太多正当的理由从泡沫中分一杯羹。银行存款低息，北京四环外的房产价格已经是万字打头，还有读书、看病、养儿育女等一大堆数字未卜的人生大事。“我们辛苦工作抬高了一切资产价格，我们也要分享改革开放的成果。”2007 年年初，上证指数开盘 2728 点，而这个开盘指数几乎就是全年的最低点。随后沪深股指一路狂飙，2007 年 4、5 两个月，上证指数从 3000 点上涨到了 4200 点，涨幅高达 40%，而到 2007 年 10 月，上证指数上涨到 6124 点，成为中国股市 2007 年大牛市的黄金期。两市 99%的上市公司市值上涨，股民 100 个有 98 个赚了钱，其中，有超过一半的人实现投资翻番。在这个全民炒股的时代里，每一个参与者都似乎在股票市场中找到了属于自己的机会和财富。

随着市场的日益繁荣，投资者的热情高涨，监管机构却不断发出风险警示。然而，在各种利好因素的推动下，上证指数在 2007 年 10 月 16 日达到了惊人的 6124 点，成为历史高点。但随后，中国的通胀压力持续加大，基金发行市场被迫暂停，美国次贷危机爆发，中国石油股价大幅下挫以及大小非的减持等利空因素接踵而至。这些因素共同引发了第七轮熊市，市场出现了前所未有的下跌趋势。

在这次熊市中，上证指数和深成指数均出现了惊人的下跌。上证指数在短短的时间内连续跌破一个个整数关口，最终在 2008 年 10 月跌至 1664 点，相比最高点下跌了 73%。与此同时，深成指数也经历了类似的下跌过程，从最高点的 19559 点跌至 5577 点，跌幅高达 69%。这场熊市堪称是史上最严重的市场低迷。

幸运的是，随着 4 万亿投资政策的推出，政府出手救市，最终结束了这场第七次超级大熊市。这一政策的实施有力地提振了市场信心，使得中国股市逐步走出低谷，重新回到正轨。在经历了一段时期的调整后，中国的股票市场得以恢复稳定并继续向前发展。①

（2）2015 年股市泡沫的背景：2009 年至 2010 年，中国经济经历了严重的房产泡沫和通货膨胀，物价飞涨，经济受到了极大的冲击。由于过度透支信贷，以及全球金融危机和欧洲债务危机的冲击，国外需求严重萎缩，这导致了国内产能的严重过剩。高利贷和破产成为老百姓心中的痛，亲戚朋友之间的借贷关系也因此恶化。在这种背景下，上证指数持续走弱，不断创下新低。传统的周期性行业股票纷纷跌破净值，沪市平均市盈率几度跌破 10，但市场并未出现止跌的迹象。尽管 2013 年创下了最低点，但个股始终未寻找到真正的底部，这使得市场更加充满了不确定性。直到 2014 年 1 月至 3 月、5 月及 7 月，上证指数三次触及 2000 点而未能向下突破，这似乎暗示着股市已经逐渐接近底部。

在这样的情况下，股市的底部似乎越来越近了。尽管市场仍然存在不确定

① 案例改编自：疯狂的 07 年股市［EB/OL］.（2021-09-15）［2023-04-25］. https://www.cfhszx.com/gushi_936138。

性，但投资者们开始逐渐恢复信心。一些有远见的投资者开始关注股市的投资价值，并寻找被低估的优质股。随着时间的推移，股市逐渐开始反弹，并最终走出了底部。这一时期也成为中国股市历史上的一个重要转折点。

2014 年 7 月至 11 月期间，上证指数从 2000 点稳步上升至 2500 点，实现了约 30%的升幅。这一行情的重要特征是，上证指数在慢涨的过程中逐渐突破了 60 日均线，呈现出整体横盘逐步抬升的态势。尽管成交量略有上升，但并未出现持续的大量买入现象，因此，市场中的大多数人仍未能摆脱熊市心态。在这个阶段，市场的主要热点集中在主板的军工板块、涉及京津冀地区以及“一带一路”港口基建板块以及中小盘的手游网络股。与此同时，券商股开始展现出强势的横盘预热态势。

从整个大牛市的视角来看，这个阶段可以被视为股市从大熊市向大牛市的重要转折点，也可以说是大牛市的准备阶段。它在整个市场周期中起着承前启后的关键作用。在这个阶段，技术趋势线在 A 股市场中得到了完美的应用。投资者在股票价格走出下降趋势并停止创新低后，应坚决买入并持有严重低估的板块，从而在蓄势中获得更好的投资收益。总的来说，这个阶段是 A 股市场筑底后稳步抬升的过程，为投资者提供了识别并抓住潜在投资机会的重要时机。

2014 年 11 月至 2015 年 1 月，上证指数从 2500 点跃升至 3300 点，展现出强劲的涨势。此次行情的显著特点是，随着突然的第一次降息开启，上证指数如井喷般爆发，连续的大阳线极大地聚集了市场人气，使得 A 股市场开始受到社会的广泛关注。在这一阶段，券商板块的表现尤为抢眼，集体以短期集中性的连续涨停形式呈现，短期内连续涨 2～3 倍。同时，以中字头为主的核高基板块领涨，短期之内实现翻倍增长。此外，许多被严重低估的金融股、钢铁等传统周期性行业也受到市场热捧。然而，在此期间，小盘股却遭遇了暴跌。这是因为在这样的行情下，前几年对冲基金（做多小盘，做空指数）的策略被逼入被动清仓的境地。

从整一轮大牛市的角度来看，这次强劲的拉升将 A 股迅速从大众犹豫的熊市状态中唤醒，明确地表明牛市真的已经到来。由于指数在短期内迅速拉升到 3000 点，A 股开始受到社会的广泛关注，做多的气氛被迅速带动起来。然而，此时赚钱的板块并不多且集中在少数几个板块，整体赚钱效应不够明显，导致多数小盘股散户在这段时间内遭受损失，“满仓踏空”的说法也因此盛行。但是，能够坚持的人最终能够获得非常好的收益。而那些在第一波拉涨的权重股板块中进行投资的散户，则可能会错过后来的题材股行情。这个阶段标志着A股市场的第一次强劲拉升，市场的变化快速而且显著。尽管小盘股遭遇暴跌带来了短期的压力和挑战，但长期来看，牛市的到来为投资者提供了丰富的机会和可能。这一次的拉升不仅带起了整个市场的人气，也预示着未来更大的上涨空间和潜力。

在2015年的早春，也就是从一月到三月，上证指数经历了一次重要的调整。这次调整从3400点滑落至3100点，市场的下跌趋势持续了整整三个月。尽管这次调整的幅度并不算大，但在当时的市场环境下，却引发了投资者们的恐慌和疑虑。在这次调整中，市场呈现出一些显著的特点。券商板块在经历了一段时间的狂热上涨后，终于在调整中暴跌收场。与此相反，基建板块的表现则相对稳健，虽然有所下跌，但整体来看跌幅有限，呈现强势整理的态势。小盘股也在这次调整中继续保持了稳定的整理态势。虽然这次调整并未对市场造成太大的冲击，但投资者们对市场的信心却明显不足。大市的持续大幅上升使得投资者们对于市场的走势越来越疑虑，市场情绪也开始变得焦虑。然而，从整个大牛市的视角来看，这次调整是市场估值迅速回归后的初步整理阶段。这一阶段不仅夯实了市场的底部，也使得市场的估值中枢更加稳定。更为重要的是，这次调整为下一阶段的主升浪奠定了坚实的基础。

接下来一场轰轰烈烈的牛市浪潮席卷了整个股市。从2015年3月至5月，上证指数从3300点飙升至5100点，而创业板和中小板的升幅也接近了100%。这一阶段的行情持续时间长，指数涨幅巨大，市场的牛气十足，为投资者们带来了强烈的赚钱效应。在这个时期，新股民开户数量迅速增加，股市的活跃度和热度也随之提升。人们重新开始热议股市，几乎所有身边的新股民和准股民都在这个阶段纷纷入市。市场的繁荣不仅在股票指数上得到反映，而且众多热门板块也呈现出了精彩纷呈的局面。这一轮股市的上涨行情可圈可点。蓝筹股和题材股共同起舞，出现了全面上涨的态势。南北车合并引领的中字头央企改革股成为主板市场的领涨板块，而中小板的各种新兴产业，以及互联网的所有板块涨幅均在2~3倍以上。此外，核电股、智能机器、医药、工业4.0等新兴概念的炒作也得到了极大的强度。特别值得一提的是，这一阶段几乎所有的高价股都集中在创业板的信息股中。与此相对的是，第一波的港口、军工、金融股在这个阶段的表现并不出色，金融股更是成为跑输大市的板块。尽管如此，整体来看，这一轮大牛市的炒作高潮仍然为投资者们带来了可观的收益。

这场牛市浪潮迅速引发了社会上的关注和热议。大量的资金涌入股市，形形色色的投资者们开始积极参与到这场股市盛宴中来。一时间，炒股成为全民热议的话题，社交场合中也开始频繁谈论股市。各种关于股市的信息、经验和观点在人们之间快速传播，股市成为社交必备的话题。这一阶段的牛市行情也是一次不同寻常的炒作高潮。大盘国企股和新兴产业股全面推向高潮，市场的阶段性主热点十分突出。这次炒作高潮不仅拉高了所有低价股的股价水平，而且也为下一阶段的主升浪奠定了坚实的基础。

2015 年 5 月至 6 月，上证指数和创业板指数在经历了一波快速上涨后，达到了阶段性高点——5179 点和 4037 点。这一阶段的主要特点是市场波动性显著增加。具体表现为，股票指数在单日内的涨跌幅度和上下浮动超过 5 个点的情况频繁出现。此外，暴跌后迅速拉起的次数也明显增多。更关键的是，在高位大量成交之后，市场出现了一种疲软的涨势和缩量的情况。这种成交量与价格走势的背离，实际上意味着大主力已经在高位将多数筹码交给了散户。此时，市场的风险已经悄悄降临。一些敏感的投资者开始警觉，并开始考虑股价的高峰可能带来的风险。然而，对于股市的新手来说，他们对此并没有感觉，因为他们中的许多人才刚刚开始在股市中活跃，只有一两个月的时间。这些新投资者往往抱着投机的心理，盲目地追逐市场的热点。在这段时间内，中国中车完成合并后不久，6 月 9 号确认见顶。随后，市场出现了一波迅猛的下跌，大量股票价格连续下跌超过 50%，许多抄底者被套牢，而之前两次跳水都因强势收回而形成了跌停板，这让他们形成了跌停抄底容易成功的错误思想。这一波的下跌给投资者带来了巨大的损失。

在接下来的 2015 年 6 月至 2016 年 1 月，上证指数从高位 5100 点一路下跌，最终回到了 2600 点。这一阶段的行情特点十分鲜明：在上涨的时候，股票价格沿着 5 日均线稳步上涨；而在下跌的时候，则是每天暴跌百点，甚至常常出现千股跌停的壮观景象。在这段时间里，市场的下行趋势持续不断，由于缺乏有效的反弹修正，投资者们的信心开始逐渐瓦解。在反复的下挫中，散户们逐渐开始了撤离，成交量也逐步下降，股市的人气也随之逐渐降低。股价大幅下跌，投资者的损失不断扩大。市场的波动性极高，投资者们惊慌失措，纷纷抛售手中的股票以减少损失。这种恐慌情绪的传播使得市场进一步恶化，形成了一种恶性循环。①

2. 分析

2007 年、2015 年中国股票市场的这两次金融泡沫的产生首先都是由政府的政策推动的。2007 年借力于股改，让国有股和法人股向普通股一样参与市场的流通，实现全流通的同股同权、同股同利，大大地激励了公司管理团队利用资金市场管理提升公司绩效的能力。稳定的管理团队，规范的公司发展为后续社保基金、QFII、保险资金等主力资金的注入提供了平稳的市场投资环境。而 2015 年中国股市的牛市被广大投资者戏称为“杠杆牛”。2014 年 5 月，证监会发布了《首次公开发行股票并在创业板上市管理办法》和《创业板上市公司证券发行管理暂行办法》，放宽了创业板首发条件以及建立创业板再融资制度，杠杆资金环境宽松，为股价的上涨提供了流动性基础。

历史上所有金融泡沫的产生都离不开大量流动性的资金注入及疯狂的投资者。在中国这个新兴的资本市场，投资者有着自己的特点。相比于西方国家的一些成熟的市场，机构投资者占有大多数，而在中国的金融市场，个体投资者占有 90%以上。这些散户一方面金融知识储备较少，缺乏机构投资者的专业经验、专业技能以及信息渠道，在投资的过程中很难把握宏观经济走势与产业政策方向，作出比较合理与正确的评估及研判；另一方面，个体投资者却相当容易受市场上各种真假消息的误导，特别是一些不良机构投资者的烟幕弹干扰，他们只是一味根据一些媒体的舆论指引“道听途说”来买卖股票。在这两次泡沫中，都有大量

① 案例改编自：回顾 2015 年大牛市［EB/OL］．(2019-06-30)［2023-04-25］．https://caifuhao.eastmoney.com/news/20190630201055164795250。

的新投资者涌入市场，2007 年市场的新增开户数由 1 月突破的 200 万增加到 9 月的 900 万。2015 年 4 月新增开户数也由 2014 年 7 月的 100 万增加到 500 万。在这两次大的牛市中，几乎全民炒股，而且在 2015 年，很多股民利用高杠杆借贷炒股票，而这些新增的投资者大多数都是后知后觉，他们因为看到先知先觉的投资者获得的财富而羡慕加入股市，不断新涌入的投资者为企业也带来了大量的资金，也导致股票的价格在短期内急速上升，股票市场的泡沫不断被膨大。

从中国金融市场的制度结构而言，我国 A 股市场建立不到 30 年，属于非常年轻的新兴市场，我国市场中的上市公司信息披露的制度不够健全，上市公司的治理也不够完善，有效性更低。在这种市场环境下，投资者处在不完全对称的信息中，投资者为了节约搜集信息的成本，更容易选择从众。当他们看到很多其他的投资者很轻松地在市场上赚取财富时，由于代表性的启发偏差，他们会忽略股市价格支撑的真实信息，而认为股价会一直涨下去，便跟风追涨买入股票。于是在市场的投资者群体中产生了羊群效应。投资者群体的乐观预期，对风险资产的需求也不断增加，乐观的市场情绪不断蔓延，股票的价格逐步上涨，泡沫也因此不断被膨大，而崩盘的风险也随之增加。

由投资者非理性引起的这两场市场泡沫终究会因为缺乏实体价值的支撑而破灭。2007 年 10 月 16 日见到 6124 的历史高点后，在中国的通胀持续升温、基金暂停发行、美国次贷危机、中国石油上市后大幅下和大小非的减持等利空影响下，股票的价格开始断崖式地暴跌。一个个整数关口被轻易攻破，直到 2008 年 10 月跌至 1664 点，跌幅达到 73%，深成指从 19559 跌至 5577 点，跌幅达到 69%。在 2015 年 6 月至 2016 年 1 月，上证指数从 5100 点回到 2600 点，股票下跌的时候是每天暴跌百点，屡屡发生千股跌停。在市场下跌的过程中，股票价格的下跌引起了投资者的恐慌，这种悲观的情绪随着羊群效应在市场中蔓延，而一些机构投资者利用个体投资者的心理进行投机炒作牟利，市场俗称“割韭菜”，个体投资者在这两场金融泡沫中遭受了更大的损失。在反复的下挫中，散户们逐渐开始了撤离，成交量也逐步下降，股市人气也逐渐降低，股价大幅下跌，投资者的损失进一步扩大，泡沫由此破灭。

六、金融市场的异象——疯狂篇

（一）疯狂的比特币

1. 案例

近年来，比特币和其他数字货币的出现吸引了来自媒体、学术界和监管层等各方的关注。比特币堪称数字加密货币老大，其基于去中心化特性与算法，是全球首个采用区块链技术的加密货币，更具优势的货币可转移性与保密性。它的诞生与发展离不开多个因素的影响，包括对传统货币体系的不满、加密技术的发展以及社交网络的影响等。比特币的起源可以追溯到2008年，当时一名自称为中本聪（Satoshi Nakamoto）的匿名人士在一份题为《比特币：一种点对点电子现金系统》的论文中首次提出了比特币的概念。在比特币诞生之初，它并没有得到广泛的认可和应用，大多数人甚至都没有听说过它。直到2010年，一名程序员Laszlo Hanyecz通过比特币购买了两份比萨，这才引起了人们的关注。随后，比特币开始逐渐走向公众视野，并得到越来越多人的认可和应用。2013年，比特币价格飙升，最高达到每个比特币1200美元的历史高位。但随后价格迅速下跌，导致一些人对比特币的价值和前景产生怀疑。然而，在接下来的几年时间里，比特币的价格逐渐稳定，并得到了更广泛的应用。

2017年，比特币价格再次大涨，最高达到每个比特币20000美元的历史高位。但随后价格再次迅速下跌，并经历了一段时间的波动。至今为止，比特币仍然是全球最大的加密货币之一，其市值和交易量一直居于全球前列。

数字货币创富神话暗藏投机泡沫。除了比特币，还有众多山寨币在市场上炙手可热，比如“狗狗币”。4月18日，据《每日经济新闻》报道，从廉价的山寨币走向炙手可热的全球第五大加密货币，狗狗币仅用了2个多月时间。4月15日，狗狗币大涨50%；4月16日再度暴涨，24小时内涨幅一度达250%，最高触及0.47美元/枚，总市值一度突破600亿美元。2021年以来，狗狗币最高涨幅逼近100倍；若从2020年3月13日低点0.001158美元算起，13个月的时间，狗狗币价格最高上涨405倍。

加密货币的暴涨和暴跌也离不开科技名人——马斯克的关系。除了“玩”坏特斯拉的股价外，特斯拉 CEO 埃隆·马斯克也搅乱了币圈。2021 年 11 月 11 日，北京商报记者注意到，打着马斯克旗号而生的 Lorde Edge 币，在短期内暴涨近 1300%后难止下行颓势。而这也并非币圈首次蹭上马斯克的热度，此前还有狗狗币、柴犬币甚至是以马斯克名字命名的加密货币“狗狗埃隆火星币”。业内分析人士直言，通过利用马斯克的知名度和流量，相关加密货币开发方从中获利，一旦泡沫破裂，将会带来巨大损失。据北京商报记者了解，11 月 7 日，马斯克更改了推特账户名，新名字为“Lorde Edge”。对于更名原因和新名字的具体意义，马斯克并未作出说明。正当用户对马斯克改名原因议论纷纷时，一款名为 Lorde Edge 的同名加密货币应运而生，于 11 月 8 日开始上线交易，当日成交量接近 2700 万美元，尽管并无直接证据表明马斯克与 Lorde Edge 币的联系，但这一币种也在上线后迎来了一波暴涨。

根据全球币价网站 CoinMarketCap 数据，诞生初期 Lorde Edge 币交易价格为 0. 000003192 美元，在上线一天后达到 0. 00002954 美元。11 月 10 日，Lorde Edge 币触及历史高价 0. 00004132 美元，较发行价上涨近 1300%。上线不足一周，Lorde Edge 币已经表现出多次暴涨暴跌现象，历史最低价仅 0. 000002724 美元。截至 11 月 11 日 19 时 45 分，Lorde Edge 币报 0. 00001485 美元，24 小时跌幅为 49. 29%，较其历史最高价跌去近七成，流通市值 144 万美元。

在独立经济学家、财经评论员王赤坤看来，通过利用马斯克的知名度和流量，Lorde Edge 币开发方可从中获利。受到发行价格、数量影响，Lorde Edge 币的流通盘较小，更多数量的加密货币被庄家锁定，庄家可以很轻易地控盘交易和币价，普通用户很难招架。

特斯拉首席执行官马斯克立场的频繁变化导致了加密货币市场受到了严重的冲击。他突然在社交媒体上宣布特斯拉已经暂停使用比特币购车，因为比特币挖矿和交易导致化石燃料尤其是煤炭的消耗量剧增，而煤炭是所有化石燃料中排放影响最严重的。此言论发表后，加密货币市场遭受重创，许多人的暴富梦想破灭。5 月 16 日，比特币价格跌破 4. 7 万美元，以太币价格暴跌 9%，12 万人交易爆仓。然而，在 5 月 17 日午后，马斯克又改变了立场，并在社交媒体上回应称特斯拉没有出售比特币。此言一出，比特币价格迅速反弹，1 小时内暴涨 2000 美元。数字货币市场就像过山车一样，完全由马斯克决定。他亲手戳破了数字货币的泡沫，使数字货币受到资本的影响。此前，马斯克投资了 15 亿美元的比特币，他的积极立场使中小投资者更加兴奋。然而，比尔·盖茨曾忠告说，大多数投资者不应该参与比特币的炒作，因为大多数人没有马斯克那么有钱。比尔·盖茨是环保主义者，他指出比特币开采消耗的电量惊人。现在，马斯克采纳了比尔·盖茨的观点，强调停用比特币购车。毕竟他制造的是新能源车，如果使用比特币购车，将与其资本运作和市场理念产生冲突，使他的特斯拉系列汽车承受耗费电能的原罪。此外，马斯克还在之前的节目中称狗狗币是一场骗局，导致狗狗币价格大跌。但随后又称明年 SpaceX 将发射的狗狗 1 号卫星将用狗狗币进行支付，引发狗狗币价格暴涨超过 20%。

比特币和狗狗币市场的价格差异是由马斯克造成的。这位充满争议的资本大佬通过社交媒体和新闻采访搅动比特币市场。从马斯克今年以来的言论表现来看，投资者或许可以认清他的真正意图。2021 年 2 月，马斯克购买了 15 亿美元的比特币。3 月下旬，他宣称可以用比特币购买特斯拉，引发比特币和数字货币的热潮。当然，他也卖出了 10%的比特币并获利 1.01 亿美元。由此看出，马斯克已经成为数字货币的深度参与者。他通过“割韭菜”的方式弥补实业造车的亏损。

顺着比特币、以太坊等加币加密货币交易的热浪，鱿鱼币、EDG 币以及 Lorde Edge 币等这些山寨币也趁机崛起。由于加密货币没有实体准入门槛低，庄家和投资者双方都以投机的心理参加到这场泡沫制造的游戏当中。然而，由于加密货币市场缺乏监管、没有实际价值及缺乏正规性，这些价值低、流通性差被投资者认定的“空气币”“传销币”都将在热点散去后都逃脱不了暴跌甚至归零的命运。① 比特币历史大事记如表 4-6 所示。

① 案例改编自：岳品瑜，廖蒙．马斯克不等于一定赚．加密货币泡沫丛生［N］．北京商报，2021-11-12（007）；张敬伟．比特币“坐过山车”资本可任性，散户不要跟风［N/OL］．（2021-05-17）［2023-04-25］．https：//baijiahao. baidu. com/s? id = 1700017143443560110&wfr = spider&for = p；比特币的诞生和发展：探寻去中心化数字货币的奥秘［EB/OL］．（2023-03-34）［2023-04-25］．https：//baijiahao. baidu. com/s? id = 1761177724634746841 &wfr = spider&for = pc；张敬伟．数字货币创富神话暗藏投机泡沫［N］．每日经济新闻，2021-04-20（006）。

表 4-6　　**比特币历史大事记**

时间	事　　件
2008.11	中本聪发表比特币的创世论文：《比特币：一种点对点的现金支付系统》
2009.01	比特币网络正式上线，第一个版本开源客户端 0.1 发布
2010.07	出现基于 GPU 显卡挖矿的软件
2010.12	世界上第一个矿池 SlushPool 挖出区块
2013.01	专用 ASIC 阿瓦隆比特币矿机问世
2013.10	比特币 ATM 机问世
2013.11	比特币价格飙升到 1000 美元
2014.03	央行发布《关于进一步加强比特币风险防范工作的通知》，要求各个银行和第三方支付机构关闭境内比特币交易平台的账户
2015.01—2016.12	比特币未出现波澜，似乎已被大众遗忘
2017.08	隔离见证被成功激活，比特币的第一个分叉币出现
2017.09	人行等七部委发布的《关于防范代币发行融资风险的公告》，要求国内交易所于 10 月底全部关闭
2017.12	比特币价格飙升至 20000 美元
2018.03	闪电网络上线比特币主网
2019.04	比特币价格突然暴涨，一度达到 5000 美元
2019.06	比特币价格再度突破 10000 美元
2019.10	中共中央政治局：把区块链作为核心技术自主创新重要突破口，加快推动区块链技术和产业创新发展
2020.03.12	比特币遭遇黑色星期四，从 8000 美元跌至 3150 美元
2020.05.12	比特币挖矿奖励第三次减半，产量由 12.5 个减至 6.25 个 BTC
2020.07.26	比特币价格再度突破 10000 美元
2020.10.16	OKEx 暂停提币，称部分私钥负责人正在配合公安调查
2020.12.16	比特币价格创历史新高，达到 21500 美元
2021.01.03	比特币达到 34600 美元
2021.02.17	比特币价格攀升至 50000 美元
2021.03.12	比特币价格持续走高，高达 60000 美元
2021.05.18	三协会发布《关于防范虚拟货币交易炒作风险的公告》

续表

时间	事　件
2021. 05. 19	比特币价格暴跌 40%，最低达 30000 美元
2021. 11. 10	比特币价格再度上涨，高达 68790 美元
2022. 06. 18	比特币价格一路走低，最低达 17708 美元。牛市已去，熊市漫漫

资料来源：军师百里守约．比特币历史大事记［EB/OL］．（2023-05-08）［2023-04-25］. https：//zhuanlan. zhihu. com/p/627663343？ utm_id=0。

2. 分析

以比特币为代表的加密货币，由于去中心化特性与算法，具有可转移性与保密性，在区块链的技术发展中，获得了一定的优势，也获得了投资者青睐。然而从货币发展演变的历史来看，货币是一定阶段经济社会发展特点的集中体现，国家信用是现代货币发行的基础，而比特币并不具备国家信用，它的发行本身就与央行本身的货币发行权存在冲突，而且在现有的货币金融秩序下，“去中心化”使其失去监管属性，从而让其加密优势变成短板，所以各国的中央政府都对比特币有着较为谨慎的态度，时紧时松的政策态度也紧密影响着投资者对数字货币的投资理念。

然而，比特币从开发至今，价格已经上涨数万倍，其他的数字加密货币的价格也上涨几百倍，这引发了人们对比特币为代表的加密货币价格是否存在泡沫的讨论。学者刘玉燕（2019）对比特币价格原始序列的爆炸性特征做了检验，规避了比特币内在价值难以计算的问题，从价格异常波动角度出发检验泡沫，同时对比特币的泡沫存续周期即比特币价格异常波动阶段进行估计。实证发现比特币价格在 2013 年年末和 2017 年下半年存在泡沫。陈坤养（2022）对比特别泡沫的存在以及存在时期进行检验，实证结果发现比特币存在泡沫，其中 2021 年上半年是泡沫频发的时期，这与这些时期的投机过热是有着很大的关系的。发现比特币在长期中最主要受到趋势项的影响，也就是长驱趋势的影响，这主要是取决于比特币本身所具有的价值。低频项表示的是比特币中期的走势，这主要是受重大监管事件等的影响，该事件在中期会对比特币的价格产生影响，但是在一定的时间之后影响逐渐消失。而高频项表示的是影响数字加密货币短期波动的原因，这反映了短期炒作和市场供需失衡的市场状况。

通过对比特币及其他电子加密货币股价的表现、数据的实证发现电子加密货币在价格上普遍存在着泡沫，那么是什么原因导致了这些价格的暴涨暴跌呢？

最重要的原因是电子加密货币在进入市场的过程中，已经脱离了科技本身和加密的属性，被市场上的资本所左右，区块链的技术也成了这场资本游戏的噱头。当电子加密货币的价格借着区块链科技的前沿性、去中心化加密的神秘性及货币本身的稀缺性这些美丽外衣的光环飞升时，众多的投资者、民间资金及以马斯克为代表的具有名人效应的资本大佬共同建立了这场击鼓传花的游戏。不断被炒作抬升的高价，就像一朵美丽的花一样，在投资者过度乐观的预期中，不断被敲击，此时市场中的交易者完全不考虑电子货币的真实价值，而是只看到在不断被炒作的一波又一波上涨的价格。每个人都清楚这朵美丽的花就像烫手的山芋一样有多么的热辣，但是都心揣着“博傻心理”预期未来能够以更高的价格将资产传到更“傻”的人手里，以高额的收益差将这个烫手的山芋传递出去。击鼓传花的游戏需要大量的投资者来参与，这样价格才能在敲击中不断地往上抬升，投资者的“博傻心理”体现了投资者对市场极度的乐观预期，这种极度乐观的情绪在市场中蔓延，群体的羊群效应使得大量的投资者不断地跟风追涨。再加上科技界的资本大佬马斯克利用他的知名度和流量，电子加密货币的外衣被包装得更加美丽和具有诱惑力，以比特币为代表的电子加密货币的价格泡沫已经膨胀到极限，风险一触即发。

对于电子加密获得的狂热交易本质上就是一场脱离资产真实价值的投机交易，在政府进行风险监管及资本在获利后的大幅撤离后，比特币的价格大幅下跌，而蹭热点的山寨币也在热度散去后，难逃暴跌甚至清零的宿命。Lorde Edge 币在诞生初期交易价格为 0.000003192 美元，历史高价 0.00004132 美元，较发行价上涨近 1300%，而在一周后，Lorde Edge 币报 0.00001485 美元，24 小时跌幅为 49.29%，较其历史最高价跌去近七成，流通市值 144 万美元。而 2022 年 6 月比特币也由历史最高 68790 美元跌至 17708 美元。至此电子加密货币的泡沫破灭，人们对数字货币也失去了信心。

（二）疯狂的鞋子

1. 案例

一双鞋子能用来干什么？除了穿着外，可能还有炒作。这些天，一种相当另类的投资标的——球鞋成为了热点话题。不同于以往的另类投资品，这次球鞋的炒作潮可谓明显“转型升级”，不仅有规模化的网上交易平台，还开发出了撮合、结算等功能，画出了有模有样的K线；一些平台甚至还提供实物代持、现金交割、杠杆交易等服务。倘若把标的物“球鞋”换成“股票”的话，俨然就是迷你版的证券交易所。

“全民热炒”在中国曾经多次出现。炒鞋之前，是炒房、炒股、炒币等。2001年，温州第一支购房团现身上海，带动“深圳炒房团”“山西炒房团”等炒房大军相继涌现，掀起“全民炒房”热潮；2007年，A股迎来牛市，大量股民入市，引爆“全民炒股”之风；2017年，比特币急剧升温，参与者一哄而上，爆发“全球炒币”运动；2019年，炒鞋在全社会骤然兴起，大量年轻人涌入，并带动社会成员的狂热参与，引爆“全民炒鞋”热潮。在本质上，他们都是人类群体行为。

按照惯有的常识，即便某些品牌个别型号的球鞋有限量版，具备一定收藏价值，但这终究是一个小众的市场，其流动性相当有限，但凡资金稍具规模就无法承受，也进不了入主流投资圈的视野。但这一次情形却很不一样，一些交易平台居然获得了数轮风险投资，号称估值上亿美元。显然，资本方这么大的投入一定有着更为奔放的野心，保不准目标就是资本市场变现退出。

炒鞋市场的发展过程可细分为以下三个阶段：（1）初期的青年自发组织和圈子文化阶段。在2015年之前，球鞋文化还仅仅是一种小众的青年亚文化，为特定的青年群体所推崇和热爱。那时，一双球鞋动辄上万元的价格形成了一道高高的门槛，将很多人挡在门外。成熟稳重的人通常不会花费如此多的资金购买球鞋，因此这种文化只能在青年群体内部流传，并没有大规模扩散。在这个阶段，鞋迷们通常会在实体店铺前排队，以争取购买原价鞋的机会，如果无法购买，他们大多会选择放弃，并不会过多考虑以高价向他人购买。（2）互联网大规模营销阶段。随着时尚元素和潮流文化的不断冲击，越来越多的年轻人开始接触并参与到球鞋的炒作中来，这使得球鞋的需求量、关注量和购买量急剧上升。互联网技术的进步推动了各类球鞋交易网站、交易平台和自媒体平台的上线，“抽签摇号”成为主要的发售方式。这些平台催生了一大批专职或兼职的球鞋贩子参与抢购，并会进行二次甚至多次的加价售卖。在这个阶段，原价购鞋变得越来越困难，“炒鞋”的现象也日渐突出并逐渐扩大。2019年8月，Air Jordan 和 Nike 的大部分球鞋出现了动辄1倍的增幅，被鞋贩子们称为“球鞋起飞日”。在那一天，成交量前100的球鞋中，26个热门款的成交总金额高达4.5亿元，这一数字甚至超过了同日新三板9431家公司的成交量。（3）全民热炒和金融属性阶段。2019年被誉为“炒鞋元年”，从那时起，球鞋正式接替了“炒房”“炒股”和“炒币”的地位，成为“炒炒炒”时代的新宠。市场的火爆使得“冲冲冲”成为常态，百人、千人排队的盛况屡见不鲜。为了抢购某双球鞋，人们往往需要在品牌店门口排队数小时，甚至有人为了“挑码”提前在店铺门口扎帐篷通宵排队。例如，2019年3月，近37万人参与了一款鞋的线上抽签，线下也有数百名抢鞋者在商场外排队12小时，只是为了抢到这双AJ6樱花粉球鞋。这使得原本市场售价1399元的球鞋被炒到了2700元。同样，阿迪达斯的一款限量款椰子鞋黑天使也被炒到了2800～3500元不等。更为惊人的是，全球发行限量只有89双的Air Force 1 Mid Tisci White从260美元被爆炒到了令人咋舌的31650美元。炒鞋圈中广泛流传着“球鞋一面墙，堪比一套房”“热门鞋款半年涨价几十倍”“职业炒鞋年入百万”等口号，这些不断吸引着年轻人加入其中，希望能从中分一杯羹。随着炒鞋市场的壮大，其金融属性也日益凸显，投资与赚钱效应显著。例如，“钩子一反，倾家荡产；乔丹带兜，全家喝粥”这样的口号在鞋圈中流传开来，其背后反映了金融属性与投资风险。此外，类似于StockX、GOAT、Nice、“毒”等准股票交易模式的交易平台也开始涌现，它们为球鞋提供了互联网虚拟交易场所。同时，相关炒鞋指数如乔丹指数、耐克指数与阿迪三大指数等也相继推出，作为市场的风向标在不断推动市场的变化。

总的来说，炒鞋市场的发展经历了这三个阶段，每个阶段都有其独特的特点和发展重点。然而，无论在哪个阶段，“炒鞋”现象的核心都是围绕着青年文化、市场需求和金融属性进行的。

上海上大学的A同学参与了这场“炒鞋”的游戏，他回忆起曾经当初因为运气好抽中了限量版鞋子而开始涉足“炒鞋”这个领域，他认为“炒鞋”既是兴趣爱好，又能顺便赚钱。他的第一笔生意是以原价1899元的价格购买了6双“椰子”，随后以2700元左右的价格全部卖出，但后来价格跌落到2000多元。他总共经手了几十双潮流鞋，总流水达到了十几万元。在北京上大学的B同学认为“炒鞋”是一项省时省力的好活动，不需要投入成本和精力，只需要在家躺着动动手指就可以得到一笔非常可观的收入，所以他也参与到游戏当中来。但是他也认为这场“炒鞋”游戏已经变成了“发横财”的代名词，大部分只关注球鞋的价格而忽略球鞋背后的故事，违背了真正球鞋爱好者的初衷。根据“毒 App”6月发布的相关分析报告，5 月发售的鞋款，最受关注的 Air Jordan 与歌手 Travis Scott 的联名款深棕倒钩，溢价高达 430%，而此前单价更是突破了 1 万元大关。作为圈内具有重要角色的鉴鞋师，他们中不少人发现，很多原先在炒房、炒币行业的人也开始进到炒鞋领域，成为上游的大鞋贩子。资金盘越大就越能接触到更上游的经销商直接拿货，利润也越高。他们可以通过大量囤货、形成垄断、哄抬价格、“割韭菜”的方式形成“杀猪盘”，小贩子或者散户就成了“活韭菜”，而其中不乏还得从家里拿零花钱的学生群体。

当“炒鞋”市场进入金融属性阶段时，则呈现出以下特点：一是“炒鞋”交易呈现证券化趋势，日交易量巨大。二是部分第三方支付机构为炒鞋平台提供分期付款等加杠杆服务，杠杆资金入场助长了金融风险。“在逐利的贪婪下，部分消费者使用消费贷越来越不理智，一旦‘炒鞋’失利，贷款逾期归还，最终可能会影响个人征信记录”；三是操作黑箱化，平台或个人一旦“跑路”，容易引发群体性事件。成都鞋圈绰号“刘饼干”的“大佬”鞋商在 2019 年 7 月轰然倒下，被警方刑拘，涉案上千万元。不少交了钱等待从“刘饼干”处拿货的鞋贩，都曾想凭借炒鞋“一夜暴富”，却最终竹篮打水一场空。

上海市律师协会金融工具业务研究委员会副主任朱峰表示，交易平台进行“炒鞋”的行为模式已经和证券市场的交易模式极其类似。目前各“炒鞋”平台还游走在黑与白的边缘，尚待监管部门给予更明确的规范与指引。并且他认为应该回归到潮流文化的初心，通过打造良性的产业生态链，来促进潮流经济的进一步繁荣，“鞋穿不炒”仍然任重而道远，相关监管部门和行业协会应对一些“炒鞋”的投机行为进行监管。

对于“炒鞋”的热潮，官媒和相关政府部门多次发文提醒投资者所面临的市场风险。2019 年中国人民银行上海分行就曾发布《警惕“炒鞋”热潮 防范金融风险》简报，其中提到国内球鞋转卖出现“炒鞋热”，“炒鞋”平台实为击鼓传花式资本游戏，各义务机构应高度关注，采取有效措施切实防范此类风险。并且“炒鞋”行业背后可能存在的非法集资、非法吸收公众存款、金融诈骗及非法传销等涉众型经济金融违法问题值得警惕。

无独有偶，2021 年 3 月 12 日，依据国内知名网络消费纠纷调解平台电诉宝 2020 年全年受理的全国 580 家互联网平台海量用户消费纠纷案例大数据，网经社电子商务研究中心发布了《2020 年度潮流电商消费投诉数据与典型案例报告》。报告指出，对炒鞋者来说，“炒鞋”的风险主要包括以下几个方面：

第一，售假风险。部分“炒鞋”平台在提供鉴定服务的同时，也进行销售，既做裁判、又做运动员；此外，部分平台之前推出的“云炒鞋”，在出现质量问题时将难以追责；

第二，市场泡沫破裂所带来的风险。部分炒鞋者盲目地冲进“炒鞋”市场，并通过分期付款、借贷等杠杆方式购入鞋子，一旦“炒鞋”市场泡沫破裂，将对炒鞋者的偿还能力造成影响；

第三，无法提现的退出风险。“炒鞋”平台的运营如出现问题，其提现功能往往也会受到影响。

网经社电子商务研究中心特约研究员、北京亿达（上海）律师事务所律师董毅智表示，炒鞋本身存在的风险很多。如非法集资、集资诈骗、合同诈骗和非法经营，甚至还可能基于平台也做还款分期涉及新型的高利贷刑等。整体来说，基本上所有金融领域可能面对的风险，炒鞋行为都面临，这个是不可避免的。①

2. 分析

一双原本只是给我们提供基本日常运动健身需求的球鞋，它的价格却在过去的某一天变得如此疯狂。人们已经不只满足于它的实用性和商品性，更多地追求它的文化性、符号性和背后的故事性，从年轻人到普通大众，在某一天开始了对它的炒作。

球鞋的疯狂首先开启于它的受众的破圈。球鞋本来是小部分青年人热衷追捧的对象，动辄上万的球鞋价格形成了极高的入圈门槛，年轻人通过追想购买的各

① 案例改编自：张天宇．专家点评网络“炒鞋”热［J］．计算机与网络，2021，47（09）：6-7；黄安琪，袁全．把鞋圈当成“韭菜园”价格飙涨背后谁在炒作［J］．北京皮革，2019（12）：22-23；蔡江伟．“炒鞋”的宿命［N］．证券时报，2019-08-28（A03）；吕鹏，李蒙迪，阳厚．青年炒鞋行为阀值引爆机制研究［J］．中国青年研究，2020（07）：68-75。

种最新最时尚或者限量版的球鞋来显示自己的时尚和潮流，彰显自己与众不同的身份和价值。而生产厂商也利用年轻人物以稀为贵的想法，努力打造球鞋的故事性与品牌性并进行限量发售。商家的饥饿营销使得市场上的球鞋资源显得如此稀缺，“一鞋难求”成为常态。然而互联网的大规模营销让球鞋炒作的交易者从年轻人扩大到大众的广泛参与。当越来越多的年轻人为了追求球鞋所赋予的文化价值和符号价值时，鞋子的价格逐渐上涨，而各类球鞋交易网站、交易平台、自媒体平台为了让鞋子的价格进一步地上涨，利用互联网技术进行了铺天盖地的宣传，在市场上渲染了球鞋炒作的潮流时尚的浓厚氛围。而在这种氛围下，滋生一大批专职或兼职的鞋贩子参与抢购，并进行二次甚至多次加价售卖。原价购鞋更加困难，“炒鞋”队伍开始出现并逐渐扩大。互联网平台的出现成功地吸引了投资者的有限关注，抢购的热潮逐渐扩散到社会大众群体，球鞋的炒作主体破圈成功，球鞋价格的泡沫也由此产生。

球鞋价格进一步的疯狂来源于球鞋的消费属性到金融属性的转变。全民炒鞋的热潮，“一鞋难求”的现状，使得很多炒鞋者为了抢购到一双奇货可居的鞋子，经常扎帐篷通宵排队，店铺门口百人千人排队的盛况不足为其。为了应对这种现状，互联网的虚拟交易场所应运而生，各种交易平台涌现，乔丹指数、耐克指数与阿迪三大炒鞋指数相继推出，“炒鞋”交易呈现证券化趋势，而球鞋也正式完成了从商品的消费属性到金融属性的转变，无实物的交易变得更便利，资金量也日益增加。2019 年 8 月，Air Jordan 和 Nike 旗下大部分球鞋出现了动辄 1 倍的增幅，被鞋贩子称为“球鞋起飞日”。当日，成交量前 100 球鞋中，26 个热门款的成交总金额高达 4. 5 亿元，超过同日新三板 9431 家公司的成交量。虚拟交易平台给球鞋带来的金融属性进一步吹大了球鞋价格的泡沫。

众人添薪火不够，第三方支付机构再来添一把。第三方支付机构开起了为炒鞋平台提供分期付款等杠杆服务，杠杆资金进入进一步增加了市场资金的流动性，同时也进一步加大了金融风险。在逐利的贪婪下，部分消费者使用消费贷越来越不理智，球鞋的价格泡沫已经极大地膨胀，而风险也极限地加强。

球鞋最大的价值在于它的商品属性带来的使用价值，收藏价值也由于它的材质的时效性逐渐降低，所以鞋子最终要回归到它的使用价值，这场由于非理性的投机交易本质上还是一场击鼓传花的游戏，终归有一天当理性的投资者意识到鞋子价格过高风险过大，不再愿意去接这朵看似美丽的花朵时，游戏即将结束。投机者花了高价抢购到的球鞋没有了接盘侠，只想以微薄的利润卖出，导致鞋子的价格下降，当拥有者信心动摇时，投资者产生了恐慌的情绪，他们甚至亏本也卖，市场恐慌的情绪进一步蔓延，鞋子的价格进一步下跌。很多投资者利用金融杠杆贷款炒鞋，鞋子价格的市场泡沫破裂，他们的资金不能回收，失去了偿还能力，资不抵债，损失惨重。而"炒鞋"虚拟交易平台的不规范，没有设计无法提现的退出风险，当平台的运营出现问题时，提现功能往往受到影响，对投资者的收益权益产生了影响。至此，这场轰轰烈烈的"炒鞋"运动落下帷幕，大众对于球鞋价值的认识也逐步回归理性。

（三）冬虫夏草——包治百病的"仙草"？

1. 案例

一千克虫草的价格可以支付一套房子的首付或购买一辆中档家用轿车，被誉为"软黄金"的冬虫夏草价格逐年暴涨，却依旧无法阻挡人们追求的脚步。究其原因是物以稀为贵？资本介入炒作？健康理念？经济发展？抑或礼尚往来的习俗？短短数十年，冬虫夏草价格涨幅近万倍，又是什么在支撑着它如此高昂的价格，并让其无法刹车的呢？

冬虫夏草是什么？有怎样的价值？竟使价格居高不下，人们仍对其趋之若鹜？每年夏天，青藏高原上一种叫蝙蝠蛾的蝴蝶会将卵产在泥土中。一段时间后蝙蝠蛾的幼虫被泥土中一种真菌感染，真菌在蝙蝠蛾幼虫体内不断吸收营养繁殖壮大，致使幼虫体内充满菌丝而死亡。第二年春末夏初，被感染虫体内的菌物开始萌发，从虫的头部钻出地面，形成嫩草样的植物，这就是我们见到的冬虫夏草。

冬虫夏草有保肺益肾、止血化痰、抑咳嗽的功能，是高级滋补品、名贵中药材。冬虫夏草民间应用历史较早。始载于吴仪洛（1757 年）《本草从新》，记有："冬虫夏草四川嘉定府所产最佳，云南、贵州所产者次之。"古书记载，冬虫夏草有滋肺补肾、提高免疫力等功效。然而，从可查的数据来看，冬虫夏草并非罕见至需要天价获取。作为身体滋养补品的"宝贝"自然是大受追捧。其价格的

“飞长”似乎远没那么简单。

1974年，在青海省果洛州，不管什么品相的冬虫夏草的价格都是28元/千克。随着经济水平的提高，也随着人们对冬虫夏草的了解，在对其需求增加的同时，价格也在不断上涨。1983年，上等冬虫夏草的价格涨到了300元/千克，这个价钱相当于当时一个工人一个多月的工资。1990年左右，冬虫夏草价格平均在1000元/千克。冬虫夏草在公众眼中第一次公开高调露面伴随着另一个骗局——马家军事件，后证实，其行为与“中草药”——冬虫夏草无关，但冬虫夏草的价格因此开始一路飙升。2003年“非典”期间，传言吃冬虫夏草能增强免疫力，甚至能包治百病，虫草一夜之间变成“神草”，引发市场狂炒，其价格一路暴涨，上等冬虫夏草价格从几千元/千克猛涨到1.6万元/千克。从此，虫草正式步入“奢侈保健品”行列，计价单位也从“千克”变为“克”。之后的2005年和2006年，冬虫夏草价格持续走高，在2007年时价格更是攀上了历史性巅峰，其中每千克2000条规格的冬虫夏草高达20万元。此后，除2008年因受金融危机的影响，冬虫夏草的价格出现一段时间的下滑外，其价格始终处于涨势。到了2010年和2011年，受生态破坏和地震等自然灾害的影响，不少冬虫夏草产区出现减产，供应萎缩使行情再次上涨，价格重新一路飞涨。2011年7月，虫草价格超过2007年的历史最高点，“西藏商城”显示，2200条规格的冬虫夏草批发价18.2万元/千克。此后，冬虫夏草价格一直稳中有升。四十年来，冬虫夏草价格飞涨了近万倍。到2014年，北京等地的零售市场上，冬虫夏草的零售价格已经飙升至每克600元以上，相当于每公斤60万元。这还不是最贵的。近几年出现的以“含着吃”为噱头在全国各地广泛宣传的极草冬虫夏草含片，其一款名为极草至尊含片的产品售价高达29888元。这款含片包含81片极草，每片的重量是0.00035千克，折算下来价格为1054000元/千克。

在这小小虫草备受推崇的同时，很多人不禁要问，它到底有哪些功效？是不是真的物有所值？有没有别的药材可以替代？据北京崔月犁传统医学研究中心主任张晓彤介绍，据2010年版的《中华人民共和国药典》中记载，冬虫夏草性甘、平，主肺、肾经，补肾益肺、止血化痰。主治肾虚精亏、阳痿遗精、腰膝酸软、久咳虚喘、劳嗽咯血。但记者在调查中发现，当问及药店或专卖店销售人员虫草的功效时，往往会被告知可滋阴壮阳、抑制肿瘤、提高免疫力、抗疲劳、调节血脂、增强造血功能等，并且老、少、病、弱、虚者皆宜，俨然成为有病治病、无病强身的“全能药材”，而“仙草”“神药”等字眼，更堂而皇之地出现在各种包装或宣传资料上。“冬虫夏草的功效主要是针对肺、肾，用作辅助治疗药物，但能否治疗肿瘤、心血管疾病、血液病等，还没有确切的研究成果能证实。”张晓彤强调，作为补阴阳的药材，虫草性平力缓，对于病后体虚及肺肾两虚出现久咳、虚喘等症者，有一些祛痰平喘和调节免疫功能的作用。但对于肾阳虚出现阳痿、遗精等症状，期望单独服用虫草以壮阳者疗效微弱。因此，那些对于虫草疗效的宣传明显是夸大的。

对此，北京中医药大学中药学院教授闫永红也表示赞同：“这几年虫草被炒过头了，可能10%的效果，现在被炒成了50%或者更高。”她认为，虫草补肾益肺的功效值得肯定，但绝不是能包治百病的神药。而且，它的功效完全可以用其他几味药材组合实现。

2012年8月15日，国家食药总局第一次允许冬虫夏草直接被用为保健食品的原料，试点时限为批准试点企业相关产品之日起5年。2014年7月，当时青海省食品药品监督管理局明确规定：青海春天生产的冬虫夏草纯粉片的新身份为青海省综合开发利用优势资源的试点产品。2016年2月4日，国家食药总局称长期食用冬虫夏草、冬虫夏草粉及纯粉片等产品会造成砷过量摄入，存在较高风险。不久之后的3月4日，国家食药总局在其官网发布了通知，停止冬虫夏草用于保健食品试点工作，此时距离该期限结束还差2年时间。2017年10月19日，中国科学院上海植物生理生态研究所王成树研究组在国际权威期刊*Cell*的子刊*Cell Chemical Biology*上发表了最新研究成果，研究称：冬虫夏草根本不能合成虫草素，冬虫夏草的价格指数达到了低点，泡沫开始走向破灭。①

① 案例改编自：田雅婷，杨舒．虫草热背后的隐忧[N]．光明日报，2014-01-17(006)；是什么戳破了冬虫夏草的神话泡沫？[EB/OL]．(2018-07-18)[2023-04-12]．https：//m.163.com/dy/article/D8ODHN3L0514AACD.html；徐兴利，孙巧双．冬虫夏草价格高企之谜[J]．中国食品，2013(07)：27-29，26；起底冬虫夏草：一个“中国式”大骗局的始终[N/OL]．(2016-04-12)[2022-12-23]．https：//mp.weixin.qq.com/s?__biz=MzIyNDA2NTI4Mg==&mid=406971940&idx=1&sn=8ab164a3e239884994a44343ce397b27&chksm=75a1e44942d66d5f421fd247e7a1c86339dad46693f42d40b789274c34c2a16887c092c1989f&scene=27。

2. 分析

冬虫夏草从20世纪70年代开始，价格从几十元每千克上涨到现在的是十万元每千克，上涨幅度达到数万倍，直到2016年国家食品药品总局公开提醒投资者要对虫草的安全性进行考量，2017年国际生物权威组织证实其药效成分十分普通、简单，冬虫夏草才开始走下神坛，它的价格泡沫也开始破灭。

是什么原因导致了冬虫夏草价格的逐年暴涨？基于冬虫夏草生长的自然因素和社会因素，从个人投资者和群体两个角度来探讨它暴涨的原因。

冬虫夏草主要生长在海拔3500~5000米的青藏高原地区，生长条件对于虫草本身来说，自然生长条件优越，但是对于挖采者来说，自然条件苛刻，从这点上已经造就了冬虫夏草的稀缺性。古人对冬虫夏草药效的记载，刺激了人们对虫草的消费需求，刚开始时消费者集中在患者或者有保健需求的富人。当需求量增加后，虫草的价格被市场拉高，嗅觉灵敏的投资者看到了巨大的商机。冬虫夏草价格在逐渐暴涨后，投资者对虫草价格上涨保持着过度的乐观预期，认为利好的行情会一直持续，此时，虫草的购买者不再仅限于患者或有保健需求的人，越来越多的投资者把虫草当成一种保健增值的良好投资品。此时市场越来越大的需求量刺激了虫草客的挖掘。越来越多的人放弃耕作，完全依靠挖虫草为生，一些孩子甚至丢弃学业，加入“挖草大军”。他们的挖掘对于青藏高原及周边地区的自然环境破坏严重，草场大面积退化沙化，水土流失，环境的恶化导致虫草产量急剧下降，资源的稀缺性进一步放大，价格被进一步推高，投资者对于虫草价格上涨的预期进一步增强，这使得他们对虫草的需求更进一步地紧趋，在这个正反馈的心理机制中，他们会忽略市场中虫草药效受到质疑或者存在对身体有害元素的不利因素，更多关注价格上涨，投资价值不断增强的有利因素，不断地以更高的价格抢购，进一步推动了虫草价格的上涨。

在冬虫夏草价值暴涨直至疯狂的过程中，商家、社会媒体的炒作和人们的口口相传功不可没。一方面，商家为了获得更高的利润疯狂炒作，媒体为了获得博人眼球的新闻，进一步对热点进行宣传。在不差钱的消费者眼里，可能只具有10%药效的虫草被炒作成50%的药效或者被标榜成包治百病的“神草”，公众的口耳相传，在社会群里中导致了羊群效应，越来越多的普通消费者和商人参与到虫草的交易中来。另一方面，商家为了把价格炒作得更高，多级经销商层层囤货，层层加价，从虫草的挖采区到消费者个人，层层垄断，价格被一步一步推高，泡沫越膨越大。

当现代科学证实虫草仅具有普通药效，其本身所含有的具有一定治疗效果的活性物质也早就能够被大规模生产，甚至连实用虫草本身的安全性都有待考量时，“神草”走下神坛。消费者回归理性，不再大肆购买虫草，由于市场销量下降，虫草的价格开始回落。投资者对虫草价格下跌的悲观情绪进一步在市场中蔓延，导致囤货的投资者进一步地抛售虫草，虫草的价格因供大于求而出现了进一步的下跌，至此，虫草的价格慢慢回归到理性的位置。虫草这个曾经被誉为“软黄金”美名的价格泡沫破裂。

七、量化基金发展现状及行为投资策略

量化基金是指运用数学、统计学、信息学等理论作为基础，通过数据挖掘、数理统计、大数据分析等方法来管理投资组合的基金，其往往通过对各种金融投资标的的宏观数据、市场行为、财务数据、交易数据等进行分析，运用模型拟合来代替人为的经验总结和分析预测，从而识别出能够在未来获取超额收益的投资组合。①

（一）量化基金的发展现状

我国的量化基金市场起步于 2004 年，包括公募量化基金和私募量化基金，2004 年 8 月第一只公募量化基金“光大保德信量化核心证券投资基金”成立，在 2006 年至 2008 年三年间市场上无公募基金产品发行，直至 2008 年金融危机过后，我国在借鉴国外量化基金市场成功经验的基础上开始积极发行量化型基金产品。随着 2010 年我国股指期货的推出，量化对冲基金也开始逐渐出现，量化基金开始快速发展，公募基金中指数增强与主动量化型产品逐渐增多。② 而私募量化基金在 2010 年年末之前仅有 5 只基金产品。以下对公募量化基金和私募量化基金的发展分开进行阐述。

根据 Wind 数据，截至 2023 年 4 月，国内公募量化基金共 791 只，平均发行

① 孙玥．量化基金投资策略对其风险收益影响的研究［D］．上海财经大学，2020.

② 何路．多因子量化选股及投资者情绪择时策略的实证检验［D］．南京大学，2020.

规模 14.6 亿元。收益层面，截至 2023 年 4 月 19 日，根据 52 周数据计算的平均年化收益率为 8.64%，平均超额收益 α 为-0.0159%，其中标的指数为上证综合指数。风险层面，根据 52 周数据计算的平均夏普比率为 0.0527，其中无风险收益率以税前一年定存利率计算。根据基金年报数据计算，2022 年平均持仓时间为 0.32 年。从 2013 年至 2022 年公募量化基金中的对冲型基金规模、指数型基金规模、主动性基金规模发展数据见表 4-7 和表 4-8，发展趋势见图 4-3 至图 4-7。

表 4-7　**2013—2022 年对冲基金量化基金、指数型量化基金、主动性量化基金规模**

年份	对冲型基金规模（亿元）	指数型基金规模（亿元）	主动型基金规模（亿元）	公募基金总规模（亿元）
2013	21.63	286.85	186.12	494.6
2014	52.99	417.11	322.12	792.22
2015	238.68	280.99	587.55	1107.22
2016	51.4	369.09	861.5	1281.99
2017	45.51	725.04	895.67	1666.22
2018	51.11	819.35	677.7	1548.16
2019	260.83	1418.49	785.03	2464.35
2020	1062.28	1752.94	1046.56	3861.79
2021	861.2	2632.32	1379.22	4872.74
2022	240.95	2933.92	1301.68	4476.55

资料来源：Wind 金融数据库。

表 4-8　**对冲型量化基金、指数型量化基金、主动性量化基金规模增长率**

年份	对冲型基金规模增长率（%）	指数型基金规模增长率（%）	主动型基金规模增长率（%）	公募基金总规模增长率（%）
2014	1.45	0.45	0.73	0.6
2015	3.5	-0.33	0.82	0.4
2016	-0.78	0.31	0.47	0.16
2017	-0.11	0.96	0.04	0.3
2018	0.12	0.13	-0.24	-0.07

续表

年份	对冲型基金规模增长率（%）	指数型基金规模增长率（%）	主动型基金规模增长率（%）	公募基金总规模增长率（%）
2019	4.1	0.73	0.16	0.59
2020	3.07	0.24	0.33	0.57
2021	-0.19	0.5	0.32	0.26
2022	-0.72	0.11	-0.06	-0.08

资料来源：Wind 金融数据库。

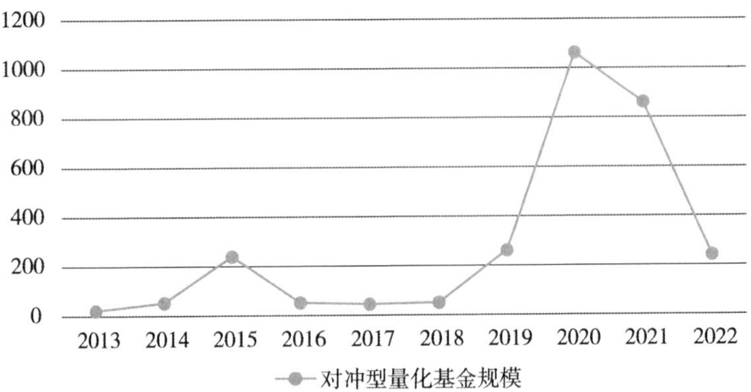

图 4-3 对冲型基金规模（亿元）

资料来源：Wind 金融数据库。

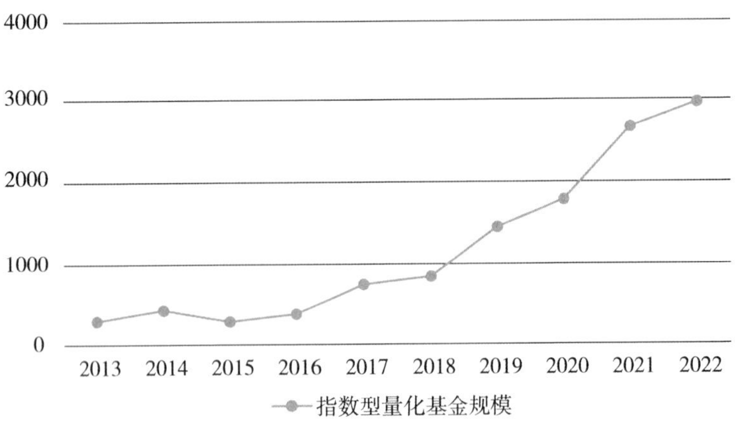

图 4-4 指数型基金规模（亿元）

资料来源：Wind 金融数据库。

图 4-5 主动型基金规模（亿元）

资料来源：Wind 金融数据库。

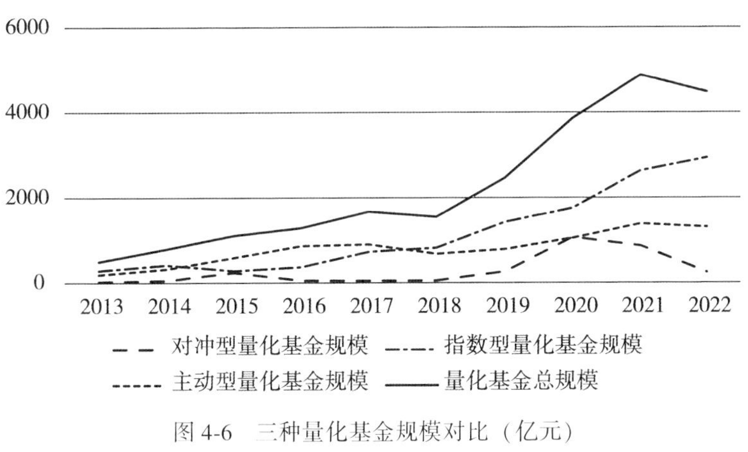

图 4-6 三种量化基金规模对比（亿元）

资料来源：Wind 金融数据库。

从表 4-7 至表 4-8 及图 4-6 至图 4-7 可以看出，截至 2022 年 12 月 31 日，市场公募量化基金规模总计达 4476.55 亿元，其中对冲型基金规模为 240.95 亿元，基金规模呈现逐渐增长，在 2020 年新冠疫情后有一个大幅度的下降，但也和 2019 年的规模持平；主动型基金规模为 1301.68 亿元，指数型规模为 2933.92 亿元，主动性基金和指数型基金从 2013 年至 2022 年逐渐呈现上涨趋势。在这三类量化基金中，指数型基金从 2018 年后增量较大，随后一直保持在最高位。从量

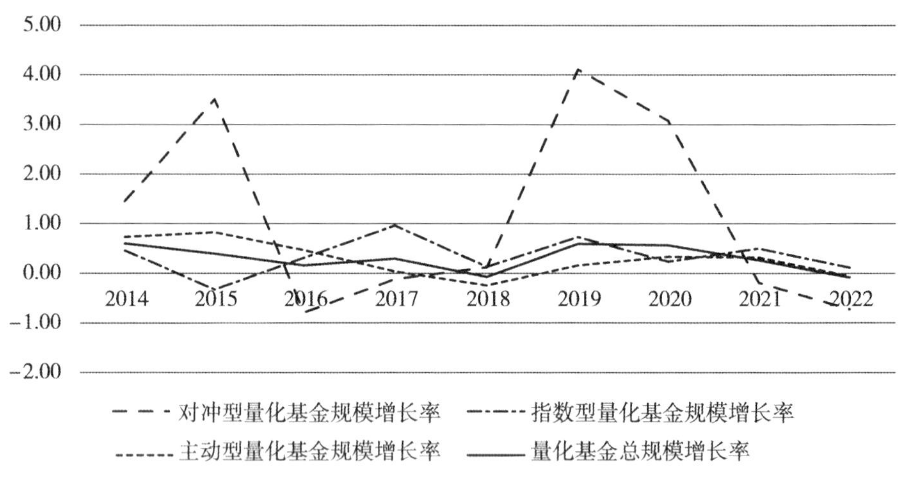

图 4-7　公募量化基金规模增长率（%）

资料来源：Wind 金融数据库。

化基金的规模增长率来看，指数型的量化基金规模增长率最大，增长率的变化幅度区间也最大。整体来看，量化性公募基各类基金规模的增长率在较多的年份都保持了正向的增长，而在 2020 年后基金规模呈现下降的趋势，并在 2022 年呈现负增长。

我国私募量化基金发展如何呢？从表 4-9 和图 4-8 可以看出，从 2013 年至 2022 年，私募基金的数量一直处于较快的增长模式，截至 2022 年年末，市场上共有 6233 只私募量化基金产品，产品在 2020 年、2021 年和 2022 年出现爆发式增长，可见量化投资一直保持着良好的发展趋势。

表 4-9　　**2013—2022 年私募量化基金数量**

年份	2013	2014	2015	2016	2017	2018	2019	2020	2021	2022
私募量化基金数量（个）	81	132	268	541	856	1264	1667	2309	3602	6233

资料来源：Wind 金融数据库。

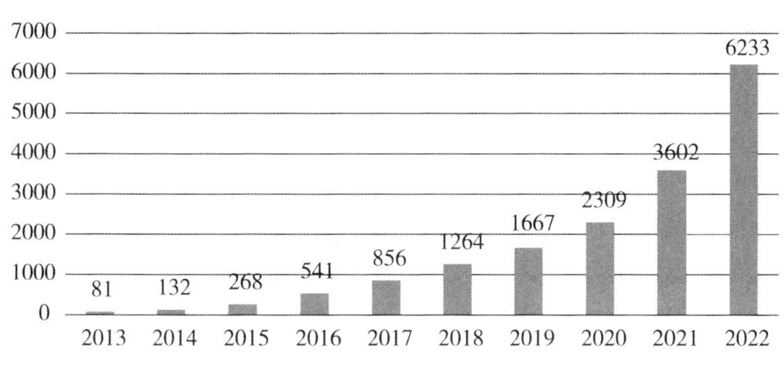

图 4-8　私募量化基金数量（个）

资料来源：Wind 金融数据库。

私募量化基金的发展不仅体现在其产品数量上，其投资策略的种类也越来越丰富。到 2022 年年末，已经出现了多策略、股票策略、股票市场中性、管理期货、债券策略、事件驱动策略等多种投资策略，其中排名前三的分别是股票策略、管理期货、多策略，分别占比约为 59%、25%、6%，可见股票策略仍是量化基金投资的主流策略。具体分类和占比见表 4-10 和图 4-9。

表 4-10　**私募基金投资策略分类**

策略名称	私募基金数量（个）
多策略	535
股票策略	4945
股票市场中性	356
管理期货	2086
宏观策略	85
其他策略	2
事件驱动	20
套利策略	182
债券策略	53
组合基金策略	168

资料来源：Wind 金融数据库。

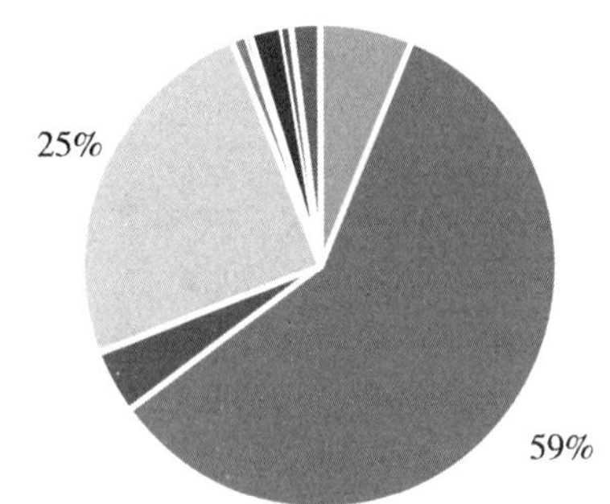

■多策略　■股票策略　■股票市场中性　■管理期货　■宏观策略
■其他策略　■事件驱动　■套利驱动　■债券策略　■组合基金策略

图 4-9　私募量化基金投资策略分类

资料来源：Wind 金融数据库。

量化基金的收益如何呢？我们来看数据，表 4-11 显示了私募量化基金在 2022 年的排名前十的私募量化基金的收益回报率及投资策略，图 4-10 显示了我国公募量化基金和私募量化基金的收益回报率情况。

表 4-11　**私募基金一年内回报率排名**

收益排名	证券简称	近 1 年年化回报（%）	策略分类
1	贝顿天成	361. 7211	股票策略
2	信鱼 CTA 尊享 1 号	253. 0233	管理期货
3	锐耐资本精锐量化 1 号	166. 7798	股票策略
4	海豚量化	147. 1398	股票策略
5	哲石莫仓量化对冲 1 号	131. 9139	股票策略
6	昂岳信鱼量化	98. 1457	多策略
7	联海量化进取 1 号	91. 9300	股票策略
8	道赢高峰汇量化对冲 1 号	89. 2843	股票策略
9	弗居量化 CTA1 号	85. 2064	管理期货
10	珺容量化先锋 3 号	85. 0120	股票策略

资料来源：Wind 金融数据库。

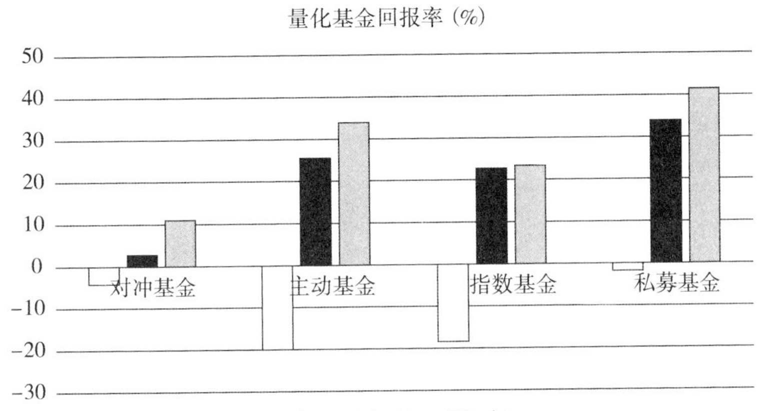

图 4-10 公募和私募基金回报率

（以 2022 年为基期，近 1 年回报率指 2022 年 1 月 1 日至 2022 年 12 月 31 日）

资料来源：Wind 金融数据库。

从表 4-10 来看，排名前 10 的私募基金都取得了较好的收益，收益率到达前一年的 3.6 倍，且投资策略大多以股票策略为主。从量化基金的整体回报率来看，收益率在 2022 年全年为负，而以 3 年期和 5 年期来看，公募和私募量化基金的收益都呈现了明显的正向收益。

（二）量化基金的行为投资策略

从量化基金的投资策略来看，主要以股票策略为主，而利用量化进行投资交易本质上是通过市场中的宏观因素、股票基本面、价与量等众多因素，设定一系列的条件进行选股和择时。

量化选股就是利用数量化的方法选择股票组合，以期构建的股票组合能够获得较高收益的一种投资行为。而多因子选股又成为其中最常用的选股方式。

多因子模型是一种在市场中寻找具有 α 能力的股票模型。假设市场中的股票收益率是由一系列因素（因子）决定的，将每家公司通过不同维度进行因子刻画，根据经济金融理论或市场经验寻找契合当前市场因子、有超额收益的因子大类，覆盖规模、账面市值比、市盈率、情绪、动量、质量、价值、超跌、人工智能等多类型因子以及大数据投资因子，建立相关因子库。然后通过对历史数据的拟合和统计分析进行验证和筛选，对有效因子进行打分和排序，取得排名靠前的因子，最后以这些因子的组合作为选股标准，买入满足这些因子的股票。①

多因子选股模型由于利用大数据和程序化的海量数据去寻找市场中这些与市场价值发生偏离的因子，这些因子用传统金融学的风险——收益对应理论不能解释，而又能利用这些因子获得超额收益，所以我们可以把它称为市场异象因子。所以多因子选股本质上是在寻找市场中投资者在交易时产生的非理性的偏差而导致的价格对于价值的非理性偏离的异象因子。比如采用的公司规模这个因子策略，选择买入小规模的公司而同时卖出大规模公司的股票，是因为投资者发现市场中存在着小规模公司的价值往往被低估，而大规模公司的股价被高估的情况，基于公司规模效应的小规模投资策略有效地提高了小规模公司的股票价格，也修正了小规模公司股价被低估的情况，价格回归价值，市场定价效率也得到了提高。再比如采用的价值、超跌这两个量化策略，就是买入由于投资者对市场信息过度反应而导致的基本面好而又被市场低估的股票。

而衡量量化基金的投资策略优劣性的另一个标准就是择时能力。择时能力是指基金经理利用数理统计中量化的方法结合技术分析来预判股票市场未来的走势，通过分析股票市场中各种关键的指标数据，从而得到影响股价走势的关键因素，用来预测股票市场未来走势的一种交易策略。择时策略有很多，如道氏理论、量价理论及趋势指标等。在实际操作中，人们比较常用的择时指标是趋势型指标，如移动平均线、平滑异同移动平均线、相对强弱指标等，根据这些指标表现出来的趋势，抓住大的波段行情，利用两根或者几根移动的趋势线的交叉来作为择时交易买卖的信号，从而获得投资的超额收益。②

记者蒋牧云和张荣旺在中国经营报（2022 年 2 月 21 日）中报道：进入 2022 年，A 股市场回调剧烈。在此背景下，多家量化私募基金的表现不甚理想。数据显示，2022 年以来，29 家百亿量化私募平均收益-5. 11%。更有百亿私募向投资者和代销机构发出公告，称旗下产品净值已低于预警线。业内人士认为近期宏观

---

① 姜宇薇．金融市场量化交易的国际经验［J］．中国货币市场，2022（04）：30-35.

② 李丹．基于量化投资的选股择时交易策略研究［D］．西南财经大学，2018.

经济和市场风格快速切换，部分量化因子与模型的暂时失效导致产品回撤。量化基金的量化因子、投资策略同质化现象严重，一定程度上加快了量化策略的失效速度。目前国内量化投资的策略有很多是近似的，依赖相同的策略进行交易，大体量的资金交易将导致市场价格偏移，势必会加剧市场波动。具体而言，面对相同的市场行情，若不同机构间发出完全相同的买入或卖出信号，一旦同方向操作机构过多，则可能导致较大的市场波动。而且量化策略需要根据市场情况及时调整，上一年有效的策略在年初投资风格切换时可能大多没有调整，同质化应对市场的错误策略导致大部分量化投资在 2021 年年底至 2022 年年初的表现很差。①

在量化基金在选股上出现同质化的情况下，交易择时就显得尤为重要。学者李婷婷（2020）选择了我国量化基金公司在 2014 年至 2020 年 7 月的 492 只公募量化基金和 629 只私募量化基金作为样本，研究了公司募基金在围绕市值因子、价值因子、动量反转因子和技术因子的择时能力的差异。研究发现公募基金择时能力主要体现在价值成长风格上。技术面的因子对私募量化基金的影响更明显，三大风格因子不是私募基金业绩的主要驱动因子。高波动性、高流动性的市场对私募业绩增长更有利，私募基金在大小盘风格上表现出较强的择时能力。研究进一步发现，公募与私募基金主要通过仓位和风格强度调整两种方式实现其择时能力，当价值成长风格（HML）的风格切变时，公募基金的仓位或风格强度体现出明显的变化；当大小盘风格发生变化时，私募基金的仓位或风格强度体现出显著的变化，进一步验证两类基金各自的择时能力范畴。②

总体来说，量化交易获得超额收益的同时，也从某种程度上纠正了市场的错误定价，降低了市场情绪的影响，提高了市场价格的发现效率；也由于量化交易策略的客观性和程序性，一般持仓比较分散，在一定程度上降低了单只股票的集中大规模的买卖对市场造成的冲击，平抑了市场的波动。

① 蒋牧云，张荣旺．量化基金同质化之殇［N］. 中国经营报，2022-02-21（B02）.

② 李婷婷．量化基金业绩及其影响因子比较分析［D］. 天津大学，2020.

第五章　行为公司金融

第一节　理论要点

传统的公司金融学理论考察公司如何利用各种融资渠道，获得最低成本的资金来源，形成合适的资本结构，主要针对公司管理者根据企业的外部环境和内部环境进行各种财务合约等问题的决策研究，具体表现为公司的投资决策、融资决策及股权分配等问题。传统的公司金融理论建立在投资者和管理者是理性人、传统的资产定价模型和有效市场理论的基础之上，然而根据行为金融学的理论和实践，大量的心理学实验和市场的证据显示金融市场中投资者和公司的管理者由于自身的认知偏差和偏好，在决策过程中表现出有限的理性，公司管理者在面对财务合约决策时无法作出理性的最优决策，这些市场中真实决策行为不能用传统的公司金融理论进行合理的分析和解释。于是众多的学者尝试结合行为金融学的理论来解释这些异象，真实客观地反映出金融市场中的经营发展规律和主要问题。Barberis 和 Thaler（2002）首次用行为金融学的理论对公司管理者的决策行为进行了研究，他们把这种研究路径和方法称为行为公司金融。所以行为公司金融是行为金融和公司金融的结合，学术界主要关注两种非理性对公司资本配置行为绩效的影响路径：一是资本市场投资者的非理性是否影响及如何影响公司管理层的决策；二是非理性的管理者又是如何影响公司的金融决策的。接下来将从这两个不同的角度对公司管理者在投融资及股权分配等问题上决策行为进行全面的分析及研究。

投资者的非理性导致在非完全有效的市场中，股票定价的偏差会导致股权融资时机和供给条件的差异，进而影响投资水平。当市场投资者过于悲观而低估某公司的股票时，企业面临过高的外部融资成本以及不充足的内部资金情况，此时公司不得不放弃许多具有吸引力的项目。当市场上投资者过于乐观时，公司股价高于其基本价值，公司管理者为迎合投资者倾向于更多投资，因为如果管理者不投资这些项目，投资者将可能抛售公司股票，但这些投资项目从长期看并不能产生价值，甚至可能是净现值为负的投资，最终导致公司价值受损。早在1936年经济学家凯恩斯就指出市场中某个时期内短期投资者的情绪是影响投资的决定因素。Stein（1996）研究发现在市场非有效的情况下，低现金持有量及偿还债务能力差的股权依赖企业的投资决策受到投资者情绪的显著影响，且企业价格的变动和企业的投资水平存在着显著的正相关。而Polk和Sapienza（2004，2009）从迎合渠道实证发现了投资者非理性与不同企业投资水平存在显著不同的正相关，红利增长不确定和股票流动性较强的企业存在更强的迎合倾向，当公司的管理者盲目追求短期利润，他会担忧如果拒绝投资者认为可以盈利的项目会导致投资者缩短持股周期，即使这种倾向性的投资往往最后毫无效率。在中国市场中，刘瑞等（2006）、吴世农（2008）实证了市场中投资者非理性通过股权融资渠道和迎合渠道显著地影响了企业的投资水平。范英豪（2012）选取了我国上市公司2001年到2010年的财务数据，实证发现了投资者的非理性情绪导致企业的投资水平会随着市场错误定价的高低而提高或下降，且投资效率下降。

在企业融资方面，投资者的非理性如投资者过度悲观导致股票价格被低估时，公司管理者通常会对股票进行回购。Ikenberry等（1995）对美国公司在1980年到1990年超过1000多次的公开股票回购进行研究发现，管理者利用投资者非理性进行的股票回购通常比较成功，且类似的现象在加拿大市场也存在。Dichev（2004）进一步的研究发现当市场价格被低估时，经常利用股权进行融资的公司对股票进行回购都节省了可观的股权成本。当投资者过度乐观导致整个股票市场的价格被高估时，往往投资者对股票的需求也比较高，公司管理者会选择在这些时期进行股票发行和增发股权。众多学者在实证研究中找到了大量证据：Rajan等（1997）研究发现当用投资者情绪来表征投资者的非理性程度时，股市分析师在对公司收益及增长收益率的预报中表现出来的乐观情绪对IPO数量的正向影响显著。Lowry（2003）研究表明投资者的情绪与公司的资本需求是决定

IPO数量的两个最主要因素，而投资者的情绪相比于公司对资本的需求对IPO的影响更显著。颜佳伟（2020）通过采用中国沪深A股市场中在2014年到2018年的高端装备制造业上市公司的数据，实证了市场中投资者的情绪对企业股权融资成本的影响，研究发现投资者情绪与企业股权融资成本呈现出显著的负相关关系，即当投资者情绪高涨时，企业的股权融资成本会降低；当投资者情绪低迷时，企业的股权融资成本会增加。

管理者的非理性主要体现在管理公司过程中表现出来的过度自信和过度乐观，此时的管理者容易高估自己公司的股票及投资项目的盈利能力，低估决策的风险，进而选择激进的投资决策、资本结构和债务期限结构。在投资方面，过度自信的管理者倾向于使用内部资金如股权资本对非最优项目进行过度投资，甚至对失败项目的恶性增资及在并购中的过度支付。行为金融学的理论认为出现这种情况是因为管理者在决策过程中出现的参考点依赖和损失厌恶的心理，为了补偿之前的损失选择风险寻求，再加上出于证明自身决策的正确性，即使在项目投资受损的情况下还继续增资，最终导致失败的项目比成功的项目投入了更多的资金。中国企业TCL在2003年聘请了美国两家投资顾问公司都给出不支持收购意见的情况下，还是坚持以3.149亿欧元的价格占有67%的绝对股权收购了法国汤姆逊公司，而在收购后的2007年显示TCL集团受累于多媒体欧洲业务，上半年净亏损达到7.38亿元，导致这次跨国并购投资失败的主要原因是公司管理决策层对于企业想通过兼并来提升公司的技术实力以及文化差异造成的文化冲突问题太过于乐观，最终造成了巨额损失。程璐瑶（2014）选取我国沪深A股在2009年到2012年全行业类别的上市公司的数据，研究管理者过度自信对公司投资决策行为的影响，结论发现管理者过度自信程度与公司投资支出水平正相关，管理者通常会高估自身的实力和项目盈利能力进而过度投资。

在融资方面，过度自信和过度乐观的管理者表现出对现金流的强烈偏好，倾向于选择过度负债融资和过高的短期负债比例。Hackbarth（2002）研究发现过度乐观、自信的投资者倾向于使用债权资本，他们管理下的公司的资本结构中债权比例高于其他公司的债权资本比例。Landier等（2004）通过研究法国市场的管理者对财务合同的选择发现过度乐观的创业企业家倾向于选择风险较高的短期债权，而现实的企业家则选择风险较小的长期债权。在我国的市场中，现实的并购活动存在着大量的异常资本配置现象以及非理性并购决策行为。唐蓓（2009）选取了我国沪深两市在2003年到2007年887个具有并购事件的上市公司样本，研究了投资者的非理性和管理层的非理性对公司并购投融资的影响，发现投资者的非理性导致的市场股票的误定价对上市公司之间并购及资本的配置行为产生重要的影响。而过度乐观和过度自信的管理层在并购融资中倾向于选择短期债务融资，而这种负债期限并没有真正起到治理投资扭曲的作用，反而成为管理者实现自我利益的工具。张永（2011）通过选取山东省67家中小企业的管理者的自信程度、乐观程度、风险偏好等特征，构建行为公司金融视角下的我国中小企业融资机构决策的多因素模型，研究结论表明管理者的自信乐观程度和风险偏好与企业负债呈正向的显著关系。

股利分配政策是公司财务管理的重要活动之一，是上市公司对公司利润进行分配或留存于再投资的决策。股利分配政策理论由经济学家 Merton Miller 和 Franco Modigliami 提出，他们认为在不存在税收、无交易成本和信息不对称的市场中，公司的股利政策和公司的价值无关。然而到了20世纪90年代后，财务理论学者们普遍发现支付现金股利的上市公司的比例呈现下降趋势，股利正在消失。在此背景下，Baker 和 Wurgler（2004）利用行为金融理论，发现公司的管理者会迎合市场投资者的偏好来制定股利分配政策以实现公司价值的最大化，以此提出了股利迎合理论。在我国的证券市场中，由于投资者的非理性和公司管理者的非理性存在，为了迎合市场，公司管理层存在着股利不分配现象普遍、现金分配、股权分配、公积金转送股本或现金转送股本等多种分配方式并存、上市公司董事会随意变更股利分配方案等股利决策行为不规范的特点。黄芝林（2012）通过研究我国股票市场中2011年的现金股利分配的上市公司的数据，发现我国的股利政策存在非理性行为，公司管理者会根据非理性投资者的表现，在不考虑公司财务状况和经营状况的情况下作出有利于自己的股利政策，比如净资产收益率越低的公司分红比例反而越多，这与股利分配政策的经典理论相悖，管理者作出了出于吸引投资者的目的而多分红的非理性决策。袁振（2019）研究了我国A股市场在2010年到2013年的上市公司的现金股利与投资者情绪及管理者过度自信的关系，发现投资者情绪使公司股价上涨时，理性的管理者多会采取外部融资的方式多发现金股利，而过度自信的管理者会认为本公司项目被低估时通过减少现金股利的方式来为项目筹资。

第二节　案例分析

一、巴林银行倒闭案

1. 案例

巴林银行（Barings Bank）是一家历史悠久的银行，自1763年创立，创始人是弗朗西斯·巴林爵士，其业务范围广泛，包括但不限于刚果提炼铜矿、澳大利亚贩运羊毛以及巴拿马运河的开掘等。然而，与普通商业银行不同的是，巴林银行不接受普通客户的存款业务，因此其资金来源相对有限，主要依赖于自身的力量来谋求生存和发展。

巴林银行的业务专长是企业融资和投资管理。尽管是一家老牌银行，但在20世纪初，它积极拓展公司财务业务，取得了丰厚的利润。从90年代开始，巴林银行开始向海外市场发展，特别是在新兴市场进行投资活动。截至1993年年底，巴林银行的全部资产总额为59亿英镑，1994年税前利润高达15亿美元。

然而，在1995年，这一具有233年历史、在全球范围内掌控270多亿英镑资产的巴林银行，却因为一个只有28岁的毛头小子尼克里森（NickLeeson）遭受了重创。尼克里森是当时巴林银行在新加坡国际货币交易所（SIMEX）的交易员，他未经授权进行东京证券交易所日经225股票指数期货合约交易，最终导致巴林银行亏损了6亿英镑，这远远超出了该行的资本总额（3.5亿英镑）。这一事件震惊了全球金融界，成为金融历史上的一段重要事件。最终，英国中央银行英格兰银行于1995年2月26日宣布巴林银行不得继续从事交易活动并将申请资产清理。仅10天后，这家有着233年历史的银行被荷兰国际集团以1英镑的象征性价格收购。尽管巴林银行已经倒闭，但荷兰国际集团仍继续以“巴林银行”的名字经营。

尼克·里森何许人也？尼克·里森于1989年7月10日正式到巴林银行工作，进入巴林银行后，他很快争取到了前往印尼分部工作的机会。由于他富有耐心和毅力，善于逻辑推理，很快解决了许多以前未能解决的问题，他被视为期货与期权结算方面的专家。伦敦总部对尼克·里森在印尼的工作相当满意，并允诺可以在海外给他安排一个合适的职务。1992年，巴林总部决定派尼克·里森到新加坡分行成立期货与期权交易部门，并出任总经理。巴林银行走向破产倒闭的序幕也由此拉开。巴林银行原来有一个“99905”的“错误账号”，专门处理交易过程中因疏忽造成的错误。这原是一个金融体系运作过程中正常的错误账户，但由于每天产生的错误交易较多，1992年夏天，伦敦总部要求尼克·里森另外设立一个“错误账户”，记录较小的错误，并自行在新加坡处理，以免干扰伦敦的工作。为此，尼克·里森开设了账号为“88888”的“错误处理账户”。但几周之后，伦敦总部要求新加坡分行把所有的错误记录仍由“99905”账户直接向伦敦报告。“88888”错误账户刚刚建立就被搁置，正是这个被忽略的账户，为巴林银行埋下了巨大风险控制隐患，直接导致之后的亏损危机。随着一连串错误交易的出现，“88888”账户逐渐成为尼克·里森用来隐瞒严重错误的保护伞，账户的使用频率也越来越高，到1992年年底，他已将30次差错计入了“88888”账户中。这些差错意味着一系列的损失，尼克·里森必须想办法赚钱以弥补损失，但已不能通过正常盈利慢慢填补，因此，他决定冒着巨大风险进行跨式交易，从中赚取期权权利金，来平衡“88888”账户中因期货交易和新加坡国际金融交易所索取保证金而引发的赤字。在期货市场运行平稳时，尼克·里森将账户扭亏为盈，但他并未就此停止对“88888”账户的使用。里森使用“88888”错误账号隐瞒了许多失败的交易数字，数额达到了8.6亿英镑的高点。1994年1月到1995年2月，为了应对巴林银行内部审计员的查账和追加保证金的要求，里森做了卖出鞍马式期权组合，同时卖出日经225指数期货的看涨期权和看跌期权，使其收入与“88888”账户中的多笔失败损失额相等。然而，1995年年初，日本神户发生了大地震，日本股市剧烈下滑，日经225指数下跌了1055点，跌破了盈亏平衡点，里森的策略开始亏损，亏损总计达5000多万英镑。事后，里森为了掩盖交易失误造成的损失，通过编制假账骗取了巴林银行伦敦总部46亿英镑，将其作为保证金购入了日经指数3月份期货合约，同时卖出了2.6万份日本政府债券期货合约。然而事与愿违，神户大地震后日本政府债券的价格开始上升，日经指数继续下跌，使得损失进一步扩大，最终巴林银行的损失远超过其股本总额。1995 年 2 月，英格兰央行宣布：因经营失误导致的巨额亏损使得巴林银行不能继续经营，至此，巴林银行宣布破产。

众多学者对巴林银行的破产倒闭原因进行了研究探讨，最主要集中在两个方面：一是交易员里森的交易不当，二是巴林银行的管理制度缺陷和金融监管薄弱等原因。学者余鑫（2019）认为，根本原因是管理制度的致命缺陷，特别是期货套利操作这种管理制度不全产生的结果。他认为：首先，公司没有对不相容职务进行分离，导致里森可以身兼交易员和清算部经理两个职位，既有权限执行交易员的日常操作，又有权限管理交易员的操作。这种设置使两个职位之间相互制衡的作用失去了意义，里森可以通过欺诈手段隐瞒风险。其次，内部管理体制松散。从高层管理人员对待资产负债表的态度可以看出，公司对内部管理的重视程度不足。总部对废弃的“88888”错误账户不重视，在里森交易发生亏损的时候没有及时警觉，这些都表明了内部管理体制的松散。最后，超额的奖励制度激励员工进行高风险套利。金融机构通常会以毛利率的一定比例作为奖金发放给业务人员，但巴林银行的奖金比例高达 50%，远高于平均水平。这刺激了业务员进行高风险操作获取高额回报，而忽视了投机行为背后的高风险可能带来的后果。

除了管理制度，内外部的金融监管薄弱也是重要原因。英格兰银行对海外资金有规定，英国银行的海外总资金不应超过 25%。英格兰银行作为英国的中央银行，没有对巴林银行海外资金超出限制采取重视，如果及时采取措施令巴林整改，悲剧可能就不会发生。①

2. 分析

巴林银行的倒闭除去跨国银行经营过程中的体制漏洞和风险监管出现的重大疏漏，还和尼克里森这位交易员不适当的操作有很大的关系，那么里森为什么会出现这么多的错误交易最后导致整个银行破产呢？

行为公司金融的理论认为公司决策者如果在投融资决策时出现了由于非理性

① 案例改编自：靳毅．回看巴林银行倒闭透析银行业风险管理［J］．审计观察，2020（10）：28-32；汪威刚．巴林银行倒闭事件的行为金融学解析［J］．经营与管理，2018（11）：37-39；余鑫．对巴林银行破产倒闭事件的经济学思考［J］．金融经济，2019（10）：86-88。

的心理偏差导致的过度自信和过度乐观，会对公司的生存和成长产生非常重要的影响。在巴林银行的整体事件中显示出里森的过度自信和过度乐观。那么里森是如何产生的过度自信呢？首先是里森从 1989 年 7 月进入巴林银行后，为公司解决了许多以前未能解决的问题，被公司视为期货与期权结算方面的专家，并成为新加坡分行的期货和期权交易部门的总经理。过去成功的工作经历让里森积累了期权期货交易的强大的自信心。当银行本身的体制漏洞和金融监管缺失时，给里森提供了利用“88888”的错误账户处理他的错误交易的机会。当里森在第一阶段使用这个错误账户隐瞒了数额达到 8.6 亿英镑的错误交易时，他并没有向伦敦总行上报错误交易以期止损，一种非理性的心理偏差——证实偏差导致了他对自己交易能力的过度自信，证实偏差是指当一个人在搜寻对项目作决策的证据时，他会倾向于寻找支持他原有观念的证据，而忽略和他原有观念相反的证据。里森在他的错误账户亏损达到 8.6 亿英镑的情况下，为了弥补这个损失，他开始同时卖出日经 225 指数期货的看涨和看跌期权，以往的对日经指数期货了解和交易经验形成了他对日经指数期货的初步看法，在寻找支撑这次卖出鞍马式期权组合的投资策略的信息时，倾向于收集支持他这次交易继续成功的信息，比如他在之前交易过程中成功经验及投资能力，这些进一步增强了他对于这一次交易成功的信念，同时忽略其他的因素对这次交易造成的风险。过度自信就这样产生，他认为这一次他同样有能力可以通过这次对日经指数期货的交易获得成功，以抵消在错误账户中亏损的金额。然而事与愿违，神户大地震的突发，日本政府债券价格开始上升，日经指数继续下跌，他的损失进一步扩大。

在第二阶段，由于投资者的损失厌恶的心理与生俱来，里森为了进一步弥补之前的损失，通过编制假账骗取了巴林银行伦敦总部的 46 亿英镑，将其作为保证金购入了日经指数期货合约，又同时卖出了日本政府的期货合约。这一步的操作可以看成里森对失败项目的恶意增资，一方面是因为决策者损失厌恶的天性，另一方面也说明里森对自己看多投资日经指数期货，看空日本政府债券的预期一如既往的正确，对自己的投资能力的过度自信，之前的亏损是由各种突发因素构成，是偶尔事件，所以他进一步冒着巨大的风险对日经期权作了投资。

然而，事情进一步事与愿违，神户大地震后日本政府债券的价格进一步上升，日经指数继续下跌，里森的损失进一步扩大，最终巴林银行的损失远超其股本总额，资不抵债，只能在 1995 年 2 月宣布破产。

从整体事件中来看，公司的管理者由于非理性的心理偏差导致的过度自信和过度乐观，进而导致在投融资决策时的过度投资和过高的负债，这些给公司往往带来毁灭性的风险。

二、中航油事件

1. 案例

中国航油（新加坡）股份有限公司于 1993 年成立，是中国航空油料集团公司的海外控股公司，2001 年在新加坡交易所主板上市。作为中国重要的航油进口商，为全球 180 多家航空公司提供服务，向国内各地机场以及北美欧洲等国际机场供应航油。

在 1997 年亚洲金融危机和公司多年亏损的背景下，陈久霖接任中航油新加坡公司总裁，并仅凭 30 万美元启动资金开始了艰难的创业。在他的领导下，公司逐渐发展壮大，取得了多项重大成就。中航油新加坡公司在 2001 年凭借自身资产在新加坡上市，2002 年出资 6000 万欧元收购西班牙国家石油管道和设备公司——CLH 公司 5%的股权，与跨国石油巨头壳牌和 BP 等共同进入董事会，参与 CLH 的管理与决策。同年，公司又出资 3. 7 亿人民币收购了上海浦东国际机场航空油料有限公司 33%的股权，获得了中国第二大机场的航油设施经营权和航油供应权。2003 年和 2004 年，中航油新加坡公司继续展开收购行动，包括收购位于广东茂名附近的水东油库区 80%的股权、英国上市公司富地石油全资子公司香港富地在中国华南蓝天航空油料公司所拥有的 24. 5%股权，以及新加坡国家石油公司（SPC）8800 万股的股权等。中航油新加坡公司的净资产和资本市值快速增长，成为新加坡最具透明度的企业，被标准 · 普尔评为中国海内外上市公司的第 40 位，被美国《财富》杂志评为中国百家上市企业的第 47 名。此外，公司还被美国应用贸易系统（ATS）机构评选为亚太地区最具独特性、成长最快和最有效率的石油公司，并被列入美国道 · 琼斯和英国《金融时报》蓝筹股。陈久霖本人因其传奇性的成长故事还被新加坡大学载入 MBA 教科书。2003 年 10 月，陈久霖被《世界经济论坛》评选为“亚洲经济新领袖”。

由于贸易额巨大，中航油于2002年开始进行石油衍生品交易。起初公司多开展的是中间商业务，开展双边背对背期权交易赚取佣金，本身面临的单边头寸暴露风险较低。2003年2季度开始，中航油开始从事投机性石油期权交易。中航油开始预期石油价格将上涨，通过做多看涨期权和做空看跌期权的组合做多油价，一度盈利超百万美元。2003年10月起，中航油预测油价下跌，通过卖出看涨期权和买入看跌期权的组合交易策略建立空头头寸。伊拉克战争影响原油供需缺口拉大，国际油价大幅上升，公司的期权投机仓位损失不断扩大，但此时中航油管理层未能风控止损，亦未及时确认和披露衍生品交易风险。2004年4月至2004年10月期间，中航油不断加大交易头寸规模。选择对到期的卖出看涨期权滚动移仓，在油价上涨背景下，选择卖出价格更贵的远期看涨合约，以获得权利金弥补保证金缺口。最终有效合约超5000万桶，而彼时其每年进口量约为1500万桶，远超套期保值所需必要头寸的范围。2004年10月10日，中航油的原油期货合约已增至5200万桶，已经超过中国航空用油三年的用量。其间，WTI原油价格从2003年10月约30美元/桶最高上涨至2004年10月55美元/桶以上。油价到达历史高位，中航油面临巨额亏损。2004年10月10日中航油首次向中航油集团呈交报告，说明交易情况及面对1.8亿美元的账面损失，并已缴付了期货交易的8000万美元补仓资金，公司同时面对严重的现金流问题，已接近用尽2600万美元的营运资金、1.2亿美元的银团贷款及6800万美元的应收贸易款，上述数据从未向其他股东及公众披露。2004年10月20日中航油集团为了筹集资金支付补仓资金，通过德意志银行新加坡分行配售15%的中航油股份，令集团持股比例由75%减至60%，集资1.08亿美元。2004年10月26日至28日中航油未能补仓，多张合约被逼平仓，实际损失增至1.32亿美元。2004年10月29日巴克莱资本开始追债行动，要求中航油偿还2646万美元。2004年11月8日中航油再有合约被逼平仓，亏损增加1亿美元。2004年11月9日三井（Mitsui）能源风险管理公司加入追债行列，追讨7033万美元。2004年11月16日另一批合约被平仓，再亏7000万美元。2004年11月17日Standard Bank London Ltd追讨1443万美元，并指如果未能在12月9日支付欠款，将会申请将之破产。2004年11月25日最后一批合约被平仓，总亏损合计达3.81亿美元，债权银行陆续追债，合计追讨2.48亿美元，该公司同时已违反法国兴业银行牵头的1.6亿美元银团贷款条款，同样面对被清盘危机。2004 年 11 月 29 日陈久霖向新加坡法院申请破产保护，并指中航油集团已承诺继续支付及偿该公司还欠款，并正与新加坡政府拥有的淡马锡集团联合注资 1 亿美元协助公司重组，但淡马锡尚未答应。2004 年 11 月 30 日中航油终止所有原油期货交易。2004 年 11 月 29 日，中航油在新加坡申请停牌，第二天公告显示已经亏损 3.9 亿美元，潜亏 1.6 亿美元，合计 5.5 亿美元。

陈久霖在给法院的陈述中称，一开始进入石油期货市场时，中航油获得了巨大的利润——相当于 200 万桶石油。正是在这种暴利的驱动下，才会越陷越深。据法院文件，目前从各家银行收到要求还贷款的总额达 2.47 亿美元。要求偿还债务的债权人包括：三井财团，曾经给中航油借债 1.43 亿美元；Fortis 银行，要求偿还 3300 万美元，以及 Goldman Sachs 集团的 1600 万美元石油贸易欠条等。正当“中航油事件”中的 50 多家债权人们谨慎等待中航油重组方案出台之际，三井住友银行首先对其提出了法律诉讼。2005 年 2 月 2 日，三井住友银行委托律师向新加坡高等法庭递交了诉讼文件。三井住友银行在起诉文件中称，中航油、陈久霖及中国航空油料集团三方串谋隐瞒公司出现巨额亏损的情况，以及一宗交易的实际付款情况，导致三井住友银行蒙受损失，因此向中航油索偿 2636 万美元欠债，外加违约及错误陈述的赔偿 1306 万美元。三井住友在起诉书中还透露，2004 年 8 月和 9 月，中航油向三井住友贷款 1480 万美元，用于支付欠三井能源风险管理公司和高盛的 J. Aron 公司的债款，并在 2004 年 9 月将与上海浦东国际机场进出口公司进行的一笔 1326 万美元燃油交易所得转入公司在三井住友的户头，以此为抵押取得三井住友 2004 年 11 月发出的 1350 万美元信托收据。三井住友认为，在这两笔交易中，中航油均未向银行披露它已蒙受巨额亏损的情况，因而起诉中航油欺骗。

案发后，普华永道会计公司受托对该公司进行专项审计并公布了对“中航油”新加坡公司石油期权巨额亏损事件作出最终调查报告。该报告认为，陈久霖作为该公司的原总裁，负有不可推卸的主要责任。随后，新加坡司法部门宣布中国航空油料（新加坡）股份有限公司原总裁陈久霖和其他几名高层管理人员因涉嫌违反新加坡的《刑法》《公司法》和《证券期货法》，已被新加坡调查白领犯罪的商业事务部拘捕。据新加坡《联合早报》报道，中国航油前总裁陈久霖被司法部门指控15项罪状，其中10项是制造假信息罪，其余5项则分别是欺骗、以假当真使用同意书、不诚实的执行职务以及在明知公司蒙受亏损的情况下促成配售公司股票、没有据实向股票交易所和公司董事局呈报。另外，与陈久霖同时面临指控的还有该公司的4名高级主管。中国航油集团公司总经理兼“中航油”董事长荚长斌、非执行董事兼“中航油”重组工作特别小组负责人顾炎飞、非执行董事李永吉与财务部主任林中山，则分别被控触犯新加坡《公司法》第一百五十七条，未向董事会披露期权交易的MTM损失；根据新加坡《证券期货法》第三十一条，未向新加坡交易所汇报期权交易的损失。此后，时任中航油公司总裁陈久霖被控，又因他制作虚假的2004年度年中财务报表、在2004年第三季度的财务报表中故意隐瞒巨额亏损、不向新交所汇报公司的实际亏损、诱使集团公司出售股票等6项指控，被新加坡司法机构判处33.5万新元的罚款及4年零3个月监禁。此外，普华永道出具的一份审计报告显示公司投机性期权交易损失主要表现在以下三个方面：一是是公司从2003年第4季度开始就对石油的价格走势进行了误判；二是未能严格执行期权估值和披露标准，未对期权组合进行估值，也未能在财务报表正确披露；三是风险管理疏漏，公司缺乏专门针对期权交易的适当和严格的风险管理程序，管理层也未遵守风险管理政策，审计部门、董事会未能履行衍生品风控职责。头寸损失严重，陷入资不抵债的境地。2004年10月，因无力支付巨额保证金，中航油首次向集团公司呈交报告。随后交易对手方连续发出违约函催缴保证金，中航油持仓合约连续被逼仓、平仓，实际亏损金额不断扩大，直至超过其1.45亿美元的净资产，陷入资不抵债境地。2004年12月，亏损达到5.5亿美元。股票停牌，市值大幅缩水。事发后，中航油于2004年11月停牌，16个月后2006年3月复牌。复牌后连续3个月股价大幅下滑，2006年6月股价最低点达0.342新币/股，市值较2004年高点缩水95%以上。三方参与资产重组，英国石油公司BP取得中航油超20%重组股份。2005年12月，中航油重组落地，中航油集团母公司、英国石油公司BP、淡马锡子公司ARANDA三方共同注资1.3亿美元，中航油集团、BP、ARANDA重组后股权分别占51%、20%、4.65%。在中航油事件中，其逐渐将套保头寸和投机头寸混淆，从双边交易到单边投机，伴随着内控风控疏漏和无限加仓，风险从相对可控到逐步放大。①

2. 分析

行为公司金融的理论认为如果公司的管理者在投机决策的过程中出现了非理性的心理偏差，比如框架偏差、证实偏差、损失厌恶等心理偏差，容易导致管理者的过度自信和过度乐观，在投融资决策时往往出现高估投融资的收益而低估项目带来的风险，对非最优项目过度投资甚至对失败项目恶性增资，从而扩大损失，一发不可收拾。

"中航油"事件的过程中明显体现出了公司管理决策者陈久霖的非理性偏差导致的过度自信和过度乐观等心理倾向，从而导致在整个投融资过程中不断出现决策失误，最后损失惨重。陈久霖过度乐观是怎么形成的呢？当时在中航油新加坡公司岌岌可危之际，陈久霖是临危受命，在海外艰难打拼 7 年，才把公司的净资产由 1997 年的 16. 8 万美元猛增至 2003 年年底的 1. 28 亿美元，增幅高达 761 倍，公司的资本市值达到 95 亿元人民币。而陈久霖也获得蜚声全亚洲甚至欧美经济市场的优秀人物。前期在公司经营中的成功经验积累了陈久霖在管理上的自信。2003 年，公司开始涉猎石油期货交易市场，在开始的交易中，由于管理层的精准判断帮助公司赢取了可观的收益，这给管理层带来了极大的信心，管理者会将在经营和投融资上的成功更多地归功于自己的决策能力，忽略了市场本身的环境带来的投资运气。

过度的自信和过度乐观，远远放大了管理者的控制范围和能力。2003 年 10

① 案例改编自：全球重大衍生品交易事件：猎杀、逼仓、巨亏及启示［EB/OL］.（2022-04-23）［2023-04-25］. https：//baijiahao. baidu. com/s? id = 1730910572576234206&wfr = spider&for = pc；陆宇建，张继袖，吴爱平．"中航油"事件的行为金融学思考［J］. 软科学，2007（04）：56-60；卖出看涨期权是原罪？十四年前的中国版"巴林事件"：长文复盘中航油巨亏事件始末［EB/OL］.（2020-02-20）［2023-04-25］. http：//www. 1yingle. com/ArticleManage/Article/Detail? ID = 25514；杀机四伏的原油期货世界：中航油巨亏背后不为人知的往事［EB/OL］.（2020-01-29）［2023-10-11］. https：//www. 163. com/dy/article/F42LLKP80519AB9N. html；焦志勇．公司治理中存在的根本问题和对策——从"中航油"案件中引发的思考［J］. 经济与管理，2005（07）：29-32。

月，随着中航油预测的油价下跌，他们大量地卖出看涨期权和买入看跌期权，建立了大量的空头头寸。在当时原油价格没有超过 30 美元每桶，即使在战争年代均价也没有超过 34 美元每桶的情况下，管理层坚信看跌原油价格，卖出看跌期权是完全合理的。管理层的非理性证实偏差，使得他们在寻找支撑他们这种决策的证据时，更倾向于寻找证实的证据，而忽略证伪的证据，也就是说他们看到的更多的证据是过去的历史信息及自己过去的经验，认为原油价格会一直下跌，却忽略了未来中国、印度等国家迅速发展对石油的需求剧增的巨大潜在的市场，这些信息的忽略，让他们更进一步坚信卖出看跌期权、买入看跌期权决策的正确性。

然而，随着伊拉克战争影响原油供需缺口拉大，国际油价大幅上升，公司的期权投机仓位损失不断扩大，但此时中航油管理层未能风控止损，亦未及时确认和披露衍生品交易风险，而是选择在 2004 年 4 月至 10 月不断地移仓，加大交易头寸的规模。这是管理层在失败项目上的一种恶性增资的错误决策。恶性增资是指一个项目在投入了大量资源后发现完成该项目取得收益的可能性很小，在各种客观信息表明应该放弃此项目进行止损的情况下，管理者仍然继续追加投资，企图用这种方式博取最后的成功。那么为什么在公司期权仓位到期面临亏损的时候，中航油的管理层还要继续加大卖空头寸呢？是由管理层的框架偏差和损失厌恶的心理引导所致。在管理层对一个项目的后续决策时会被初始决策的成败所框定，正面的信息会使人们在盈利范围内选择，而负面的信息会使人在不同的损失间选择，再加上人们普遍性的损失厌恶心理，为了弥补已经产生的损失，决策者会倾向于风险寻求。所以中航油为了弥补之前的损失，他们并没有及时止损，而是在 2004 年 1 月、6 月、9 月分别进行了移仓，买回期权关闭原先的盘位，同时出售期限更长、交易量更大的新期权，以获得权力金，弥补保证金的缺口。然而伴随着每一次的移仓，风险不断地扩大。最终市场的结果是中航油的合约已增至 5200 万桶，而市场每年进口量约为 1500 万桶，在巨大缺口下，合约被迫不断地平仓，油价达到历史高位，中航油损失惨重。

由于给资本市场造成了巨额损失，陈久霖及其他涉案的几名高层受到了债券银行的起诉，陈久霖在给法院的陈述中谈到，其是受到了刚开始进入石油期货市场获得的 200 桶石油收益的诱惑，才会越陷越深。一个公司管理层表现的非理性决策的偏差的强烈程度对公司的生存和发展起着至关重要的作用。适度的自信和乐观心理有助于管理者保持积极的心态，承担一些风险适中的项目，有利于提高公司的价值。但是一旦投资者过度自信、过度乐观和由于对当前利益的短视，就会出现对失败项目的恶性增资、快速扩张导致的短期债务比例过高，而忽略由这些激进的投融资行为带来的风险，最后给公司带来无可挽回的损失。

三、中行原油宝——穿仓谁之过？

1. 案例

中国银行原油宝产品简介：中行“原油宝”产品是中国银行 2018 年 1 月面向个人投资者发行的挂钩境内外原油期货合约的交易产品，按照报价参考对象不同，包括对应基准标的为“WTI 原油期货合约”的美国原油及对应基准标的为“布伦特原油期货合约”的英国原油，并均以美元（USD）和人民币（CNY）计价。从中国银行官网上《原油宝（个人账户原油业务）》的公告中我们可以知道，购买“原油宝”产品时首先由销售人员对投资者进行风险测评，测评通过后签订协议，然后投资者在中国银行开立相应的投资交易保证金账户并在账户中存入 100%的保证金，最后才可以对原油期货合约中的原油进行买入商品的做多与卖出商品的做空的双向选择。投资者实际并不是在境外直接购买美国原油期货或者英国原油期货，而是相当于在中国银行里开设的一个虚拟账户，账户中有做多方与做空方，中国银行将投资者中的做多方与做空方进行风险对冲，那些对冲中和不了的订单再由中行在芝加哥商品交易所（CME Group）进行交易，中行在整个过程中扮演的角色为做市商的角色，对“原油宝”产品以及其他产品相关的方面进行风险管控。根据中行对“原油宝”产品的说明，产品的价格是中行综合考虑与产品挂钩的原油期货合约价格的变动以及人民币兑换美元的汇率和市场流动性等多项因素综合定价报送给投资者的，中行有权对产品价格进行微调。“原油宝”产品交易的最低数量为 1 桶，此外可以以 0.1 桶的最小交易数量加购。日常交易时间是周一至周五的上午 8：00 到第二天的凌晨 2：00，原油期货合约的到期日时间则是提前到 22：00 结束。

中行原油宝穿仓背景：元/桶后替换为 Bachelier 模型，以应对可能产生的负价格交易情况。4 月 15 日，CME 清算所发布公告表示，已根据市场情况考虑了部分能源合约交易价格可能为负的情况，如果价格将为负，CME 清算系统可正常运行。4 月 20 日是原油宝产品美国原油品种五月合约的最后结算日，投资者可以在当天北京时间 22：00 前选择平仓、移仓或到期轧差。据之后中国银行公告，当天约 46%的投资者主动选择平仓，剩余约 54%的投资者选择了移仓或到期轧差。在原油宝 WTI 原油 5 月合约停止交易时，对应的美国东部时间为 4 月 20 日上午 10：00，当时 CME 场内 WTI 原油期货 5 月合约交易价格已降至约 10 美元/桶。同日美东时间 14：08，WTI 原油期货首次出现负价格-0. 07 美元/桶，14：30 的价格将为-36. 37 美元/桶。CME 官方最终公告的 4 月 20 日 WTI 原油 5 月期货合约结算价格为-37. 63 美元/桶。

事发当天，中国银行表示正在确认 WTI 期货合约负价格的有效性，并且暂停其原油宝产品美国原油合约交易一天，紧接着，4 月 22 日 11 早上，中国银行发布公告称："经我行审慎确认，美国时间 2020 年 4 月 20 日，WTI 原油 5 月期货合约 CME 官方结算价-37. 63 美元/桶为有效价格。根据客户与我行签署的《中国银行股份有限公司金融市场个人产品协议》，我行原油宝产品的美国原油合约将参考 CME 官方结算价进行移仓和结算。同时，鉴于当前的市场风险和交割风险，我行自 4 月 22 日起暂停原油宝（包括美油、英油）新开仓交易，持仓客户的平仓交易不受影响。"该公告的发出意味着原油宝穿仓事件的最终证实，在该事件中发生损失的投资者被中国银行要求补足穿仓亏损，也就是说，该批原油宝美国原油合约做多客户将承担这次"负油价"的全部损失。

一份网传文件披露，此次中行"原油宝"多头持仓客户共计 3621 户，凌晨持仓亏损 2. 1 亿元，亏光本金还欠中行 3. 7 亿元，投资者人均损失 16 万元。4 月 23 日，多位投资者透露，当日凌晨，中行已从其"原油宝"账户里划转了全部本金和保证金。中行客服表示，如果交割款项不足，将视为欠款，银行有权向人民银行申请将欠款记录纳入征信。据双方签订的协议，如果甲方应付未付资金，乙方有权从资金应支付日至实际支付日，或从资金应支付日至平仓日按日收取逾期利息。逾期利息的利率参照中国银行一年期贷款基准利率执行。针对中国银行所发公告及补足穿仓亏损的要求，在原油宝穿仓事件中遭受巨大损失的投资者提出了质疑，比如：中行宣传产品时有夸大产品收益而对风险避重就轻、交易的时间差的合理性、保证金合约的执行性等方面。巨额的亏损引发了该产品投资交易者的相关投诉和维权事件，不少投资者通过自发组织，形成了数个 500 人的维权微信群，其中微博上最大的维权群已经接近 4000 人。令不少投资者心痛的是，在中行以-37.63 美元/桶结算后，一天后 WTI 原油 5 月合约迎来交割日，最终以 10 美元/桶交割。

针对原油宝的风险事件，2020 年 4 月 24 日中国银行在官网发布公告进行了回应，公告中提及“针对‘原油宝’产品挂钩 WTI5 月合约负结算价格事宜，中国银行持续与市场相关机构沟通，就 4 月 20 日市场异常表现进行交涉”。4 月 29 日，中国银行发布公告回应 24 日公告引发客户关注的相关问题并披露事件处理进展，公告称“将以对客户认真负责的态度，持续与客户沟通协商，在法律框架下承担应有责任”“争取尽快拿出回应客户合理诉求的意见”，并指出“中国银行已委托律师正式向 CME 发函，敦促其调查 4 月 21 日原油期货市场价格异常波动的原因”。

在中国银行紧急应对“原油宝”风险事件的同时，我国监管机构和其他商业银行纷纷对账户原油产品进行必要的相关举措。4 月 22 日，新闻报道监管部门已要求银行自查产品风险并要求递交自查报告。在 4 月底，中国建设银行、交通银行以及浦发银行等都宣布暂停记账式原油产品的新开仓交易，持仓客户的平仓交易、即时换仓及预设的自动转期交易均不受影响。

中国银行“原油宝”风险事件持续发酵引起了监管部门的高度重视。

4 月 30 日，中国银行保险监督管理委员会消费者权益保护局回应原油宝投资者投诉，称对此次中国银行理财产品穿仓事件表示高度关注，已经第一时间要求中行彻查理财产品经营过程中的相关漏洞和问题，提高理财产品抗风险能力，加强商业银行内部控制机制。

5 月 4 日，国务院金融稳定发展委员会介入调查并召开有关的会议，在金融稳定会议中指出由于国际新型冠状病毒的不确定性使得当前国际大宗商品价格发生剧烈波动，而国外大宗商品价格极端波动极其容易引起国内相关产品的金融风险，国内各金融机构应当增强风险意识，改进风险管理水平，保证流动性，计提相关市场风险资本，同时对于产品的责任要理清，提升本身的专业素养，积极承担相应的社会责任，严格保护人民合法权益。

5 月 5 日，中国银行发布公告称“已经研究提出了回应客户诉求的意见”，并指出“目前中国银行相关分支机构正按意见积极与客户诚挚沟通，在自愿平等基础上协商和解”。新闻披露中国银行提出愿意承担负价亏损并按 4 月 20 日晚 22：00 价格赔偿 20%保证金的解决方案。2020 年 12 月 5 日，银保监会在网站发布了中国银行“原油宝”事件处罚通报，其中对中国银行股份有限公司罚款 5050 万元，此外还有 4 名员工被重罚，合计被罚 180 万元。该风险事件涉及的相关违法违规行为主要包括以下四方面：（1）产品管理不规范，主要包括保证金相关的合同条款不够清晰、产品后评价相关工作不够独立、未对产品进行全方位的压力测试等。（2）风险管理不审慎，主要包括市场风险限额设置及其调整存在明显缺陷、超限操作不规范、未按要求及时整改交易系统功能缺陷等。（3）内控管理不健全，包括绩效考核和激励机制不合理、消费者权益保护履职不足、全行内控合规检查未涵盖全球市场部对私产品销售管理等。（4）销售管理不合规，包括个别客户年龄不满足准入要求、部分宣传销售文本内容存在夸大或者片面宣传、采取赠送实物等方式销售产品等。2020 年 12 月 31 日，江苏省南京市鼓楼区人民法院对涉及中行“原油宝”的两件案件进行一审公开宣判，判决中国银行承担原告全部穿仓损失及 20%的本金损失，返还其扣划保证金，并支付有关资金占用费。至此，中行原油宝事件告一段落。①

2. 分析

2020 年 4 月中国银行原油宝穿仓事件的发生，给中国银行和中行原油宝的投资者造成了巨额的损失，那么在这一起事件中，到底是什么原因导致的？谁又该为这场巨额损失承担责任？下面从行为公司金融学的理论来分析中行原油宝的穿

① 案例改编自：何婷．中国银行“原油宝”风险事件引发的深层反思［J］．现代商业，2022（02）：69；汪靖川．ZG 银行“原油宝”事件案例分析［D］．广西：广西师范大学，2022（06）：16；石皓宇．原油宝穿仓事件案例分析［D］．重庆：重庆大学，2022（06）：16；李如镜．原油宝穿仓事件案例［D］．兰州：西北师范大学，2021：11；邓雅蔓，周琦．追问中行“原油宝”事件 高风险产品为何变为常规理财？［J］．中国经济周刊，2020（08）：21-23；部慧，陆凤彬，魏云捷．“原油宝”穿仓谁之过？我国商业银行产品创新的教训与反思［J］．管理评论，2020，32（09）：308-322；郭琪煜．我国商业银行金融衍生品风险研究——基于中行原油宝事件的分析［D］．兰州：兰州财经大学，2021：25。

仓事件。

行为公司金融的理论一般从两个角度来探讨公司或者产品的投融资行为。一者为在市场非有效的情形下，探讨上市公司管理层如何进行投融资决策；二者为当市场有效时，公司管理层的非理性会如何影响他们的投资决策，从而如何影响市场资产的价格。中国银行设计的原油宝产品投向市场，可以看成上市公司的某一项融资决策，所以现在我们将从以上两个角度来探讨原油宝的穿仓原因。

首先，中国的金融市场起步较晚，信息披露制度不健全，法律法规有待提高，而中小投资者占比较大，非理性程度较高，这些特点催生了中国投资者在投资时的跟风、追涨杀跌等投机心理，中国市场的有效性有待提高。在这种情况下，中行设计了原油宝的这款“理财产品”，对这款产品的风险定位为 R3 等级平衡型风险，它具有能在短期获得高额收益的可能性。正如 2019 年中行江西分行在微信公众号推荐“原油宝”产品那样，称“抓住一波活久见的原油行情机会，收益率超过 37%，仅仅用了 5 天”，通过网银、手机银行签约就可交易。难道原油宝真的如大部分面向大众的理财产品一般，在保证高收益率的同时风险也较低吗？事实上从原油宝的交易特质看，除了没有杠杆外，原油宝的交易方式基本与期货交易相似，无论是与 CME 的 WTI05 合约的挂钩还是与客户间的做市商交易，原油宝与正常期货产品之间是无差别的。既然本质上与期货产品无异，那么在产品交易时就要参照期货交易规则进行。与工商银行和建设银行的“纸原油”产品一样，中行“原油宝”的投资者是通过账户买卖“虚拟”原油，以赚取价格波动所产生的差价利益，产品本身的风险承担性也有待商酌。通过“对赌”国际原油价格来赚取收益的产品，由于全球油价的巨大不确定性，本身具有巨大的风险。然而，中国银行在不具备这种期货交易资质的情况下，利用市场中的中小投资者由于非理性常倾向的投机交易赚取利润，将这个风险极高的期货金融衍生品包装成一种理财产品进行销售。其间，中行没有明确结算价格的计算依据、没有充分揭示产品风险、缺少必要告知导致客户错误选择到期处理方式、欠款不还将上征信记录等。显然，中行原油宝对产品的宣传重点突出了收益，过低定位了风险。投资者在中行原油宝开发者的这种信息宣传下，更多的只是关注当时市场中，随着国际原油价格快速跌落，抄底原油的重大利好消息，对原油宝产品的大肆买入。然而，投资者只关注到了自身和中行原油宝形成链接的这个内部市场，却忽略了中行原油宝和国际原油宝期货市场的外部风险，由于全球油价的巨大不确定性，产品本身已经蕴藏了巨大的风险。

其次，从中行原油宝的设计者来看，由于他们的开发和管理者过度自信的心理和短视行为，导致他们在管理原油宝产品的过程中为了短期的业绩，忽视了风险管理，最终损害了投资者和中行的长期战略目标和中行的声誉。管理者的非理性的心理偏差导致的决策偏差体现在产品在行进过程中对投资者的风险提醒和风险控制上。从整体事件可以看出，产品的管理者对 WTI 原油期货合约的交易机制和交易惯例理解不足，他们本应抱着认真严谨的态度来控制新的金融产品，但是由于他们的过度自信，本能地会高估产品的收益，而低估产品的风险，即使在风险超过预设的可控范围时，他们也没有给投资者进行必要的提醒。而管理者的过度自信和短视行为，在这次事件中的风险控制上体现得淋漓尽致。中国银行与工商银行和建设银行不同的是其将移仓日设计在交割日的前一周，中行将移仓日设计在了临近交割日的前一天，这种相对靠后的移仓日，为投资者提供了更大的可选择性，也可以给投资者和中行带来更多利益，但是这一切的实现前提条件是中行必须在规定的时间内完成所有持仓客户的移仓和交割需求。但是，中行原油宝的管理者似乎太过自信，预期获得更多的多头头寸带来的收益的同时，却忽略了可能存在的流动性严重不足的风险。根据“原油宝”的产品协议约定，当账户中相应的保证金充足率降到 20%（含）以下时应强制平仓，然而中行原油宝并未采取自动平仓措施，直接导致投资者的损失扩大。对投资者在距离交割日期的前一天，也即中行“原油宝” WTI05 合约与投资者约定的移仓时间为 2020 年 4 月 20 日 22 点（北京时间），中行“原油宝”停止交易并进行移仓，客户个人账户的原油期货交易权限被冻结，处于浮亏状态，客户不能主动进行平仓或移仓。而市场中的中国工商银行、中国建设银行的美国原油 WTI05 合约个人投资者与其签订合约的移仓日期为交割日前一个星期，工商银行和建设银行的多头头寸持有者在油价大幅下跌的趋势下抛售手中的 WTI05 合约并顺利实现移仓。由于其他银行提前移仓的多头头寸持有者的平仓行为导致供给增加，使期货合约价格进一步下跌。同时，旨在抄底的中行“原油宝”客户利用中行较晚的移仓条款日期，继续追加购买多单，使得多头越来越多，直至整个市场没有对手盘。根据数据显示，2020 年 4 月 21 日合约到期收盘后，结算未平仓的多头头寸数量达到

7.7万手，由于没有对手盘接盘，中行无法为客户完成盘中换月展期，造成了流动性风险，中国银行只能被迫接受平仓，按期货交易合约结算价-$37.63/桶轧差①。而投资者被迫以期货的收盘价格平仓，最终损失惨重。

从中行原油宝的整体事件来看，银监部门对“原油宝”这类具有创新性和风险性高的产品监管不到位，银行业监督管理机构应当对理财业务实行穿透式监管，向上识别理财产品的最终投资者，向下识别理财产品的底层资产，并对理财产品运作管理实行全面动态监管。“原油宝”事件发生后，中国银行盈利能力与市场价格均受到了重大负面影响，导致中行发展速度放缓。中国市场的投资者应该提高金融知识储备和投资能力，更好地识别金融风险，让自己变得更理性；而中国银行及其他商业银行也更应重视期货交易等其他业务，避免在投资过程中以短期的利益为目标，过度自信，应将目光聚焦于未来更长远更稳定的发展，不断完善风险内控制度，规范其运营操作流程，提高全员合规意识，助力我国商业银行高质量安全发展。

① 白默，牛越，王栋．基于风险管理视角对中行“原油宝”事件的分析［J］．天津大学学报（社会科学版），2021，23（4）：295-299.

参考文献

英文部分

[1] Asness C S, Moskowitz T J, Pedersen L H. Value and Momentum Everywhere [J]. The Journal of Finance, 2013, 68 (03): 929-985.

[2] Baker M, Stein J C, Wurgler J. When Does the Market Matter? Stock Prices and the Investment of Equity-dependent Firms [J]. The Quarterly Journal of Economics, 2003, 118 (03): 969-1005.

[3] Baker M, Wurgler J. A Catering Theory of Dividends [J]. The Journal of Finance, 2004, 59 (03): 1125-1165.

[4] Baker M, Wurgler J. Investor Sentiment and the Cross-section of Stock Returns [J]. The Journal of Finance, 2006, 61 (04): 1645-1680.

[5] Banz R W. The Relationship between Return and Market Value of Common Stocks [J]. Journal of Financial Economics, 1981, 9 (01): 3-18.

[6] Barber B M, Odean T. All that Glitters: The Effect of Attention and News on the Buying Behavior of Individual and Institutional Investors [J]. The Review of Financial Studies, 2008, 21 (02): 785-818.

[7] Barberis N, Shleifer A, Wurgler J. Comovement [J]. Journal of Financial Economics, 2005, 75 (02): 283-317.

[8] Benartzi S, Thaler R H. Myopic Loss Aversion and the Equity Premium Puzzle [J]. The Quarterly Journal of Economics, 1995, 110 (01): 73-92.

[9] Chan L K C, Hamao Y, Lakonishok J. Fundamentals and Stock Returns in Japan

[J]. The Journal of Finance, 1991, 46 (05): 1739-1764.

[10] Chan S H, Martin J D, Kensinger J W. Corporate Research and Development Expenditures and Share Value [J]. Journal of Financial Economics, 1990, 26 (02): 255-276.

[11] Chang E C, Cheng J W, Yu Y. Short- sales Constraints and Price Discovery: Evidence from the Hong Kong Market [J]. Journal of Finance, 2007, 62 (05): 2097-2121.

[12] Chiang T C, Zheng D. An Empirical Analysis of Herd Behavior in Global Stock Markets [J]. Journal of Banking & Finance, 2010, 34 (08): 1911-1921.

[13] Daniel K, Titman S. Evidence on the Characteristics of Cross Sectional Variation in Stock Returns [J]. The Journal of Finance, 1997, 52 (01): 1-33.

[14] De Bondt W F M, Thaler R. Does the Stock Market Overreact? [J]. The Journal of Finance, 1985, 40 (03): 793-805.

[15] Dichev I D. What Are Stock Investors' Actual Historical Returns? Evidence from Dollar-weighted Returns [J]. American Economic Review, 2007, 97 (01): 386-401.

[16] Fama E F, French K R. A Five-factor Asset Pricing Model [J]. Journal of Financial Economics, 2015, 116 (01): 1-22.

[17] Fama E F, French K R. Common Risk Factors in the Returns on Stocks and Bonds [J]. Journal of Financial Economics, 1993, 33 (01): 3-56.

[18] Fama E F, French K R. Multifactor Explanations of Asset Pricing Anomalies [J]. The Journal of Finance, 1996, 51 (01): 55-84.

[19] Fama E F, French K R. Size, Value, and Momentum in International Stock Returns [J]. Journal of Financial Economics, 2012, 105 (03): 457-472.

[20] Fama E F, French K R. The Cross-section of Expected Stock Returns [J]. The Journal of Finance, 1992, 47 (02): 427-465.

[21] Fama E F, French K R. Value Versus Growth: The International Evidence [J]. The Journal of Finance, 1998, 53 (06): 1975-1999.

[22] Fama E F. Efficient Capital Markets: II [J]. The Journal of Finance, 1991, 46

(05): 1575-1617.

[23] Fama E F. Market Efficiency, Long-term Returns, and Behavioral Finance [J]. Journal of Financial Economics, 1998, 49 (03): 283-306.

[24] Galbraith J K. The Great Crash 1929 [M]. Houghton Mifflin Harcourt, 2009.

[25] Geczy C C, Samonov M. Two Centuries of Price-return Momentum [J]. Financial Analysts Journal, 2016, 72 (05): 32-56.

[26] Grinblatt M, Keloharju M. The Investment Behavior and Performance of Various Investor Types: A Study of Finland's Unique Data Set [J]. Journal of Financial Economics, 2000, 55 (01): 43-67.

[27] Gultekin M N, Gultekin N B. Stock Market Seasonality: International Evidence [J]. Journal of Financial Economics, 1983, 12 (04): 469-481.

[28] Hackbarth D. Managerial Optimism, Overconfidence, and Capital Structure Decisions [C] //European Finance Association Annual Meeting, (Aug, 2004), Maasticht, The Netherlands. 2002.

[29] Haug M, Hirschey M. The January Effect [J]. Financial Analysts Journal, 2006, 62 (05): 78-88.

[30] Hirshleifer D, Shumway T. Good Day Sunshine: Stock Returns and the Weather [J]. The Journal of Finance, 2003, 58 (03): 1009-1032.

[31] Hwang S, Salmon M. A New Measure of Herding and Empirical Evidence [J]. WP01-12, 2001.

[32] Ikenberry D, Lakonishok J, Vermaelen T. Market Underreaction to Open Market Share Repurchases [J]. Journal of Financial Economics, 1995, 39 (2-3): 181-208.

[33] Jegadeesh N, Titman S. Returns to Buying Winners and Selling Losers: Implications for Stock Market Efficiency [J]. The Journal of Finance, 1993, 48 (01): 65-91.

[34] Jones C P, Pearce D K, Wilson J W. Can tax-loss Selling Explain the January Effect? A Note [J]. The Journal of Finance, 1987, 42 (02): 453-461.

[35] Lakonishok J, Shleifer A, Vishny R W. The Impact of Institutional Trading on

Stock Prices [J]. Journal of Financial Economics, 1992, 32 (01): 23-43.

[36] Landier A, Thesmar D. Financial Contracting with Optimistic Entrepreneurs [J]. The Review of Financial Studies, 2008, 22 (01): 117-150.

[37] Leal C C, Armada M J R, Duque J L C. New Evidences on the Disposition Effect of Individual Investors [J]. Faculade de Economia da Universidade do Porto Working Paper, 2006: 1-30.

[38] Lee, P. M. , & Wahal, S. Grandstanding, Certification and the Underpricing of Venture Capital Backed IPOs [J]. Journal of Financial Economics, 2004, 73 (02): 375-407.

[39] Li Q, Wang T, Gong Q, et al. Media-aware Quantitative Trading Based on Public Web Information [J]. Decision Support Systems, 2014 (61): 93-105.

[40] Locke P R, Mann S C. Professional Trader Discipline and Trade Disposition [J]. Journal of Financial Economics, 2005, 76 (02): 401-444.

[41] Lowry M. Why Does IPO Volume Fluctuate So Much? [J]. Journal of Financial Economics, 2003, 67 (01): 3-40.

[42] Mehra R, Prescott E C. The Equity Premium: A Puzzle [J]. Journal of Monetary Economics, 1985, 15 (02): 145-161.

[43] Polk C, Sapienza P. The Real Effects of Investor Sentiment [R]. NBER Working Paper, 2004.

[44] Polk C, Sapienza P. The Stock Market and Corporate Investment: A Test of Catering Theory [J]. The Review of Financial Studies, 2008, 22 (01): 187-217.

[45] Rajan R G, Zingales L. What Do We Know about Capital Structure? Some Evidence from International Data [J]. The Journal of Finance, 1995, 50 (05): 1421-1460.

[46] Ross S A. The Arbitrage Theory of Capital Asset Pricing [J]. Journal of Economic Theory, 1976, 13 (03): 341-360.

[47] Rozeff M S, Kinney Jr W R. Capital Market Seasonality: The Case of Stock Returns [J]. Journal of Financial Economics, 1976, 3 (04): 379-402.

[48] Schaub M, Lee B S, Chun S E. Overreaction and Seasonality in Asian Stock Indices: Evidence from Korea, Hong Kong and Japan [M] //Research in Finance. Emerald Group Publishing Limited, 2008, 24: 169-195.

[49] Seasholes M S, Wu G. Predictable Behavior, Profits, and Attention [J]. Journal of Empirical Finance, 2007, 14 (05): 590-610.

[50] Stein J C. Rational Capital Budgeting in an Irrational World [J]. Journal of Business, 1996 (04): 429-455.

[51] Wermers R. Herding, Trade Reversals, and Cascading by Institutional Investors [J]. Journal of Finance, 1995, 50 (03): 1004-1005.

中文部分

[1] 白默，牛越，王栋．基于风险管理视角对中行“原油宝”事件的分析 [J]. 天津大学学报（社会科学版），2021，23（04）：295-299.

[2] 部慧，陆凤彬，魏云捷．“原油宝”穿仓谁之过？我国商业银行产品创新的教训与反思 [J]. 管理评论，2020，32（09）：308-322.

[3] 蔡江伟．“炒鞋”的宿命 [N]. 证券时报，2019-08-28（A03）.

[4] 蔡璐璐．熔断机制在中国股市的不可行性分析 [J]. 现代经济信息，2016（23）：314.

[5] 王子念．A 股熔断机制利弊分析 [J]. 合作经济与科技，2016（04）：72.

[6] 曹仙叶，刘咏梅．个人与机构投资者情绪对个股异常收益率的非对称影响 [J]. 中南大学学报（社会科学版），2016，22（06）：92-101.

[7] 车杰．中国股市动量效应和反转效应的实证与成因分析 [D]. 浙江工商大学，2014.

[8] 陈工孟，俞欣，寇祥河．风险投资参与对中资企业首次公开发行折价的影响——不同证券市场的比较 [J]. 经济研究，2011，46（05）：74-85.

[9] 陈见丽．核准制与注册制：助长 IPO 泡沫还是抑制 IPO 泡沫？——以创业板为例 [J]. 中南财经政法大学学报，2015（04）：88-94.

[10] 陈坤养．数字加密货币的泡沫及其影响因素探究 [D]. 吉林大学，2022.

[11] 陈伟，顾丽玲．地理位置对上市公司 IPO 抑价的影响——基于区域金融密

度的实证研究［J］. 南京审计大学学报，2018，15（03）：21-32.

［12］陈晓悦. 中国证券投资者的处置效应断续性研究［D］. 上海财经大学，2020.

［13］陈玥. 东方基金盛泽：以量化策略应对市场变化［N］. 上海证券报，2022-10-23（007）.

［14］程璐瑶. 管理者过度自信与企业投资过度行为关系的实证研究［D］. 山西财经大学，2014.

［15］代瑞鹏. 基于不同市场周期的股市动量效应与反转效应实证研究［J］. 时代金融，2018（15）：147，152.

［16］戴淑庚，陆彬. 基于 CSAD 模型的股票市场羊群效应的实证分析［J］. 广义虚拟经济研究，2016，7（01）：77-89.

［17］邓绥. 贵州茅台有泡沫吗？［J］. 营销界，2021（05）：1-3.

［18］邓晓翠. 开放式基金"赎回困惑"的行为金融学解释［J］. 当代经济，2012（12）：142-143.

［19］邓雅蔓，周琦. 追问中行"原油宝"事件 高风险产品为何变为常规理财？［J］. 中国经济周刊，2020（08）：21-23.

［20］丁如曦，李东坤. 日本房地产泡沫形成及破灭原因的综合检视及其对当代中国的启示［J］. 当代经济研究，2019（07）：101-112.

［21］窦笑晨，刘希鹏，汪玉兰. 投资者有限关注与股票名称的"地名效应"——来自粤港澳大湾区规划发布的证据［J］. 当代财经，2022（12）：137-148.

［22］杜微微. 中国机构投资者处置效应研究［D］. 浙江大学，2011.

［23］Eric Michael Cameron. 中国股票市场羊群效应的实证研究［D］. 浙江大学，2019.

［24］范英豪. 投资者非理性情绪对企业投资的影响研究［J］. 中国外资，2012（06）：245-246.

［25］方珺. 5G 概念投资引热潮［J］. 理财，2019（04）：18-20.

［26］方先明，赵泽君. 熔断机制存在磁吸效应吗？——来自中国股票市场的经验证据［J］. 中央财经大学学报，2018（06）：22-36.

［27］冯玉明．市场的非理性与组合投资策略［J］．证券市场导报，2001（03）：30-32.

［28］高潮．房地产泡沫：日本的十年之痛［J］．时空观照，2010：46-47.

［29］高彦彦，王逸飞．熔断制度可以降低中国股市波动吗？——基于断点回归设计的实证分析［J］．华东经济管理，2017，31（06）：104-112.

［30］郭琪煜．我国商业银行金融衍生品风险研究——基于中行原油宝事件的分析［D］．兰州财经大学，2021：25.

［31］韩欣悦．从行为经济学视角看盲盒经济之谜［J］．商讯，2019（27）：117.

［32］何龙斌．当前美国金融危机与1929年金融危机的比较［J］．科学对社会的影响，2009（04）：6.

［33］何路．多因子量化选股及投资者情绪择时策略的实证检验［D］．南京大学，2020.

［34］何婷．中国银行“原油宝”风险事件引发的深层反思［J］．现代商业，2022（02）：69.

［35］贺学会，陈净．基于牛市和熊市不同周期的股票市场动量效应研究［J］．财经理论与实践，2006（05）：40-44.

［36］洪明顺．日本泡沫经济形成的原因及泡沫崩溃的影响［J］．中外企业家，2013（06）：264-265.

［37］黄安琪，袁全．把鞋圈当成“韭菜园”价格飙涨背后谁在炒作［J］．北京皮革，2019（12）：22-23.

［38］黄芬红．中国股市价值溢价的存在性、表现特征及其成因研究［D］．东北财经大学，2015：21，29.

［39］黄青春．快手狂跌1.28万亿，老铁到底还值多少［J］．企业观察家，2021（10）：60-63.

［40］黄益．基于前景理论的多因子量化投资策略研究［D］．华中科技大学，2020.

［41］黄芝琳．行为公司金融理论视角下的我国上市公司股利政策研究［D］．山西财经大学，2012.

［42］姜宇薇．金融市场量化交易的国际经验［J］．中国货币市场，2022（04）：

30-35.
［43］蒋立场．史上最早的股市危机：英国“南海泡沫”［J］．中国城市金融，2015（02）：70-71.
［44］蒋绵绵．过度自信与过度交易——金融市场上的认知与行为偏差［J］．市场论坛，2004（12）：115-116.
［45］蒋牧云，张荣旺．量化基金同质化之殇［N］．中国经营报，2022-02-21（B02）.
［46］焦艳．投资者情绪与关注对股票收益率的影响研究［D］．吉林财经大学，2022.
［47］焦志勇．公司治理中存在的根本问题和对策——从“中航油”案件中引发的思考［J］．经济与管理，2005（07）：29-32.
［48］靳毅．回看巴林银行倒闭 透析银行业风险管理［J］．审计观察，2020（10）：28-32.
［49］克里斯·米切纳．打开金融稳定的钥匙——1929—1933 年美国金融危机研究［J］．量化历史研究，2017（Z1）：158-173.
［50］孔祥如．社交媒体对股市羊群效应的正反馈机制分析［D］．东北财经大学，2022.
［51］李丹．基于量化投资的选股择时交易策略研究［D］．西南财经大学，2018.
［52］李富军．投资者行为因素对金融异象的影响与智慧投资应对策略研究［D］．中央财经大学，2020.
［53］李金龙．投资者 V 形处置效应与资产定价［D］．上海财经大学，2020.
［54］李康．贵州茅台投资价值分析［J］．商业文化，2020（28）：38-39.
［55］李如镜．原油宝穿仓事件案例［D］．西北师范大学，2021：11.
［56］李绍坤．互联网时代投资者行为对市场监管的启示——基于游戏驿站的案例分析［J］．会计之友，2021（18）：25-31.
［57］李诗林，李扬．沪深股票市场过度反应效应研究［J］．管理评论，2003（06）：28-35，63-64.
［58］李斯扬．我国开放式基金赎回异象的研究［D］．湖南科技大学，2017.
［59］李天洋．我国股票市场规模效应研究［D］．对外经济贸易大学，2021，5：

43，45-48.

［60］李婷婷．量化基金业绩及其影响因子比较分析［D］．天津大学，2020.

［61］李心丹，王冀宁，傅浩．中国个体证券投资者交易行为的实证研究［J］．经济研究，2002（11）：54-63，94.

［62］李杨．中国股市短中长期动量与反转效应实证研究［D］．复旦大学，2014.

［63］李雨青，左和平．中航油事件的行为金融学分析［J］．商场现代化，2007（03）：229-230.

［64］李长治，方芳．中美股市收益率与投资者情绪联动性研究［J］．新金融，2020（04）：12-18.

［65］李政．投资者情绪与中国股市的一月效应［D］．吉林大学，2020：15，23.

［66］梁冰，顾海英．我国证券市场过度反应后短期行为研究［J］．中国管理科学，2004（05）：24-30.

［67］林海涛．股票市场羊群效应的国际比较研究［D］．吉林大学，2020.

［68］林露．“双十一”购物车折射消费新变化［N］．闽南日报，2022-11-23（011）.

［69］刘博，皮天雷．惯性策略和反转策略：来自中国沪深A股市场的新证据［J］．金融研究，2007（08）：154-166.

［70］刘畅．创业板为何频出妖股［J］．理财周刊，2020，973（18）：12-15.

［71］刘端，陈收．中国市场管理者短视、投资者情绪与公司投资行为扭曲研究［J］．中国管理科学，2006（02）：16-23.

［72］刘洪．股票市场月份效应——基于中国时间序列数据的实证分析［D］．浙江大学，2011：22，49.

［73］刘建和，白冰，孔怡．我国开放式基金赎回异象研究［J］．青海金融，2021（04）：10-17.

［74］刘维奇，刘新新．个人和机构投资者情绪与股票收益——基于上证A股市场的研究［J］．管理科学学报，2014，17（03）：70-87.

［75］刘伟．开放式基金赎回行为影响因素研究［D］．西南财经大学，2014.

［76］刘玉燕．比特币价格泡沫检验的实证研究［D］．浙江大学，2019.

［77］刘钊．从涨停敢死队谈起［J］．股市动态分析，2011（14）：22，50.

[78] 娄志勇．中国 A 股动量策略和反转策略研究 [D]．对外经济贸易大学，2019.

[79] 陆蓉，李金龙，陈实．中国投资者的股票出售行为画像——处置效应研究新进展 [J]．管理世界，2022，38（03）：59-78.

[80] 陆宇建，张继袖，吴爱平．“中航油”事件的行为金融学思考 [J]．软科学，2007（04）：56-60.

[81] 罗伯特·希勒．非理性繁荣（中译本）[M]．北京：中国人民大学出版社，2000.

[82] 罗丽．我国期货市场个人投资者处置效应研究 [D]．厦门大学，2019.

[83] 罗诺，王大军．“游资”爆炒全聚德 涨停敢死队齐现身 [N]．21 世纪经济报道，2007-11-26（011）.

[84] 罗炜，余琰，周晓松．处置效应与风险投资机构：来自 IPO 公司的证据 [J]．经济研究，2017，52（04）：181-194.

[85] 吕鹏，李蒙迪，阳厚．青年炒鞋行为阈值引爆机制研究 [J]．中国青年研究，2020（07）：68-75.

[86] 马中东，王肖利，梁树广．基于质量文化和品牌的质量管理成熟度模型构建与实证分析——以聊城市企业为例 [J]．聊城大学学报（社会科学版），2018（03）：114-120.

[87] 闵峰，吴宝辉，文凤华．股权溢价的驱动因素和传导机制研究：基于中国股票市场的证据 [J]．系统工程理论与实践，2023（04）：1-30.

[88] 倪颂巧，苏燕青．投资者有限关注与盈余公告市场反应——来自央视年报排行榜的证据 [J]．时代金融，2015（08）：20-22.

[89] 潘俊，赵一春．投资者参与、企业内在价值与 IPO 抑价——基于中国 A 股市场的经验证据 [J]．山西财经大学学报，2011，33（12）：79-87.

[90] 潘莉，徐建国．A 股个股回报率的惯性与反转 [J]．金融研究，2011（01）：149-166.

[91] 潘伟．投资者有限关注对股票市场的影响 [D]．华东政法大学，2021.

[92] 钱玉娟．快手：“股”底之后 价值重估 [N]．经济观察报，2021-09-06（018）.

[93] 乔贵涛，杨丹，王亚茹．股票发行注册制改革与资本市场定价效率——基于IPO抑价的经验证据［J］．金融发展研究，2022（12）：68-77.

[94] 饶育蕾，彭叠峰，盛虎．行为金融学．［M］．北京：机械工业出版社，2018.

[95] 尚德峰．行为金融学视角下“散户”与“机构”博弈分析——以美国资本市场游戏驿站与白银期货现象为例［J］．财会通讯，2021（18）：157-160，165.

[96] 申杰．砷含量超标 冬虫夏草被移出“保健品”［J］．中国质量万里行，2018（08）：38-39.

[97] 施东晖．证券投资基金的交易行为及其市场影响［J］．世界经济，2001（10）：26-31.

[98] 石皓宇．原油宝穿仓事件案例分析［D］．重庆大学，2022（6）：16.

[99] 史永东，李竹薇，陈炜．中国证券投资者交易行为的实证研究［J］．金融研究，2009（11）：129-142.

[100] 宋军，吴冲锋．基于分散度的金融市场的羊群行为研究［J］．经济研究，2001（11）：21-27.

[101] 宋志圣．空气污染对中国股市的影响分析［J］．金融发展研究，2018（09）：80-85.

[102] 孙凤娥．媒体寻租、投资者情绪与IPO抑价［J］．南京审计大学学报，2019，16（04）：72-80.

[103] 孙玥．量化基金投资策略对其风险收益影响的研究［D］．上海财经大学，2020.

[104] 汤轶璇．基于短视性损失厌恶视角的A股市场股权溢价问题实证研究［D］．北京交通大学，2017.

[105] 唐蓓．行为公司金融理论视角下的中国上市公司并购投融资行为研究［D］．山东大学，2009.

[106] 唐素璇．基于行业板块的反转策略和动量策略的适用性研究［D］．云南财经大学，2018.

[107] 田利辉，王冠英，谭德凯．反转效应与资产定价：历史收益率如何影响现

在［J］. 金融研究，2014（10）：177-192.

［108］田雅婷，杨舒．虫草热背后的隐忧［N］. 光明日报，2014-01-17（006）.

［109］汪靖川. ZG 银行“原油宝”事件案例分析［D］. 桂林：广西师范大学，2022（06）：16.

［110］汪礼斌．投资者处置效应研究：一个文献综述［J］. 河北金融，2021（05）：28-32.

［111］汪威刚．巴林银行倒闭事件的行为金融学解析［J］. 经营与管理，2018（11）：37-39.

［112］王会娟，陈靓，胡俊珂，汪剑锋．PE 声誉与 IPO 折价［J］. 金融论坛，2020，25（08）：62-71.

［113］王利民．“南海泡沫”的由来及破灭［J］. 经济导刊，1994（01）：51-53.

［114］王琳. 2008 年美国次贷危机分析［J］. 商，2015（25）：106-107.

［115］王啸．试析注册制改革：基于问题导向的思辨与探索［J］. 证券市场导报，2013（12）：4-13.

［116］王雨．美国次贷危机传导机制的研究［D］. 北京语言大学，2009.

［117］魏加宁，杨坤．日本的泡沫经济与通货紧缩［J］. 开放导报，2016（04）：24-28.

［118］魏绪石．基于 sup ADF 与 GSADF 模型的股票价格泡沫研究——以贵州茅台为例［J］. 财富生活，2019（14）：69-70.

［119］吴槐雄．基于金融异象的在线投资组合策略研究［D］. 华南理工大学，2018.

［120］吴世农，汪强．迎合投资者情绪？过度保守？还是两者并存——关于公司投资行为的实证研究［J］. 公司治理评论，2009，1（1）：185-204.

［121］伍燕然，黄文婷，苏淞等．基金投资者处置效应的个体差异［J］. 国际金融研究，2016，347（03）：84-96.

［122］武佳薇，汪昌云，陈紫琳等．中国个人投资者处置效应研究——一个非理性信念的视角［J］. 金融研究，2020，476（02）：147-166.

［123］席勒．非理性繁荣［M］. 李心丹，等译．北京：中国人民大学出版社，2016.

[124] 肖春涛．基于行为金融的小盘股投资策略［D］．新疆财经大学，2015.

[125] 肖琳，赵大萍，房勇．中国融资融券业务处置效应的实证分析［J］．中国管理科学，2018，26（09）：41-51.

[126] 徐晓宇．股票市场春节节后效应的实证研究：来自中国A股市场的证据［J］．中国证券期货，2012（04）：5-7.

[127] 徐兴利，孙巧双．冬虫夏草价格高企之谜［J］．中国食品，2013（07）：27-29，26.

[128] 徐贻炜．行为金融视角下的中国股市异常现象［D］．上海交通大学，2013.

[129] 薛昊昕．我国股市动量效应和反转效应规律探究［D］．厦门大学，2014.

[130] 颜家伟．投资者情绪对企业股权融资成本的影响研究［D］．广东财经大学，2020.

[131] 杨坪，吕卓如．“快手”磨镰刀：市值蒸发1.4万亿港元底在何方？［N］．21世纪经济报道，2021-08-27（002）.

[132] 易郅凯．私募股权投资声誉对上市公司IPO抑价的影响研究［J］．金融与经济，2017（01）：69-75，10.

[133] 游家兴，郑建鑫．媒体情绪、框架依赖偏差与IPO异象——基于议程设置理论的研究视角［J］．投资研究，2013，32（12）：68-84.

[134] 余鑫．对巴林银行破产倒闭事件的经济学思考［J］．金融经济，2019（10）：86-88.

[135] 袁振．行为金融视角下的我国上市公司现金股利政策研究［D］．安徽农业大学，2017.

[136] 岳品瑜，廖蒙．马斯克不等于一定赚加密货币泡沫丛生［N］．北京商报，2021-11-12（007）.

[137] 云中歌．两周内4次熔断！美股怎么了？［J］．商业观察，2020，70（06）：77-79.

[138] 张继德，姜园园，戚焕洁，严荣．熔断机制在我国资本市场实施可行性和路径——基于中美差异视角［J］．财务管理研究，2020（06）：6-17.

[139] 张敬伟．数字货币创富神话暗藏投机泡沫［N］．每日经济新闻，2021-04-

20（006）.

［140］张强，杨淑娥，戴耀华．中国股市动量策略和反转策略的实证分析［J］．华东经济管理，2007（05）：46-50.

［141］张赛男，徐蕊．中青宝“元宇宙”迷局：机构、游资、散户混战公司并无 VR 相关专利［N］. 21 世纪经济报道，2021-11-12（007）.

［142］张天宇．专家点评网络“炒鞋”热［J］．计算机与网络，2021，47（09）：6-7.

［143］张婷．建信基金叶乐天：用量化投资多方位挖掘市场机会［J］．股市动态分析，2016（43）：56.

［144］张伟强，王珺，廖理．中国个人权证投资者处置效应研究［J］．清华大学学报（哲学社会科学版），2011，26（04）：112-122，160.

［145］张雯婕．行为经济学视角下“盲盒热潮”的分析及路径优化［J］．产业创新研究，2023（05）：88-90.

［146］张小成，谭琳琳．异质预期还是情绪异化？——IPO 高抑价解释的新见解［J］．系统管理学报，2022，31（05）：976-987.

［147］张雅慧，万迪昉，付雷鸣．股票收益的媒体效应：风险补偿还是过度关注弱势［J］．金融研究，2011（08）：143-156.

［148］张永．行为公司金融视角下的我国中小企业融资结构研究［D］．山东农业大学，2011.

［149］张月芳．我国机构投资者处置效应及其影响因素研究［D］．重庆理工大学，2019.

［150］赵向琴，袁靖．罕见灾难风险与中国股权溢价［J］．系统工程理论与实践，2016，36（11）：2764-2777.

［151］赵学军，王永宏．中国股市“处置效应”的实证分析［J］．金融研究，2001（07）：92-97.

［152］甄晓婷．投资者情绪对股票收益率同步性影响的实证研究［D］．暨南大学，2021.

［153］郑丽雅，易宪容．美股“游戏驿站”事件：反思与镜鉴［J］．证券市场导报，2021（05）：56-62.

[154] 周琳杰．中国股票市场动量策略赢利性研究［J］．世界经济，2002（08）：60-64.

[155] 周业程．从行为经济学视角看盲盒经济之谜［J］．国际商务财会，2021（16）：88-89.

[156] 朱曦．沪深 A 股市场惯性效应和反转效应研究［D］．上海交通大学，2008.

[157] 朱战宇，吴冲锋，王承炜．不同检验周期下中国股市价格动量的盈利性研究［J］．世界经济，2003（08）：62-67.

[158] 庄学敏．我国中小板 IPO 抑价原因研究［J］．经济与管理研究，2009（11）：64-69.

[159] 宗计川，李纪阳，戴芸．慕“名”而来的投资偏误——有限关注视角下的实证检验［J］．管理科学学报，2020，23（07）：27-56.